国 土 空 间 规 划 丛 书

战 略 性 新 兴 领 域 "十 四 五" 高 等 教 育 教 材
教育部战略性新兴领域"十四五"高等教育教材体系建设团队编写

丛书主编　吴志强

国土空间产业规划
TERRITORY SPATIAL PLANNING FOR INDUSTRIAL DEVELOPMENT

陈　晨　编著

同济大学 出版社
TONGJI UNIVERSITY PRESS
·上海·

图书在版编目（CIP）数据

国土空间产业规划 / 陈晨编著 . -- 上海 : 同济大学出版社 , 2024. 7. --（国土空间规划丛书 / 吴志强主编）(战略性新兴领域"十四五"高等教育教材). ISBN 978-7-5765-1251-9

Ⅰ. TU98

中国国家版本馆CIP数据核字第2024S4X309号

战略性新兴领域"十四五"高等教育教材
国土空间规划丛书

丛书主编　吴志强

国土空间产业规划

陈晨　编著

责任编辑：吕炜　朱笑黎　|　**责任校对**：徐春莲　|　**装帧设计**：完颖

出版发行	同济大学出版社 www.tongjipress.com.cn
	（地址：上海市四平路1239号 邮编：200092 电话：021-65985622）
经　　销	全国各地新华书店
印　　刷	上海安枫印务有限公司
开　　本	787mm×1092mm　1/16
印　　张	18.25
字　　数	336 000
版　　次	2024年7月第1版
印　　次	2024年7月第1次印刷
书　　号	ISBN 978-7-5765-1251-9
定　　价	80.00元

本品若有印装质量问题，请向本社发行部调换　　版权所有　　侵权必究

《国土空间产业规划》编委会

陈智杰　　周　琳　　王　灿　　黄　亮　　戴晓波

裴新生　　李凌月　　张丽华　　程　遥　　陈　旭

刘振宇　　游　猎　　徐剑光　　王宝平

总　序

"智人"（Homo sapiens）之所以在动物界中脱颖而出超越动物本能，是因为其具有谋划共同愿景、在共同目标下创造复杂工具技术、展开语言沟通交流及大规模集体协同行动的能力。其中包含三种关键能力：

（1）具有想象愿景的能力。可通过协商想象，制定出一个共同认同的、尚未现实存在的愿景目标（visioning）。

（2）具有为实现目标设置路径的能力。对大规模个体进行系统分工，分头分段推进计划（approaching）。

（3）具有语言沟通、协同调整的能力。在实施愿景的过程中，对于没有发生的场景进行过程沟通，不断优化目标、优化途径、优化分工，直到实现愿景，甚至实现超出原本愿景的目标（coordinating）。

这三种能力是人类区别于其他动物的本质能力，也是规划的三大核心要素：目标愿景、实施路径、沟通协调。因此，只要理解人类与动物能力的本质区别，就可以理解人类为什么一定会进行规划。

土地是人类生存的根本基础，也是动植物的生存基础。人类在现代文明之前，几乎所有的生存、生活和生产活动都在土地上发生。因此，人类在进入现代文明之前，各种族之间的竞争几乎都可以理解为对生存土地及土地之上的生产、生活资料的竞争。马克思主义诞生以前，西方对于财富的认识一般为：土地是财富之母，劳动是财富之父。马克思主义诞生以后，资本主义产生财富的依托要素被扩展至除土地、劳动之外的资本等其他要素。

空间比土地的含义更多，也更复杂。空间之所以比土地复杂，可以从以下三个方面来认识：

（1）从空间维度上，空间有地下、地面、地上、空中的深度和高度。

（2）从生产维度上，除了包含第一产业之外，更重要的是第二产业和第三产业，以及更高维度的生产组织和生产关系。

（3）从构成要素维度上，除了自然物质空间和人造物质空间外，还有社会空间，以及正在诞生的数字智能空间的多要素空间复合。

因此，我们现在一般称空间是复合的，空间进入了三度空间：物质空间、社会空间和数字空间。而三度空间在某个时段中又是一体化运行推进的，这也说明人类文明正进入更高的维度，空间的规划也变得更加多维、更加系统、更加复合，要求更高的文明来规划和治理。

空间规划是文明的产物，不同的文明阶段也对应了不同的空间规划。进入工业文明后，随着城市空间的立体化和城市财富要素的高速流动，大城市的规划成为一种职业，也是现代空间规划的起源。现代空间规划从大城市区域的空间规划，逐步发展到中小城市的规划，并延续到农业地区的规划，使得空间规划包含了城市和乡村地区人类居住空间的整体规划。

当前，我们这套"国土空间规划丛书"第1期共有22个分册，包括《国土空间规划原理》《数字国土空间》《国土空间规划概论》《国土空间规划理论与方法》《国土空间治理学（上册）》《国土空间治理学（下册）》《国土空间规划实施与治理》《国土空间使用与管理（上册）》《国土空间使用与管理（下册）》《国土空间总体规划编制》《国土空间详细规划编制》《乡镇域国土空间规划》《村域国土空间规划》《国土空间专项规划编制》《国土空间健康规划》《国土空间遗产保护与复兴规划》《国土空间产业规划》《国土空间生态规划》《国土空间规划与空间形态设计》《国土空间规划相关知识：自然卷》《国土空间规划相关知识：人文卷》《国土空间规划相关知识：陆海统筹》，基本涵盖了空间规划的维度和层级。

这套丛书汇聚了清华大学、北京大学、东南大学、天津大学、同济大学、华中科技大学、中国人民大学等众多高水平教学团队的智慧和经验，除完成系统整理和传播国土空间规划领域的知识、厘清学科脉络这一书籍的历史使命之外，我们还期望这套丛书在指导实际规划工作中的决策和操作、推介最新技术和方法、了解和适应国土空间规划行业变化、扩展跨学科和国际视野方面能提供实际的帮助。

"国土空间规划丛书"作为开放体系，随着科技进步和城市规划理论的发展而不断更新和完善，可能会增加更多探讨新兴技术和方法的分册、更新前沿的实际案例研究。我们也希望这套丛书能够成为国土空间规划领域的一个开放平台，吸引更多的学者和实践者参与进来，激发更多关于构建更加智能、可持续和公平的城市的讨论和探索，共同推动国土空间规划学科的发展。

"国土空间规划丛书"总主编
中国工程院院士
教育部建筑类专业教学指导委员会副主任、城乡规划学分指导委员会主任

序

产业发展是现代城市和区域发展的基本动力,研究产业内部各企业之间相互作用关系的规律、产业本身发展规律、产业与产业间互动联系以及产业在空间区域的分布规律等,以制定合理产业政策,促进国民经济中各产业协调发展。深入理解产业发展的基本规律,对于国土空间产业规划的编制具有重要意义,但如何在国土空间规划(或城乡规划和土地利用规划)中纳入产业规划的内容却是公认的难点。

在地方发展中,产业规划的内容通常在"国民经济与社会发展规划"中以产业选择、产业政策和产业项目等形式被确定下来,成为政府部门的发展目标,但这种产业发展目标却很少与国土空间规划(或城乡规划和土地利用规划)相结合。本书希望借助产业经济学、区域经济学、城市经济学和经济地理学的相关知识,讨论如何在国土空间规划中开展国土空间产业规划,介绍如何通过对产业发展的规划干预来推动城市和区域经济发展,加强国土空间规划的科学性,有很强的现实指导意义。

国土空间产业规划的理论知识涉及多个交叉学科,包括产业经济学、区域经济学、城市经济学、经济地理学、城乡规划、土地利用规划等,上述学科在产业发展现象的解释方面已经有较好的理论储备。然而,国土空间产业规划仍然存在两大挑战:一是作为一项实践性很强的工作,国土空间产业规划通常兼具"问题导向"和"目标导向"的特性,需要完成从"解释"到"预测"的跨越,因此要求规划工作者结合上述多个学科的知识和技能,结合特定的行业知识来寻找综合性的最优解决方案;二是国土空间产业规划需要把区域、城市、乡镇等各个层面的产业发展思路落实到国土空间规划中,需要完成从"战略谋划"到"空间布局"的落实,成为各级地方政府落实国家战略、实现地方发展的重要抓手。本书作者试图将国土空间产业规划相关的理论基础进行系统性梳理,并据此总结不同空间层次的国土空间产业规划原理,这是一项突破性、创新性的尝试。

在国土空间规划改革的背景下,本书可以为空间规划相关的规划设计单位和政府管理部门的相关从业人员,城乡规划、土地利用规划等空间规划相关专业学生,以及项目开发策划、企业发展战略等相关咨询行业从业人员提供学习导引,为相关规划实践提供重要借鉴和参考。

前　言

产业发展是现代城市和区域发展的基本动力，但如何在空间规划中纳入产业规划的内容却是一个公认的难点。在当前的国土空间规划体系中，产业规划的定位并未明晰，但实务工作中对产业发展及其空间布局的谋划却是国土空间规划的重要前提和基础。现实情景下，发展改革部门编制的产业发展规划通常考虑五年左右的产业发展问题，而在自然资源主管部门编制的国土空间规划中往往需要考虑二十年甚至更长期的产业布局问题，两者之间长期以来未能形成内在统一。本书书名"国土空间产业规划"，是一个泛指的概念，其内涵在四个方面：一是对接面向近期目标的产业发展规划，二是开展面向长期目标的产业发展研究，三是形成基于上述产业发展谋划的空间布局规划，四是制定支撑产业布局落地的产业用地政策。面向未来，国土空间产业规划应是一项跨学科、跨部门协作推进的工作，打破部门分割和学科壁垒的规划编制和实施，也应是国土空间规划改革的题中之义。

本书基于跨学科的相关知识，在《国土空间规划原理》的基础上总结归纳国土空间产业规划的理论基础和规划原理，并结合近年来的实践案例，讨论如何通过对产业发展的规划干预来推动城市和区域经济发展，加强国土空间规划的科学性。

一、如何认识产业发展的基本规律

深入理解产业经济学的基本规律，对于国土空间产业规划的编制具有重要意义。产业经济学中的产业结构、产业组织、产业布局理论，揭示了产业发展中的基本规律。

首先，产业结构是国民经济中各产业部门、行业之间的比例构成和它们各自内部的相互依存、相互制约的有机联系。产业结构具有动态演变的特征，且与经济增长具有一定的内在关联性。罗斯托认为，产业结构演进是一个经济增长对技术创新的吸收以及主导产业经济部门依次更替的过程。因此，产业结构分析和优化升级、主导产业的合理选择等内容是产业规划的重点，应在产业结构相关理论的指导下，因地制宜，制定合理的产业结构规划与优化政策，促进区域经济发展。产业结构与经济发展相对应，不同的经济发展阶段具有不同的产业结构特征。评价产业结构演变有两个主要指标：一是产业结构由低级向高级演进的高度化指标，二是产业结构横向演变的合理化指标。这种结构的高度化和合理化推动着经济向前发展，也是产业结构规划的着力点。国内外学者对产业结构的变动规律进行了大量研究，总结出产业结构变动的相关理论，其中代表性观点包括配第-克拉克定律、库兹涅茨的人均收入影响论、霍夫曼的工业化经验法则、罗斯托的主导产业理论和经济成长阶段论、钱纳里的工业化阶段理论，以及赤松要的雁行形态理论，等等。

其次，产业组织通常指同一产业内企业间的组织或者市场关系。产业组织理论关注市场竞争机制和市场秩序，是具体分析同一产业内各厂商相互间关系的经济理论，探讨产业组织状况及其变动对产业内资源配置效率的影响，为实现合理的市场秩序和较高的经济效率提供理论依据和对策途径。企业是现代社会中一种重要的组织和制度形式，产业组织理论的基本研究对象可以说就是企业。通常认为，比较完整的产业组织理论体系，最初是在美国以哈佛大学为中心逐步形成的，一般被称为哈佛学派或结构主义学派。哈佛学派以实证研究为手段，按结构、行为、绩效对产业进行分析，构架了系统化的"市场结构（Structure）—市场行为（Conduct）—市场绩效（Performance）"的分析框架，即SCP分析框架，并在此基础上建立了结构主义理论，对第二次世界大战后的美国反垄断政策的制定和强化产生过重大影响。随着20世纪中期经济危机的到来，不少经济学家开始反思哈佛学派产业组织理论引导下的政府反垄断产业政策，芝加哥学派就是其中重要的一部分。从20世纪70年代起，这些经济学家在"市场结构—市场行为—市场绩效"分析框架下，对主流产业组织理论进行了修正和补充，以可竞争理论、博弈论和交易费用理论等为基础，逐渐发展成为新产业组织理论。因此，以产业组织理论为基础范式的研究方法在产业研究中占有重要地位，其不但能指出产业内部存在的不均衡发展倾向和矛盾，还能对地区产业的健康发展提供有效建议，为科学的产业规划提供理论支撑，典型理论包括哈佛学派的结构主义理论SCP等。

最后，产业活动最终要在空间上展开，而产业在地理空间上的活动具有一定的规律性。产业布局是指一个国家或一定区域内产业各部门、各要素、各环节在地域上的动态组合与分布。产业布局在静态上看是指形成产业的各部门、各要素、各链环在空间上的分布态势和地域上的组合。在动态上，产业布局则表现为各种资源、各生产要素甚至各产业和各企业为选择最佳区位而形成的在空间地域上的流动、转移或重新组合的配置与再配置过程。产业布局既是客观存在的社会经济现象，又是区域产业政策作用的结果，是国民经济各部门发展运动规律的具体体现。对产业布局理论的研究随着人类社会的进步以及生产生活空间和内容的扩展不断深入，这些研究从空间角度为产业规划提供理论基础。其中产业区位论是产业活动空间选择及空间配置的理论基础，包括杜能的农业区位论、韦伯的工业区位论、克里斯塔勒与廖什的中心地理论、胡佛的运输区位论等。此外，产业集群作为一种重要的产业空间经济组织形式，已经成为世界范围内不同地区培植和增强产业竞争力的有效途径，对产业和区域经济发展起到了重要作用。产业空间结构理论尤其是点－轴理论、增长极理论等经典理论长期以来是产业发展和空间布局的主要理论，对分析和预测产业在空间上的集聚或扩散的规律、不同产业的空间组合方式、产业空间关联特征具有重要的指导意义。最后，本书还对产业用地提质及其规划干预进行了阐述。

二、如何开展战略引领下的产业政策引导

产业政策是产业规划的重要组成部分，产业政策的制定有利于在实施、管理等层面更好地实现产业发展的战略目标。产业政策是某一国家的中央或地方政府为全局和长远利益而主动干预产业活动的各种政策之和，主要包括产业结构政策、产业组织政策、产业布局政策等。产业政策的构成要素通常包括：政策对象、政策目标、政策手段与措施、政策实施机构，以及政策的决策程序与决策方式。不同国家的产业政策体系建立在上述各要素的基础之上。西方学者通常将产业政策、财政政策和货币政策并称为三大经济政策。对产业政策进行分类可依据不同的标准。根据功能定位，可分为产业结构政策、产业组织政策、产业布局政策和产业技术政策。根据政策的对象领域，可以分为农业政策、能源政策、对外贸易政策、金融政策、环保政策、中小企业政策。根据政策的不同目标，可以进一步细分，例如产业结构政策就可以细分为战略产业扶植政策、衰退产业调整政策、新兴技术产业化政策等。

首先，产业结构政策是通过调整产业结构从而调整供给结构，进而协调需求结构与供给结构的矛盾。调整产业结构的途径包括：根据本国的资源、资金、技术力量等情况和经济发展的要求，选择和确定一定时期内的主导产业部门，以此带动各产业部门的发展；根据市场需求的发展趋势来协调产业结构，使产业结构政策在市场机制之上发挥作用；通过政策干预，影响与推动产业结构的调整和优化，促进本国产业结构优化，进而推动产业发展和经济增长。产业结构政策按照政策目标和措施的不同，可以分为不同类型，主要有：主导产业选择政策，指政府为了引导、促进主导产业的合理发展，运用经济政策、经济法规、经济杠杆以及必要的行政手段、法律手段来影响主导产业发展的所有政策之和；战略产业扶持政策，帮助受国家政策保护和扶持的战略产业能够在未来成为主导产业或支柱产业；衰退产业撤让政策，帮助在产业结构中陷入停滞甚至萎缩的产业实行有秩序的收缩、撤让，并引导其资本存量向高增长率产业部门有效转移；幼小产业保护政策，积极扶持目前暂时处于幼小地位，但需求增长快、生产率上升潜力大的产业。

其次，产业组织政策通过选择能使资源有效使用且合理配置的产业组织形式，保证供给的有效增加，使供求矛盾得以协调。产业组织政策是产业结构政策必不可少的配套政策，实施这一政策可以实现产业组织合理化，为形成有效的、公平的市场竞争创造条件。产业组织政策的主要内容可分为两方面：一方面充分利用规模经济，加速企业生产的专业化发展，建立大批量生产的组织体系，动用经济政策适时引导经济规模形成，取得规模经济利益；另一方面促进有效竞争，限制无效竞争，从组织上保证资源的充分利用。

最后，产业布局政策是指政府机构根据产业的经济技术特性、国情、国力状况和各地区的综合条件，对若干重要产业的空间分布进行科学引导和合理调整的意图及措施，主要分为国家和地区两个层面。前者为国家产业布局战略，通过政府规划的形式，确立有关具体产业的集中布局区域，以推动产业的地区分工，加速产业集中，优化区域产业结构并在一定意义上发挥由产业集中而形成的集聚规模经济效益；后者为地区发展重点产业的选择政策，在经济不发达阶段，政府通常更强调产业布局的非均衡性，即通过优先发展某些地区获得超常规增长，带动其他地区以及整个国家经济的增长，当经济较为发达之后，政府则从维护经济公平和社会稳定等目标出发，偏重于强调地区经济的均衡性。

三、如何施行产业发展导向的空间规划干预

国土空间规划体系框架为"五级三类"，其中"五级"是从纵向看，对应我国的行政管理体系，分五个层级，就是国家级、省级、市级、县级、乡镇级。本书试从不同的空间层次介入，归纳省级、市/县级和乡镇级国土空间规划中产业规划的基本内容，即国土空间产业规划原理和实务要点。

首先，省级国土空间规划是从空间上落实国家发展战略和主体功能区战略的重要载体，是对一定时期内省域空间发展保护格局的统筹部署，是促进本地区城镇化健康发展和城乡区域协调发展的重要手段，是规范省域内各项开发建设活动秩序、实施国土空间用途管制和编制市县等下层次国土空间规划的基本依据，具有战略性、综合性和协调性。因此，省级国土空间产业规划需要解决的核心问题是区域生产力布局的问题，具体来说是在协调好土地开发、生态保护、民生问题、基础设施建设等各方面关系的基础上，重点落实国家产业发展指引总纲，建立省域产业发展目标体系，明确省域产业发展战略、产业体系、产业空间格局、产业发展定位和产业用地规模，并对重点/特色产业发展与布局进行统筹引导，提出各个次区域及地级市

单元的产业用地规模和产业空间准入要求，明确各市县、开发区的产业发展方向和空间利用模式。

其次，市/县国土空间产业规划是市县域国土空间总体规划的一项专业规划，强调产业规划在空间上的落实。市、县域国土空间产业规划制定完成后，要使国土空间产业规划的发展思路、发展战略、重点项目和政策导向等在空间落实方面的核心内容与高级次区域的总体规划相契合。其主要内容应包括：①制定产业战略规划，产业战略规划的制定关系到产业未来发展的走向，应当与高级次区域中的发展战略相一致，产业战略应当以促进产业集群为核心理念，以促进产业的集聚发展和产业的协同发展为核心目标。战略的制定应当由发展改革局（委员会）进行牵头，联合招商局、税务局、自然资源局等各个部门共同确定主导产业、产业发展方向等。②落实产业空间布局，空间作为产业发展的物理载体，应当保证产业发展的特征与空间的内外属性保持一致，包括地形地质、空间区位、空间规模、空间交通设施配套、基础建设与能源供给等。不同产业甚至相同产业的不同发展阶段对应的产业空间需求不尽相同，应当因时因地进行空间发展考虑。总的来说，管理国土资源与建设的部门应当联合产业发展的相关部门，从产业空间开发、产业空间管控、产业空间引导三个方面进行空间管理控制。③实施产业项目策划，市、县的招商部门应该作为制定产业项目策划的重点部门，包括制定产业项目、优惠政策等。招商部门在制定产业项目策划时，应当以产业发展战略为基础，引进适宜地方产业发展的项目类型。④促进产业政策引导，产业发展规划在制定产业发展目标和产业发展重点的同时，也需要提出包括空间布局引导、资金补助、税收减免、土地优惠、项目奖励、人才引进奖励等相关产业的扶持政策和建议，并需要将其直接转化为地方政府相关部门制定产业配套政策的依据。

最后，乡镇层面的产业发展具有一定的特殊性，即乡镇产业的本地根植性、乡镇企业的制度特殊性以及与农村经济的天然联结性。由此，乡镇层面的国土空间产业规划要基于解决"三农"问题、坚持市场导向、发挥区域优势、突出地方特色的思路，根据自身所处的地理位置和拥有的环境资源条件，对自身的优势和劣势进行科学的分析，科学选择乡镇的主导产业，并建立区域乡镇产业协调发展体系。其中：①对于以农业为主导或第二、第三产业发展明显受限的乡镇，应形成乡镇农业空间与产业的一体化模式，包括农业产业的转型升级和农业空间的斑块集聚。在农业空间规划中应对产业与空间进行一体化考虑，实现在更大范围内和更高层次上的农业资源优化配置和生产要素的重新组合，不断提升农业科技水平，形成各具特色的农产品生产基地，促进产业结构调整，实现城乡优势互补，加速现代农业发展进程，并在有条件的地区大力推进农旅融合发展。②对于工贸带动型乡镇地区，应着重进行工业空间治理。梳理镇内现有工业资源及用地，评估现状规模以上企业效益及发展适宜性，确定保留支撑企业及引入目标企业名录，治理手段主要为填平补齐工业集聚区和撤销换档生态红线地，规划工业用地分级、分类、分期管控发展，比如填平补齐手段下的聚力发展型产业园区和用地置换手段下的换挡转型的产业转型发展。③对于旅游与商贸服务发达的乡镇，考虑融入全域旅游体系，对接城镇全域旅游规划，构建乡镇旅游服务体系，同时完善旅游产业基础设施。旅游产业开发片区应注意解决与居民生活空间的关系组织，合理配置生产、生活资源，并明确旅游产业开发及责任主体。对于具备特色文化资源的乡镇，可根据保护要求进行文化激活，根据资源禀赋将文化空间与产业空间结合，并纳入全域旅游体系节点。

四、本书的目标读者和章节安排

在国土空间规划改革的背景下，《国土空间产业规划》的定位是一本从理论基础到规划原理和实务的综合性图书。本书的目标读者主要有三类：一是城乡规划、土地利用规划等空间规划相关专业的学生，本书可作为教材，配合国土空间产业规划专业课教学使用；二是空间规划相关的规划设计单位和政府管理部门的从业人员，本书可作为自学导引，配合不断更新的在线案例学习，加强在国土空间规划改革和新时代规划工作需求演变背景下的专业培训；三是项目开发策划、企业发展战略等相关咨询行业从业人员，本书可作为理解产业经济发展战略的空间规划落地的自学导引。

《国土空间产业规划》分为"上篇 理论基础"和"下篇 规划原理与实务"两个部分，共包含13章。其中，"上篇 理论基础"先定义产业发展与城市和区域经济的关系，以及空间规划干预的角色和作用，并重点引介产业经济学、区域经济学、城市经济学、经济地理学和土地经济学等学科的基础理论；"下篇 规划原理与实务"从国际比较、历史进程和规划改革的视角切入，重点阐述省域国土空间产业规划、市县域国土空间产业规划、乡镇国土空间产业规划、重点片区产业规划和乡村产业规划等不同空间地域层次上的国土空间规划原理与实务要点。具体来说：

第1章是产业结构升级及其政策干预。随着经济社会发展，一个国家或地区的产业组成即资源在各产业部门间的配置状态会发生改变，这就是"产业结构理论"的研究对象。该理论以产业分类为基础，以经济发展的动态眼光，寻求产业结构演变的一般规律，并将此规律作为制定经济发展战略的重要依据之一。从产业分类和产业结构的基本认识出发，本章亦引介了产业结构的基本理论、产业结构的优化升级及相关政策干预。

第2章是产业组织增效及其政策干预，包括产业组织理论、产业组织模式、产业组织增效和产业组织政策干预四部分内容。产业组织理论部分在廓清产业组织和产业组织理论概念的基础上，对产业组织理论中经典的 SCP 范式，以及策略性行为理论等新兴产业组织理论进行详细阐述。产业组织模式部分则重点关注常见的公司企业、合作社和行业协会三大类型，论述各自具体产业组织模式，并据此提出应该从合理化、融合化、差异化、网络化四个方面为产业组织增效。最后，归纳产业组织政策的干预内容，并提出产业组织的直接规制政策，以实现产业组织的形成与增效。

第3章是产业发展及其增长方式，共有四部分内容，一是产业发展理论，包括产业发展的含义、内涵、周期规律和模式理论；二是技术创新促进产业发展增长，从技术创新作用于产业发展增长的原理、模式、政策支持等方面展开阐述；三是绿色发展促进产业发展增长，从环境问题和绿色发展背景、驱动不同产业发展增长的模式、政策支持等方面进行组织；四是数字赋能促进产业发展增长，从产业数字化、数字产业化、政策支持等方面论述数字时代驱动产业发展增长的特征。

第4章是城市—区域产业发展的战略选择。这是支撑省域、市县域、乡镇域不同层面产业发展战略选择的共性的基础理论，包括三部分内容：一是产业发展的战略选择，包括产业发展战略的四个目标、影响产业发展战略的基本因素，以及产业发展战略的八种主要模式；二是城市—区域产业发展的战略选择理论，分别介绍基于竞合关系的理论和顺应发展阶段的理论；三是产业发展战略选择的分析方法，包括 SWOT 分析、产业技术路线图、情景分析和规划法、综合性分析方法。

第5章是区域产业布局优化及其政策干预。产业布局是指一个国家或地区产业各部门、各环节在地域上的动态组合分布，是国民经济各部门发展规律的具体表现。随着人类社会进步和生存空间扩展，以及生产活动内容和空间拓展到一定程度，必然产生关于产业布局的讨论。随着生产活动不断发展，政府部门将针对区域产业在空间上的分布进行一系列干预，根据产业的经济技术特性及各类地区的综合条件，面向区域内各产业及其相关生产力布局优化进行科学引导和政策调整。

第6章是城市产业布局优化及其政策干预。城市产业布局是城市内部形成产业的各部门、各要素、各链环在空间上的分布态势和空间组合，构成了区域经济发展格局的重要方面。产业布局调整及相关政策制定通过运用经典的产业布局理论及其分布规律，不断进行城市产业布局优化，充分促进产城融合，推动城市内部生产、生活、生态空间协调发展。

第7章是产业用地提质及其政策干预，介绍支撑产业发展的土地利用原理和优化方法，包括四个部分内容：一是土地利用内涵及其效益评价，界定土地利用的内容、目标、基本原则，以及介绍土地利用经济、生态、社会效益的评价方法；二是土地分区利用的理论基础，阐述区位理论、农业土地分区利用和城市土地分区利用的原理；三是产业用地的提质路径，分为土地集约利用、土地规模利用、土地可持续利用和土地规划利用四种路径；四是基于产业用地的四种提质路径，提出具体的政策干预建议。

第8章是国土空间规划体系中的产业专项规划，主要介绍三部分内容：一是产业规划的国内外研究成果，包括国际视野下的美国、德国、日本的经济与产业发展规划，以及我国产业规划的类型和实践历程，并进一步从计划经济和改革开放以来两个时期阐述产业规划在我国城市和区域经济发展中的作用；二是国土空间规划体系中的产业专项规划内涵重构，讨论产业专项规划在规划体系中的定位和作用，产业专项规划的思路转变和内涵重构，以及产业专项规划嵌入空间规划体系的路径；三是产业专项规划在国土空间规划体系中的作用，一方面探讨省域、市/县和乡镇三个层级产业专项规划的编制重点与传导机制，另一方面厘清产业规划与国民经济和社会发展规划、生态环境保护规划、土地整治规划和城市公共设施规划的关系。

第9章是省域国土空间产业规划，共有五部分内容：一是省域国土空间产业规划概述，包括省域国土空间产业规划的作用、目标、原则、内容构成及逻辑框架；二是省域国土空间产业发展定位与战略，通过产业发展背景趋势、区域地位与发展比较来明确定位与战略；三是省域国土空间产业选择与体系构建，主要论述产业选择和产业体系构建的基本原理；四是省域国土空间产业布局优化，从产业布局条件分析、地市联系与产业分工、产业空间结构与功能分区、各地市产业布局引导、空间支撑体系规划的逻辑来组织产业布局优化；五是实施保障体系，包括规划实施保障和政策支撑。

第10章是市县域国土空间产业规划，以塑造可持续发展的"产城融合互动关系"为核心，聚焦市县层级的国土空间产业规划。在明确市县域国土空间产业规划的基本作用和基本原则的基础上提出规划的基础内容构成和逻辑框架，并对其中的四个主要环节展开阐述：一是产业发展定位与战略，应基于市县域产业自身发展的基础条件和外部环境条件合理确定；二是产业选择与产业体系构建，包括主导产业选择、重点产业等完整产业体系的构建；三是国土空间产业布局，需在产业用地绩效评估的基础上，依据相关布局原则，对不同产业部门的布局、中心城区的产业布局及产业空间的支撑体系做出安排；四是实施保障体系，包括规划实施保障和政策支持体系。

第 11 章是乡镇国土空间产业规划，共分为五个部分，包括乡镇国土空间产业规划的概述、产业发展的战略与定位、产业选择与产业体系构建、产业布局优化及土地整治、实施保障体系。乡镇作为市县和乡村的过渡单元，兼具城市和乡村的双重特征，具有较强的地方根植性。乡镇层级的产业规划承担着市县与乡村两个层级产业规划的传导作用，在制定产业战略定位时应兼顾其现实发展基础和区域发展条件，依托其本土产业特色、区域产业分工以及潜力产业发展进行产业选择，并针对农业主导型、工贸主导型和旅游主导型乡镇进行特色化产业体系构建，从而优化其产业布局、落实土地整治。最后，乡镇国土空间产业规划应建立相应的实施保障体系，完善规划实施途径，并从公共平台、融资渠道、内生化发展、生态约束和管控等方面提供政策支撑。

第 12 章是重点片区产业规划，首先阐述了重点片区产业规划的作用与建设目标；其次具体阐述了产业规划总体定位的确立方式，并对产业选择与体系构建的逻辑进行详细论述；再次，对重点片区产业规划产业空间优化所涉及的用地与功能布局的具体内容进行说明，并进行相关项目业态规模测算方法整理。此外，为更好地保障重点片区产业规划在各地开展与落实，本章还针对其实施保障体系进行梳理，详细说明了重点片区产业规划的运营模式，并对其涉猎的土地政策、人才政策、科技政策等加以整理。本章探讨的内容对于响应新时代背景下城市存量产业空间更新的要求、指导产业项目有序落地、提升全要素活力、实现城市重点片区产业发展的可持续有重要的助益作用。

第 13 章是乡村产业规划。乡村产业是乡村地区可持续发展的关键因素，但如何构建既符合乡村地区产业发展特点，又能有效回应国土空间规划改革新要求的乡村产业规划技术路径，还缺乏系统性的讨论。本章总结归纳乡村地区产业发展的四个基本特征，结合国土空间规划背景下乡村产业规划提出的新目标和原则，构建乡村社区产业规划的基本逻辑架构，进而聚焦"乡村产业发展的战略定位""乡村特色产业选择与乡村产业体系构建""乡村产业项目策划及空间布局""国土空间乡村产业空间整治优化"和"乡村产业规划的实施机制"五大核心议题，并对其中的关键要点和操作路径进行详细探讨，以期为乡村产业规划研究和实践提供参考借鉴。

五、本书的编写组织

本书编写思路和提纲由陈晨拟定，其中：第 1 章 "产业结构升级及其政策干预" 主要由陈晨、王海晓、张丽华撰写；第 2 章 "产业组织增效及其政策干预" 主要由刘竹阳、陈晨撰写；第 3 章 "产业发展及其增长方式" 主要由陈晨、王灿、邬文婕、王海晓撰写；第 4 章 "城市—区域产业发展的战略选择" 主要由陈晨、周琳、李思颖撰写；第 5 章 "区域产业布局优化及其政策干预" 主要由陈晨、贾月彤、程遥、李凌月撰写；第 6 章 "城市产业布局优化及其政策干预" 主要由陈晨、贾月彤、张丽华、李凌月撰写；第 7 章 "产业用地提质及其政策干预" 主要由陈晨、周琳、李思颖撰写；第 8 章 "国土空间规划体系中的产业专项规划" 主要由周琳、陈晨、李凌月、张丽华撰写；第 9 章 "省域国土空间产业规划" 主要由陈晨、王灿、程遥、陈旭、陈智杰撰写，实践案例由戴晓波、叶梅等提供；第 10 章 "市县域国土空间产业规划" 主要由陈晨、王海晓、陈智杰、张卓异撰写，市县级全产业案例由黄亮、裴新生、徐剑光、王宝平、刘振宇等提供，单产业案例由陈晨、陈智杰、陈诗芸、邬文婕、王海晓等提供；第 11 章 "乡镇国土空间产业规划" 主要由陈晨、贾月彤、陈智杰撰写，实践案例由杜宁、陈晨、丁博禹、郭广东、殷昭昕等提供；第 12 章 "重点片区产业规划" 主要由陈晨、邬文婕、郝晋伟撰写，实践案例由黄亮、徐剑光、王宝平、苏永锋等提供；第 13 章 "乡村产业规划" 主要由陈晨、刘竹阳、游猎撰写，实践案例由陈晨、刘竹阳、张伟伟等提供。全书最终由陈晨定稿。

中国工程院吴志强院士对本书的编写提供了全方位的指导和帮助，同济大学经济与管理学院的林善浪教授、建筑与城市规划学院的朱介鸣教授和黄建中教授对本书的初稿给出了宝贵的意见和建议，对本书成稿的帮助很大，在此致以诚挚的感谢！

陈 晨

2024 年 2 月 29 日

目 录

总 序 　　　　　　　　　　　　　　　　　　　　Ⅴ
序 　　　　　　　　　　　　　　　　　　　　　　Ⅶ
前 言 　　　　　　　　　　　　　　　　　　　　Ⅷ

上篇　理论基础

第1章　产业结构升级及其政策干预　　　003
　1.1　产业分类与产业结构的基本认识　　　003
　1.2　产业结构理论　　　008
　1.3　产业结构的优化升级　　　011
　1.4　产业结构的政策干预　　　016
　　　参考文献　　　020

第2章　产业组织增效及其政策干预　　　021
　2.1　产业组织理论　　　021
　2.2　产业组织模式　　　031
　2.3　产业组织增效　　　033
　2.4　产业组织政策干预　　　035
　　　参考文献　　　038

第3章　产业发展及其增长方式　　　039
　3.1　产业发展理论　　　039
　3.2　技术创新促进产业发展增长　　　048

3.3	绿色发展促进产业发展增长	051
3.4	数字赋能促进产业发展增长	054
	参考文献	058

第 4 章　城市—区域产业发展的战略选择　059

4.1	产业发展的战略选择	059
4.2	城市—区域发展的战略选择	066
4.3	战略选择的分析方法	074
	参考文献	079

第 5 章　区域产业布局优化及其政策干预　080

5.1	区域产业布局理论	080
5.2	区域产业布局优化	089
5.3	区域产业布局的政策干预	093
	参考文献	095

第 6 章　城市产业布局优化及其政策干预　096

6.1	城市产业布局理论	096
6.2	产业布局优化	103
6.3	城镇产业布局的政策干预	106
	参考文献	110

第 7 章　产业用地提质及其政策干预　111

7.1	土地利用内涵及其效益评价	111
7.2	土地分区利用的理论基础	116
7.3	产业用地提质的四种路径	123
7.4	产业用地提质的政策干预	133
	参考文献	139

下篇 规划原理与实务

第 8 章　国土空间规划体系中的产业专项规划　143
- 8.1　产业规划的国内外研究　143
- 8.2　国土空间规划体系中的产业专项规划内涵重构　153
- 8.3　产业专项规划在各级国土空间规划体系中的内容与传导　158
- 参考文献　165

第 9 章　省域国土空间产业规划　166
- 9.1　省域国土空间产业规划概述　166
- 9.2　省域国土空间产业发展定位与战略　170
- 9.3　省域国土空间产业选择与产业体系构建　176
- 9.4　省域国土空间产业布局优化　181
- 9.5　实施保障体系　188
- 参考文献　190

第 10 章　市县域国土空间产业规划　191
- 10.1　市县域国土空间产业规划概述　191
- 10.2　市县域国土空间产业发展定位与战略　195
- 10.3　市县域国土空间产业选择与产业体系构建　199
- 10.4　市县域国土空间产业布局优化　204
- 10.5　实施保障体系　211
- 参考文献　214

第 11 章　乡镇国土空间产业规划　215
- 11.1　乡镇国土空间产业规划概述　215
- 11.2　乡镇国土空间产业发展定位与战略　220
- 11.3　乡镇国土空间产业选择与产业体系构建　223
- 11.4　乡镇国土产业布局优化及土地整治　227

11.5	实施保障体系	231
	参考文献	233

第 12 章　重点片区产业规划　　234

12.1	重点片区产业规划概述	234
12.2	重点片区产业发展定位	237
12.3	重点片区产业选择及产业体系构建	240
12.4	重点片区产业布局优化	241
12.5	实施保障体系	245
	参考文献	250

第 13 章　乡村产业规划　　251

13.1	乡村产业规划概述	251
13.2	乡村产业发展定位与战略	258
13.3	乡村特色产业选择与产业体系构建	261
13.4	乡村产业项目策划及空间布局	263
13.5	国土空间乡村产业布局整治优化	265
13.6	实施保障体系	268
	参考文献	270

上篇 理论基础

第 1 章　产业结构升级及其政策干预
第 2 章　产业组织增效及其政策干预
第 3 章　产业发展及其增长方式
第 4 章　城市—区域产业发展的战略选择
第 5 章　区域产业布局优化及其政策干预
第 6 章　城市产业布局优化及其政策干预
第 7 章　产业用地提质及其政策干预

第 1 章

产业结构升级及其政策干预

■ **导语**

随着经济社会发展,一个国家或地区的产业组成即资源在各产业部门间的配置状态会发生改变,这就是"产业结构理论"的研究对象。该理论以产业分类为基础,以经济发展的动态眼光,寻求产业结构演变的一般规律,并将此规律作为制定经济发展战略的重要依据之一。本章从产业分类和产业结构的基本认识出发,介绍产业结构的基本理论、产业结构的优化升级及相关政策干预。

1.1 产业分类与产业结构的基本认识

1.1.1 产业分类

产业分类的基本方法有两大部类分类法、三次产业分类法、标准产业分类法、产业地位分类法、战略关联分类法等。

1. 马克思的两大部类分类法

两大部类分类法是马克思为了揭示资本主义生产的本质和剩余价值产生的秘密而对社会再生产过程进行剖析所采用的分类方法。这一方法以产品的最终用途不同作为分类标准,目的是分析不同物质生产部门的相互关系,揭示社会再生产的实现条件。马克思根据某一产品是作为生产资料用于生产消费,还是作为生活资料用于生活消费,把社会生产部门分成两大部类。

生产生产资料的部门（第Ⅰ部类）： 主要指生产各种生产资料的部门，其产品用于生产消费，例如各种生产工具、设备、原料、材料。

生产消费资料的部门（第Ⅱ部类）： 主要是指生产各种个人消费品的生产部门，其产品用于个人生活消费。

2. 三次产业分类法

三次产业分类法从产业的劳动对象和产品的基本属性出发，把全部经济活动划分为第一次产业（primary industry）、第二次产业（secondary industry）和第三次产业（tertiary industry）。这是西方产业结构理论中最重要的产业分类法之一，其对宏观上阐明社会的经济结构及其变化发展有着重要作用。它可以用于衡量一国或地区经济结构合理化和高级化程度，同时可以用于考察产业间错综复杂的投入产出关系。它是世界通行的产业结构分类方法，但各国的划分不尽相同。

我国的三次产业分类法是根据产业发展的层次顺序及其与自然界的关系，将全部经济活动划分为第一产业、第二产业和第三产业。根据《国民经济行业分类》（GB/T 4754—2017）及《国家统计局关于修订〈三次产业划分规定（2012）〉的通知》（国统设管函〔2018〕74号），其定义分别为：

第一产业是指农、林、牧、渔业（不含农、林、牧、渔专业及辅助性活动）。

第二产业是指采矿业（不含开采专业及辅助性活动），制造业（不含金属制品、机械和设备修理业），电力、热力、燃气及水生产和供应业，建筑业。

第三产业即服务业，是指除第一产业、第二产业以外的其他行业。具体包括批发和零售业，交通运输、仓储和邮政业，住宿和餐饮业，信息传输、软件和信息技术服务业，金融业，房地产业，租赁和商务服务业，科学研究和技术服务业，水利、环境和公共设施管理业，居民服务、修理和其他服务业，教育，卫生和社会工作，文化、体育和娱乐业，公共管理、社会保障和社会组织，国际组织，以及农、林、牧、渔业中的农、林、牧、渔专业及辅助性活动，采矿业中的开采专业及辅助性活动，制造业中的金属制品、机械和设备修理业。

这不仅提供了一种产业分类方法，也是一种理论。它使人们对社会经济活动的认识更全面，为经济统计和管理工作提供了现实和便捷的方法，同时也为认识和划分社会经济活动提供了一种富有价值的思路，但也存在一定局限。伴随着新技术革命、社会信息化和可持续发展观的提出，一批被称为"新兴产业"的独立的产业部门逐渐形成，包括自然资源产业、环境产业和高技术产业（包括信息产业），"新兴产业"与传统三次产业存在交叉包含关系。有学者突破原有的三次产业划分，基于社会经济可持续发展的目标，提出将绿色产业、数据产业等作为"第四产业"。

3. 标准产业分类法

标准产业分类法是指一个国家或地区政府为了统一该国（或该地区）产业经济研究的统计和分析口径，以便科学地制定产业政策和对国民经济进行宏观管理，根据该国（或该地区）实际而编制和颁布的产业划分标准。标准产业分类法主要考虑以下3个因素：社会产品和服务的种类；生产工艺与技术的相似性；统计上的需要和便捷。

标准产业分类法必须具备3个特征：一是权威性，应由权威机构编制和颁布；二是完整性，应包括一国（或地区）的全部产业，做到尽量详尽，不遗漏、不重复；三是广泛的适应性，即应便于进行比较分析。

标准产业分类法又可分为国际标准分类法和国家标准分类法。

国际标准分类法。1946年联合国成立了隶属于经济及社会理事会的统计委员会，于1948年颁布了《全部经济活动的国际标准行业分类》（*International Standard Industrial Classification of All Economic Activities*，缩写为ISIC），并于1958年（ISIC 1.0版）、1968年（ISIC 2.0版）、1990年（ISIC 3.0版）、2002年（ISIC 3.1版）多次修订。2008年联合国统计委员会发布ISIC 4.0版，其门类由最初的10类扩充到21类，包括88个大类，238个中类和419个小类。它已成为世界上对经济活动进行分类的最成熟、最权威、最有影响力的国际标准之一[1]，它为各国的产业分类标准提供了一个指导框架，从而使各国数据具有可比性。

国家标准分类法。世界上许多国家都有各自的国家标准产业分类法，比如美国于1972年编制和颁布了国家标准产业分类法，设有7位数字编码，共有99种主要类，7500种不同的产品类型。英国编制的国家标准产业分类法有27个主要产业大种类，细分为181个产业亚类。中国产业分类的国家标准《国民经济行业分类》于1984年首次发布，经过1994年、2002年、2011年、2017年四次修订，把中国全部的国民经济行业依次划分为20个门类、97个大类、473个中类和1381个小类。

4. 产业地位分类法

以产业在国民经济中的地位和作用的不同，分为基础产业、瓶颈产业、主导产业、

---

1. 李国秋，吕斌. 国际标准产业分类新版（ISIC Rev.4）的信息产业分类分析 [J]. 图书情报知识，2010（5）：118-124.

支柱产业等类型，这种划分方法称为产业地位分类法。

基础产业是指在产业结构体系中为其他产业的发展提供基本条件并为大多数产业提供服务的产业。基础产业是其他产业赖以发展的基础和前提条件，一般要求先行发展基础产业，否则整个国民经济发展会受到制约。

瓶颈产业是指在产业结构体系中未得到应有发展，已严重制约其他产业和国民经济发展的产业。当基础产业得不到先行的充分发展时，它就可能成为瓶颈产业。瓶颈产业的存在，会较大地限制产业结构体系的综合产出能力。因此，优化产业结构、提高产业的综合产出能力，应优先突破瓶颈产业。

主导产业是指在产业体系中处于技术领先地位、代表着产业结构演变的方向或趋势、能够带动和促进整个经济发展的产业或产业部门。其特征主要有：①高技术进步率和高增长率；②产业的综合性和多层次性；③高关联性；④序列更替性。

支柱产业是指在国民经济体系中占有重要的战略地位，其产业规模占有较大份额，并起着支撑作用的产业或产业群。支柱产业具有如下特点：①其产值占经济总产值较大份额，一般上缴财政利税超过10%；②其在资源配置、技术装备、社会需求等方面处于相对稳定状态；③是经济历史文化、自然资源、经济运行模式相互融合的产物。一般来说，支柱产业往往是由先导产业逐渐发展壮大而来，达到产业规模后成为该地区的主导产业，进而又成为对区域经济起支撑作用的支柱产业。

5. 战略关联分类法

战略关联分类法是指按照一国（或一地区）产业政策中的不同战略地位划分产业的分类方法。按照不同战略地位划分为主导产业、先导产业、支柱产业、重点产业等。其主导产业、支柱产业等概念与其在产业地位分类法中相似，而先导产业是指在国民经济体系中具有重要的战略地位，并在国民经济规划中先行发展以引导其他产业往某一战略目标方向发展的产业或产业群。这类产业对其他产业的发展往往起着引导作用，但未必对国民经济起支撑作用。

1.1.2　产业结构

1. 狭义与广义的产业结构

产业结构是国民经济中各产业部门、行业之间的比例构成和它们之间及其各自内部相互依存、相互制约的有机联系。产业结构可以从两个角度来考察：一种是从"质"的角度，研究分布在国民经济各产业中经济资源之间的相互联系、相互依存、相互提升资源配置效率的运动关系,即产业之间的比例关系及其变化,这是"产业发展形态理论"的观点;另一种是从"量"的角度,研究产业间技术经济的数量比例关系,即产业间的"投入"和"产出"的数量比例关系,这是"产业联系理论"的观点。狭义的产业结构是指产业间的比例关系和结构变化规律,偏向于"质"的角度。

产业发展形态理论是从"质"的角度动态地揭示产业间技术经济的相互联系形态和发展趋势。一个国家或地区的劳动力、资金、各种自然资源与物质资料在国民经济各部门的配置状况及其相互制约的方式,反映着一国经济的发展水平、发达程度、内在活力与增长潜力。它一般由两个指标来衡量:一是价值指标,如某一产业部门所创造的国民收入占全部国民收入的比例,或某一产业的资本额占全社会资本额的比例;另一是就业指标,如某一产业部门就业人数占总就业人数的比例。

产业联系理论是从"量"的角度静态地研究和分析产业间联系方式的技术经济数量比例关系,即产业间的投入产出关系。一个产业的产出(或投入)就是另一个产业的投入(或产出),投入产出关系就是产业间在投入与产出上的相互依存关系。

总的来看,产业结构通过产业间质的组合和量的规定,构成了产业间经济资源的分布结构,这种结构既包含产业间数量比例关系,又包含产业间质的联系的有机耦合;既体现静态比例的关系,又体现动态的关联与发展。

2. 产业结构与经济发展

产业结构随着社会经济的变化而不断演变,产业结构理论所研究的正是产业结构不断演变的原因和条件,寻找产业结构演变的规律。故应以动态的眼光看待产业结构,产业结构的演变不仅是经济发展的结果,也是经济发展的条件。

不同的产业结构具有不同的整体效益,必然导致经济以不同的速度增长,而不同的经济增长又对产业结构产生不同的要求,促使产业结构进行合理化调整。产业结构对经济增长的影响是通过结构效益实现的,结构效益高的产业结构能促使经济以较快的速度增长,它在不增加投入的情况下实现经济增长,因而属内涵扩大再生产的范畴。在社会再生产过程中,技术条件不断变化,产业结构、产品结构不断更新并形成新的组合,引起社会生产力发生质的飞跃,促使经济增长[1]。

研究产业结构不仅是为了寻求产业之间的均衡,更是为了获得更高的经济效益。

---

1. 朱永华. 传统产业型中小企业集群发展研究 [D]. 武汉:华中农业大学, 2006.

如下文介绍的产业结构理论，它证明了不同的产业结构所带来的国民收入水平也是不同的，而所谓产业结构政策，就是将已有产业结构推向具有更高经济效益的产业结构的国家经济政策。向产业结构要经济效益，这是宏观经济管理最重要的目标之一。将经济发展同产业结构的演变联系起来，在运动、变化中研究产业结构，这一思想将贯穿于相关理论对产业结构演变规律的探讨中。

1.2 产业结构理论

产业结构的变动总是与经济发展联系在一起的，随着经济发展，产业结构不断由低级向高级演进，由简单向复杂转变，这两个方面的不断变化推动产业结构向合理化方向发展。只有正确地掌握产业结构变迁的规律，才能科学地制定产业政策，从而促进经济发展。

国内外学者已对产业结构的变动规律进行了大量研究，总结出产业结构变动的相关理论，其中代表性观点有以下六种。

1.2.1 配第—克拉克定律

该定律由英国经济学家配第（William Petty）发现，并由克拉克（Colin G. Clark）进行实证研究，进而系统归纳。其基本结论是随着经济的发展和人均国民收入水平的提高，劳动力首先由第一产业向第二产业转移，进而再向第三产业转移；从劳动力在三次产业之间的分布状况看，第一产业劳动力的比重逐渐下降，第二产业和第三产业劳动力的比重则呈现出增加趋势。在工业化过程中，劳动力从生产率低的部门向生产率高的部门转移，反映了经济增长方式的转变过程。因而可用就业结构数据来描述一个国家或地区的经济发展阶段或工业化阶段。

1.2.2 库兹涅茨的人均收入影响论

库兹涅茨（Simon Kuznets）在继承配第和克拉克等人研究成果的基础上，分析了各国的历史资料并利用现代经济统计体系，对产业结构变动与经济发展的关系进行了较为彻底的考察。他依据人均国内生产总值份额基准，考察了总产值变动和就业人口结构变动的规律，揭示了产业结构变动的总方向，从而证明了配第—克拉克定律，并对三次产业进行了细化（表1-1）。他发现的这种变动规律，即产业结构的变动受人均国民收入变动的影响，被称为库兹涅茨人均收入影响论。

1.2.3 霍夫曼的工业化经验法则

德国经济学家霍夫曼（Walther G. Hoffmann）对产业内部行业结构变动规律进行了研究。通过对工业革命以来50年间20多个国家的工业化进程进行实证分析，霍夫曼阐述了工业部门之间结构变动的一般规律，这一结果后来被称为"霍夫曼工业化经验法则"。根据霍夫曼比例，即消费品工业净产值与资本品工业净产值的比例，可以把工业化分为四个阶段，见表1-2。

表1-1 产业发展形态的概括

内容	（1）劳动力的相对比重		（2）国民收入的相对比重		（3）=（2）/（1）相对国民收入	
	时间序列分析	横截面分析	时间序列分析	横截面分析	时间序列分析	横截面分析
第一次产业	下降	下降	下降	下降	（1以下）下降	（1以下）几乎不变
第二次产业	不确定	上升	上升	上升	（1以上）上升	（1以上）下降
第三次产业	上升	上升	不确定	微升(稳定)	（1以上）下降	（1以上）下降

资料来源：张冬梅，汪彤.产业经济学[M].北京：社会科学文献出版社，2013.

表1-2 霍夫曼的工业阶段论及特征

阶段划分	阶段名称	霍夫曼系数	阶段特征
第一阶段	轻纺化阶段	5（±1）	消费资料工业生产在制造业中占据统治地位，重工业生产不发达
第二阶段	轻纺化向重工业化过渡阶段	2.5（±0.5）	与轻工业相比，重工业获得较快发展，轻工业比重明显大于重工业
第三阶段	重工业化前期阶段	1（±0.5）	重工业规模达到相当水平
第四阶段	重工业化后期阶段	<1	重工业规模大于轻工业规模

资料来源：曹林.区域产业发展规划理论与实例[M].北京：社会科学文献出版社，2014.

1.2.4 罗斯托的主导产业理论和经济成长阶段论

罗斯托（Walt W. Rostow）提出了主导产业及其扩散理论和经济成长阶段理论。罗斯托试图用经济理论解释经济历史的进程，把社会发展分为必须依次经过的六个阶段，并且认为每个阶段都存在着起主导作用的产业部门，经济阶段的演进特征就是主导产业部门的交替。六个阶段依次为：①传统社会阶段，科技水平低下，主导产业部门为农业部门；②起飞前提阶段，近代科学技术开始在工农业中发挥作用，占人口75%以上的劳动力逐渐从农业转移到工业、交通运输业、商业、服务业，投资率的提高明显地超过人口的增长水平；③起飞阶段，相当于产业革命时期，积累率在国民收入中所占的比例由5%增加到10%以上，由一个或几个经济主导部门带动国民经济的增长；④成熟挺进阶段：现代科学技术已经有效地应用于生产，投资率在10%~20%，产业结构发生了巨大的变化；⑤高额民众消费阶段，工业高度发达，主导部门转移至耐用消费品和服务部门；⑥追求生活质量阶段，主导产业部门从耐用消费品部门转移至提高生活质量的部门，如文教、医疗、保健、福利、娱乐、旅游等部门。他提出主导产业部门通过投入产出关系而带动经济增长，主导产业部门的演进序列是不能任意改变的，任何国家都要立足本国经济现状，不能超越经济发展阶段，只能从较低的阶段向较高的阶段依次发展。

1.2.5 钱纳里的工业化阶段理论

钱纳里（Hollis B. Chenery）将产业结构研究领域扩展到发展中国家的工业化进程，指出工业化的本质就是由生产初级产品向生产高级产品的转变，并提出了著名的"工业化阶段理论"。第一阶段，劳动力主要集中在农业部门，制造业在国民经济中虽然发展很快，但并不占主导地位；第二阶段，工业部门明显居于主导地位，人口由农村流向城市，参与工业化过程；第三阶段，工业部门与农业部门协调发展，工业部门的资本逐步向农业部门回流，农业增长缓慢的现象得以改善。

1.2.6 赤松要的雁行形态理论

产业结构演进的另一个重要趋势是与国际市场相适应。一国的经济发展需要有内贸与外贸相结合的、全方位的产业结构。对此，日本经济学家赤松要（Kaname Akamatsu）提出了著名的"雁行形态理论"，如图1-1所示。这一理论要求将本国

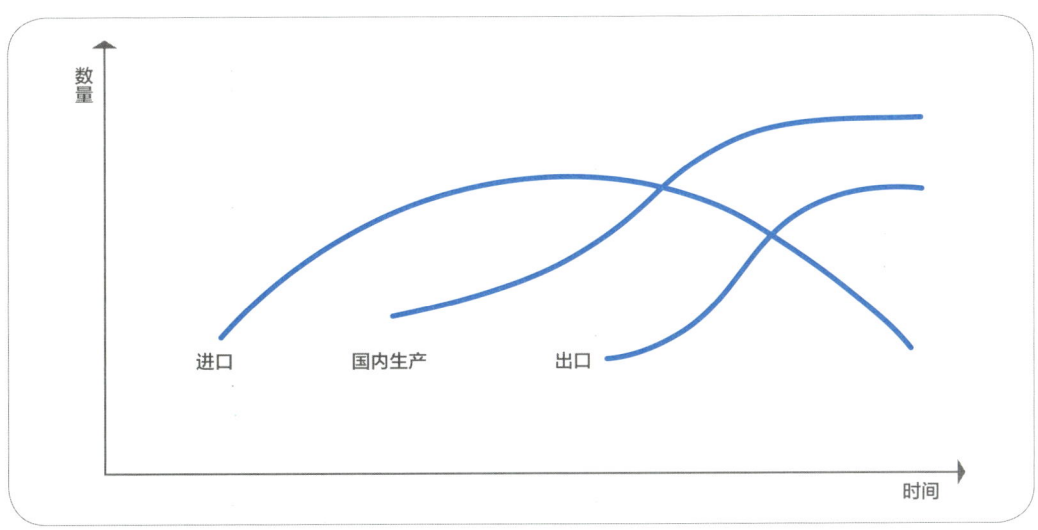

图 1-1 赤松要的雁行形态模式
资料来源：李悦，李平. 产业经济学 [M]. 大连：东北财经大学出版社，2002.

产业发展与国际市场密切联系起来，认为在需求与供给的相互作用、相互制约下，落后国家的产业结构要经历三个阶段：①进口阶段，在对某些产品的需求增加但国内生产困难时，靠进口满足需求；②国内替代阶段，在国内生产该种产品的条件成熟后，以国内产品满足需求，即国产替代进口；③出口阶段，随着国内生产条件日益改善，该种产品生产成本大大降低，市场竞争力加强，产品转而进入国际市场。该理论的基本观点是，落后国家的崛起要先发展轻工业，再发展重工业，亦即后进国家应遵循"进口—国内替代—出口"的"雁行发展形态"。这一理论也较好地解释了某一产业在不同国家伴随着产业转移先后兴盛衰退的过程[1]。

1.3 产业结构的优化升级

1.3.1 产业结构优化的内涵与机理

1. 产业结构优化升级的内涵

产业结构优化升级是指产业结构向合理化和高级化的方向演进。产业结构合

---

[1]. 高东方. 产业结构和就业结构互动演变研究——经典理论的回顾 [J]. 首都经济贸易大学学报，2014，16(3): 114–122.

化是指在产业发展过程中要合理配置生产要素,协调各产业部门之间的比例关系,促进各种生产要素有效利用,为实现高质量的经济增长打下基础。产业结构高级化是指产业结构从较低水平状态向较高水平状态发展的动态过程,即产业结构向高技术化、高知识化、高资本密集化、高加工度化和高附加值化发展的动态过程。它是以新兴产业比重提高为前提,以各产业的技术层次提高和新兴产业成长为主导产业为重要标志。

产业结构优化的实质是实现资源在产业之间的优化配置和高效利用,促进产业经济协调、稳定、高效发展。产业结构的转换与经济发展过程密切相关,因此产业结构优化升级是一个动态优化的过程,必定贯穿于整个经济发展过程中并不断调整。同时,产业结构优化是一个相对的概念,并不是指产业结构水平的绝对高低,而是在既定目标下调整产业结构,使之与各个国家各个时期的资源条件、科技水平、国际经济关系等相适应。

2. 产业结构优化的对象

包括以下四个方面:一是供给结构的优化,即对资本结构、劳动力供给结构、技术供给结构、资源供给结构的优化调整;二是需求结构的优化,即对政府、企业、家庭和个人需求结构,以及中间需求与最终需求的比例、投资与消费的比例等的优化调整;三是国际贸易结构的优化,即对不同产业间的进出口结构、同一产业间的进出口结构的优化调整;四是国际投资结构的优化,即对外投资与外来投资的结构,以及对外投资在不同产业之间的比例、外来投资在本国不同产业之间的比例等的优化调整。

3. 产业结构优化的机理

产业结构优化的转化机理,即从产业结构优化到国民经济持续快速增长的实现机制,主要有以下四个步骤:

第一步,调整影响产业结构的决定因素。决定因素从供求角度来看包括供给因素和需求因素,从投入产出角度来看包括投入结构和产出结构。调整产业结构的决定因素就是要调整供给结构和需求结构,也就是要调整投入结构和产出结构,包括调整国际贸易结构和国际投资结构,从而改变产业结构。

第二步,产业结构得到优化。产业结构优化是产业结构调整的目的,优化结果即为产业结构的高级化和合理化。

第三步,产业结构效应发挥作用。产业结构效应是指产业结构的变化对经济增长的影响程度，产业结构优化必然对经济增长产生积极的作用。

第四步，国民经济在产业结构效应的积极作用下取得比正常增长速度更快的增长。

1.3.2 产业结构的合理化

产业结构合理化的中心内容是协调，产业结构的协调不是指产业间的绝对均衡，而是指各产业之间有较强的互补和谐关系和相互转换能力。只有强化产业间的协调，才能提高产业结构的聚合质量和整体效果。产业之间是否处于协调状态，一般可从以下五个方面进行判断：

1. 产业间相对地位的协调性

在一定的经济发展阶段下，产业结构系统中各产业的作用以及增长速度不同，其在产业结构中所处的地位也不同，从而形成各产业之间有序的排列组合，构成产业结构的层次性，如主导产业、支柱产业、幼小产业、衰退产业等。各产业相对地位的协调就是指产业结构内部各产业的排列组合具有比较丰富的层次性，各产业间的主次与发展的轻重缓急关系比较明确和适宜。如果各产业主次不分，轻重无序，甚至出现产业结构的逆转，则说明产业之间的相对地位是不协调的。

2. 产业关联的协调性

产业之间存在投入与产出的联系，是相互依赖和相互影响的关系。由于产业间的投入产出关系经常变化，某个产业的工艺、技术发生变革或使用的原料、材料发生变化等，都会使产业之间的关联状况发生变化。测定产业间的关联可利用投入产出分析法，利用一国或一个地区某一经济年度的投入产出表，考察其大类产业之间、具体产业间的比例关系来判断产业间是否协调。从理论上说，投入产出分析能清晰地反映出国民经济各部门、各产品间的联系，是研究综合平衡的一个重要工具。

3. 产业素质的协调性

即产业之间是否存在技术水平的断层和劳动生产率的强烈反差。如果一个产业结构系统中各产业素质差异过大，表现为产业间比较劳动生产率的数值分布离散且无序，则说明产业素质不协调，其在运行过程中将会出现摩擦增加、聚合质量降低等现象。

4. 产业结构是否与供求结构相适应

产业结构要适应需求结构的变化，更好地满足投资需求和消费需求，弱化供需矛盾，从而促进国民经济更协调发展。在需求正常变动时，协调的产业结构具有较强的适应性和应变能力，使供给和需求之间在数量上和结构上的差距都逐渐缩小。相反，如果对需求的正常变动，供给迟迟无法做出反应，导致长时间的供需不平衡，则说明产业结构是不协调的。

5. 产业增长速度分布的协调性

产业结构的协调还表现在各产业部门的增长速度不平衡没有造成社会再生产过程中的结构性滞差。产业部门增长速度分布的协调性表现在两个方面：一是高增长部门、减速增长部门和潜在增长部门之间的增长速度差距较为合理；二是这三类部门数量比例较为合理。

1.3.3 产业结构的高级化

产业结构高级化是指产业结构从低水平状态向高水平状态发展的动态过程。根据产业结构演进的一般规律，产业结构的高级化具有如下四个特征：

一是顺着第一、第二、第三产业优势地位顺向递进的方向演进。

二是顺着劳动密集型产业、资本密集型产业、技术（知识）密集型产业分别占优势地位顺向递进的方向演进。

三是顺着低附加价值产业向高附加价值产业的方向演进。

四是顺着低加工度产业占优势地位向高加工度产业占优势地位的方向演进。

1. 创新对产业结构高级化的影响

在封闭经济条件下，产业结构的变化是需求结构变动和供给结构变动相互作用的结果。在开放经济条件下，须再加上国际贸易和国际投资因素。因此，需求结构、供给结构、国际贸易结构和国际投资结构这四种因素是决定产业结构变动的基本因素。然而，起核心作用的是创新，表现为三个方面：一是创造出新的商品和服务；二是在既定的劳动力和资金条件下，提高原有商品和服务的产出数量；三是具有能促进经济快速发展的扩散效应。创新对产业结构的影响既有直接的，也有间接的。

创新对产业结构的直接影响。一般来说，当创新带来的是新产品开发或原有产品的改善时，由于新产品的需求弹性较大，会吸引生产要素流入该部门。当创新仅仅使原有产品的生产效率提高时，如果这些产品的需求弹性较小，那么这将促使该部门的生产要素外流，使该产业部门收缩，尤其表现为该部门劳动力数量的锐减。由此可见，不论哪一种方式，创新都将引起生产要素在产业部门之间的转移，导致不同部门的扩张或收缩，从而促进产业结构的有序发展。

创新对产业结构的间接影响。创新对产业结构变化的间接影响也有两种方式：一是通过影响生产要素相对收益而间接影响产业结构变化；二是通过对生活条件和工作条件的改变而间接影响产业结构变化。创新往往会创造新的或某些潜在的巨大需求（最终或中间需求），并且有可能通过连锁反应对需求产生更广泛的影响。这些需求结构的变动无疑会影响产业结构的变化。

因此，创新是产业结构高级化的动力。一个国家的创新活动和创新能力是其产业结构有序发展的核心动因。唯有创新，才能从根本上提高产业结构的转换能力，推进产业结构高级化发展。

2. 主导产业与产业结构高级化的关系

罗斯托把主导产业的作用概括为以下三个方面：一是依靠科学技术进步，获得新的生产函数；二是形成持续高速的增长率；三是具有较强的扩散效应，对其他产业乃至所有产业的增长产生决定性的影响。这三个作用也揭示了成为主导产业的必备条件，缺一就不可称为主导产业。根据罗斯托的阐述，只有少数同时兼备创新和较强扩散效应的高增长产业才能成为主导产业，正是主导产业扩散效应"不合比例的增长"推动着经济发展。随着科学技术进步和生产力发展、社会分工日益深化，单个主导产业无法带动整个产业发展，而是几个产业共同作用，罗斯托将此称为"主导部门综合体"，由主导部门和与主导部门有较强后向关联、旁侧关联的部门共同组成。

主导产业的实现形式，从世界各国的实践来看，主要有市场自发调节和政府积极干预两种。采取前者的国家认为，市场竞争和供求关系足以促进具有竞争能力的产业的发展。采取后者的国家通过制定产业政策，选择主导产业和确定产业发展序列，不断促进产业结构的高级化。日本是较早采用后者的国家，它没有沿袭欧美发达国家的经验，而是选择了一条超常规道路，主要根据"收入弹性基准"和"生产率上升基准"选择主导产业和确定产业发展顺序。近年来，越来越多的国家开始重视第二种形式。西方发达国家采取政府积极干预促进主导产业（如信息产业）的发展。发展中国家由于市场经济不发达，对主导产业采取倾斜政策显得尤为重要。这样可以使主导产业获得较快发展，并不断促进产业结构的高级化，从而实现"追赶型"

国家的"后发性利益"。

总的来看，高质量的经济增长必须依赖于产业结构水平的提高。值得注意的是，我国现有的产业结构优化升级措施大多局限于产业类型的调整，对诸如"工业比重""机电产品比重""高新技术产品比重"等指标变化的极力追捧。这在我国经济社会发展迈入高质量发展阶段的新时期逐渐显现出其局限性。当前我国学者有关"产业升级"的讨论，从主要关注"产业结构调整思路"延伸到"价值链思路"，强调产业向"企业研发（技术）"和"品牌（管理创新）"两端升级，并将产业升级归纳为"提高国际分工中的价值获取"[1]，以更好地指导我国综合国民经济发展。

1.4 产业结构的政策干预

1.4.1 产业结构政策的含义和作用

产业结构政策，是指政府根据一定时期社会经济结构的内在联系而揭示的产业结构发展趋势及过程，并按照产业结构高级化演变规律，规定各产业在国民经济发展中的地位和作用，确定产业结构协调发展的比例关系，以及为保证这种结构变化而采取的政策措施。其核心是在促进产业结构协调化的同时，提高产业结构转换能力，从而推动产业结构在符合规律的转换中求速度、求效益。

产业结构政策包含四个基本点：一是产业结构政策的目的是促进产业结构优化；二是产业结构政策制定的理论依据是产业结构演变规律；三是产业结构政策的制定主体是政府；四是产业结构政策的实施主体是企业。

产业结构政策包括对特定产业、行业和产品所采取的扶植、鼓励、调整、保护或限制等政策。

实施产业结构政策的作用包括：一是有利于实现产业结构的合理化和高度化，保证社会再生产过程的顺利进行；二是能够弥补市场机制的不足，提高市场调节产业结构的效应，使产业结构更好地适应需求结构；三是有利于正确引导方向，调整投资结构，控制投资规模；四是有利于综合运用经济杠杆，实现宏观调控的目的。

---

1. 陈羽，邝国良．"产业升级"的理论内核及研究思路述评 [J]. 改革，2009(10): 85-89.

1.4.2 产业结构政策的主要内容

从具体内容看,产业结构政策通常包括:幼小产业扶持政策、主导产业选择政策、战略产业扶植政策和衰退产业调整政策。

1. 幼小产业扶持政策

"扶持幼小产业说"是德国经济学家李斯特(Friedrich List)在当时德国政治分裂、工业不发达的情况下提出的,他主张通过实行贸易保护政策,加速德国的工业化进程,以便达到政治上统一、经济上发展的目的。李斯特认为,通过政府的贸易保护,使当时不具备出口条件的产业可能变为出口产业。第二次世界大战以后,幼小产业扶持政策在许多国家,特别是后起国普遍使用。所谓幼小产业,是在工业后发国家的产业结构体系中,相对于工业先行国家成熟的同行产业而言,处于"幼小稚嫩"阶段的产业。幼小产业扶持政策的内容主要包括以下两个方面:

贸易保护政策。贸易保护政策的主要目的是限制国外有关产品的进口,以削弱进口产品在国内市场上的竞争力,为本国幼小产业的生存和发展提供一个适宜的环境。主要的贸易保护政策有二。一是关税壁垒。关税壁垒是工业后发国家在对幼小产业进行保护时最常采用的手段,实施时应研究并设置对幼小产业有利的关税结构。为提高关税的有效保护率,通常根据同类产业国内企业的生产成本而定,使得进口产品在市场上的价格高于国内同类产品的价格,其效果是相当显著的。二是非关税壁垒。非关税壁垒是指除关税以外的各种直接和间接的以限制国外产品为目的的政策法律措施。常见的直接性的非关税壁垒有进口配额制、进口许可证等。

扶植政策。一是财政扶植政策,如:通过税种的设立、税率的确定和税收的减免,为幼小产业的长期发展创造自我积累的能力和良好的发展环境;通过财政补贴,弥补幼小产业在成长时期因技术开发或市场开拓而出现的暂时性亏损;通过制定特殊折旧方法,促进幼小产业的技术水平迅速提高;通过政府在基础设施方面的直接投资,为幼小产业的发展提供必要的基础保证,使其能获得较多的外部经济效应等。二是金融扶植政策,包括:组建专门的开发银行,为幼小产业企业的发展提供融资渠道;对幼小产业实行优惠的贷款利率;为幼小产业企业向商业银行贷款提供信誉担保;实行外汇管制政策,直接或间接地支持幼小产业的发展等。三是技术扶植政策,包括:组建政府与企业合作的开发体系,分担企业的技术开发风险;政府直接投资于技术开发领域,将开发成果在同行业企业中推广,促进产业的技术进步;结合财政、金融手段,支持企业的技术引进等。四是直接管制扶植政策,最常见的是通过行政或立法的手段，干预企业的组织结构，以增强幼小产业企业的竞争能力。五是优化市场环境，政府努力消除市场失灵引起的幼小产业发展障碍，完善市场体制，理顺市场体系，为幼小产业提供良好的发展环境。

2. 主导产业选择和鼓励政策

主导产业在很大程度上决定了产业结构系统未来的发展方向和模式。从主导产业对经济增长的意义上看，其选择合理与否不仅关系到主导产业本身的发展，而且关系到整个经济的增长和产业结构的协调化与高级化。因此，正确选择并合理确定主导产业，是实现产业结构合理化的前提和基础。主导产业的选择基准主要包括产业关联效应基准、收入弹性基准和生产率上升率基准。考虑到主导产业对产业经济发展和产业结构升级的巨大带动作用，各国都采取各种主导产业鼓励政策，促进其发展。

产业环境协调政策。政府在规划主导产业、培育和扶植主导产业发展时，要通过采用各种有效手段，尽可能协调主导产业与产业环境之间的矛盾，解除主导产业发展的约束条件，减少这些约束条件的消极影响，创造有利于主导产业成长的市场条件和有利于主导产业发展的环境，打破阻滞市场机制发挥作用的各种行政壁垒。

产业扶植和保护政策。对某些国内市场潜力巨大、技术先进、产业关联度高的产业，在它成长到具有国际竞争力之前，政府需要在国际贸易协定许可的范围内，对其采取适当的财政、金融扶植政策和贸易保护政策。

优先发展基础产业政策。基础产业对主导产业具有巨大的支持能力，因此政府可以通过加大力度扶植基础产业，从而提高基础产业对主导产业的支持能力，以避免主导产业在发展过程中受到基础产业或基础设施的制约而不能高速发展。

技术引导政策。主导产业的技术要求高、投资需求大，因此在实施主导产业政策时，要充分考虑通过产业技术政策优化主导产业的产品结构，制定有利于主导产业成长的技术进步政策，加强产业界的科技队伍建设，并建立起有利于主导产业发展的投融资体系，增加研究开发投入，促进高新技术产业化。

3. 战略产业扶植政策

战略产业是指能够在未来成为主导产业或支柱产业的新兴产业。它首先是一种新兴产业，但并非所有新兴产业都可以成为战略产业，要成为战略产业必须具备三个基本特征：一是能够迅速有效地吸收创新成果，并获得与新技术相关联的新的生产函数；二是具有巨大的市场潜力，有望获得持续的高速增长；三是同其他产业的关联系数较大，能够带动相关产业的发展。

战略产业的扶植政策是产业结构政策中的关键部分，特点是着眼于未来的产业优势，直接服务于产业结构的高级化。日益重视战略产业的选择和扶植，是21世纪各国产业政策的共同趋势。战略产业扶植政策的必要性来自上述三个基本特征，其宗旨是通过政府强有力的介入，增强战略产业的生产要素投入，再通过战略产业的超常规发展来带动整个产业结构的高级化。

贸易保护措施。这一措施为国内战略产业的成长创造一个相对有利的外部环境，可以通过各种金融、公共财政等措施对国内需求进行适当的刺激，加之战略产业本身具有的高回报率以及政府的各种鼓励措施，使生产要素有效地向战略产业转移，从而促进战略产业的成长。

经济、法律、行政措施。这些措施使战略产业不仅在大量生产要素投入的基础上获得较高的增长速度，更重要的是在技术进步的基础上由于销量的提高而获得高速增长和规模扩张。当然，战略产业的扩张规模和增长速度要在国家主导产业和支柱产业的目标范围内。

战略产业调整政策。产业政策要依据战略产业的成长程度和国际竞争能力的强弱不断加以调整，同时还要依据国际经济关系有关的各种要求开放市场、取消产品价格歧视的压力和有关贸易报复性行为的规定，不断调整对战略产业扶植和保护的手段及措施。

我国对战略产业的扶植和保护所采取的主要措施是：依据国内外市场需求变动趋势，根据我国生产力发展水平和世界经济发展趋势，重点扶植和保护符合国情的、能充分发挥比较优势的、能适应国内外市场新变化、具有竞争力的战略产业，从根本上构建起防范和抵御国际性经济动荡的严重冲击和影响、具有长期发展趋势和较强的国际竞争力的战略产业。

4. 衰退产业调整政策

所谓衰退产业是指经历了幼小期、成长期、成熟期之后，进入了产业生命周期的最后一个发展阶段——衰退期的产业。其一般特征是：产品需求量和销售量大幅度下降，技术进步率下降且创新无望，而由另一新兴产业提供的替代品却同时出现需求与销售额上升的趋势。具备这些特征的产业就应当被视为"衰退产业"。例如，日本的煤炭、纺织和钢铁都曾沦落为衰退产业，但其中纺织和钢铁业经过有效的技术改造，实现了产品的高附加值化。衰退产业调整政策是产业结构高级化过程中具有重大现实意义的基本政策，其立足点是帮助衰退产业实行有序收缩、有效转移。

这与消极地保护衰退产业的立场是不同的。衰退产业调整政策的主要措施包括：

进行必要的产业融合。 对衰退产业进行援助不等于维持衰退产业的生存，而是帮助衰退产业实现有序地收缩撤让，引导其资本存量向高增长率产业部门转移。由于产业融合比较容易发生在高新技术产业和传统产业之间，通过推动衰退产业高技术化，提高产业的技术含量，生产出品质、性能更好的产品，从而使衰退产业重现生机。

制定相关财政、税费调控政策。 对衰退产业施行优惠的财政政策，具体办法是设立衰退产业调整援助基金，主要用于衰退产业的转产贷款贴息及下岗职工安置。同时对衰退产业及所在地区进行适度的税费减免，以缓解衰退产业的资金紧张状况。

建立衰退产业特殊的社会保障制度。 一般的社会保障难以满足衰退产业的要求，因而需建立衰退产业特殊的社会保障制度。可在衰退产业调整援助基金中分立衰退产业下岗职工的安置费、生活补贴和再就业培训等社会保障资金。制定衰退产业下岗职工再就业援助计划，衰退产业企业与所在地政府联合设立专门机构——衰退产业下岗职工再就业指导中心，负责下岗职工的技能培训和职业介绍。

关键术语

产业分类、产业结构、产业结构理论、产业结构合理化、产业结构高级化、产业结构政策

思考题

1. 请详细阅读某一省份的"十四五"国民经济和社会发展规划和省级国土空间规划中的产业规划内容，简述两者区别。

2. 选择你熟悉的一个省份，阅读省级国土空间规划中的产业发展整体定位，并对此定位的合理性作出评述。

参考文献

[1] 陈羽, 邝国良. "产业升级"的理论内核及研究思路述评[J]. 改革, 2009（10）：85-89.
[2] 高东方. 产业结构和就业结构互动演变研究——经典理论的回顾[J]. 首都经济贸易大学学报, 2014, 16（3）：114-122.
[3] 李国秋, 吕斌. 国际标准产业分类新版（ISIC Rev.4）的信息产业分类分析[J]. 图书情报知识, 2010（5）：118-124.
[4] 朱永华. 传统产业型中小企业集群发展研究[D]. 武汉：华中农业大学, 2006.
[5] 鲍宏礼. 产业经济学[M]. 北京：中国经济出版社, 2018.
[6] 曹林. 区域产业发展规划理论与实例[M]. 北京：社会科学文献出版社, 2014.
[7] 李悦, 李平. 产业经济学[M]. 大连：东北财经大学出版社, 2002.
[8] 苏东水. 产业经济学[M]. 3版. 北京：高等教育出版社, 2010.
[9] 杨治. 产业经济学导论[M]. 北京：中国人民大学出版社, 1985.
[10] 张冬梅, 汪彤. 产业经济学[M]. 北京：社会科学文献出版社, 2013.

第 2 章

产业组织增效及其政策干预

■ 导语

　　产业组织理论是微观经济学中的一个重要分支，研究产业组织就是探究产业内部企业与企业之间的关系，包括交易关系、资源占有关系、利益关系和行为关系等，其目的主要是解决"马歇尔冲突"——产业内企业的规模经济效应与企业之间的竞争活力的冲突。本章包括产业组织理论、产业组织模式、产业组织增效和产业组织政策干预四部分内容。产业组织理论部分在廓清产业组织和产业组织理论概念的基础上，对产业组织理论中经典的 SCP 范式，以及策略性行为理论等新兴产业组织理论进行详细阐述。产业组织模式部分重点关注常见的公司企业、合作社和行业协会三大类型，论述各自具体产业组织模式，第三部分则据此提出应该从合理化、融合化、差异化、网络化四个方面为产业组织增效。最后，归纳产业组织政策的干预内容，并提出产业组织的直接规制政策，以实现产业组织的形成与增效。

2.1　产业组织理论

2.1.1　概述

1. 产业组织与产业组织理论

　　产业组织是指资源在产业内的配置构成及其关联性，这个概念作为专指产业内部关系的范畴，大约在 20 世纪 70 年代逐渐形成。以往，产业结构（industrial structure）既可指产业间的关系结构，也可指产业内的关系结构。因此，"产业组织"

并没有同"产业结构"明确区别开来。产业组织理论中的"产业"概念同产业结构理论中的"产业"概念不同，它没有产业结构理论中的层次性和某种意义上的灵活性，而仅指生产同一类商品（严格地说，就是生产具有密切替代关系的商品）的生产者在同一市场上的集合。这些生产者之间的交易关系、资源占有关系、利益关系和行为关系等相互关系结构就是所谓的产业组织。

产业组织理论是微观经济学，特别是其中的垄断价格理论的延续，或者说是其应用部分。价格理论是研究价格机制及其与资源分配的关系的经济学说，而产业组织理论是以产业内的最佳资源分配状态为目标，寻找充分发挥价格机制的现实条件的理论。产业组织理论还有一个姊妹应用经济理论，即管理经济学（或叫企业经济学）。产业组织理论同管理经济学的区别是，管理经济学的重点服务于企业的经营决策，而产业组织理论的重点在于寻求最有利于资源合理分配的市场秩序。产业组织理论的核心问题是解决所谓的"马歇尔冲突"（Marshall's Dilemma）的难题，即产业内企业的规模经济效应与企业之间的竞争活力的冲突，在市场机制下保护竞争活力的同时，得以充分利用"规模经济"。因此，产业组织政策是国家维护或改变一国现存市场秩序（价格机制的现实表现形态）的重要公共经济政策，比如反托拉斯政策（反垄断政策）就是其中之一。

2. 产业组织理论的渊源与发展

产业组织理论的出现是因为古典经济学对经济发展实践问题的解释力不足。20世纪初，当自由资本主义转向垄断资本主义时，古典经济学的论断遭遇前所未有的冲击。随后一批经济学家开始从微观层面的企业和中观层面的产业关系中寻找答案。马歇尔（Alfred Marshall）首先提出了产业组织概念，提出了著名的"马歇尔冲突"。1959年，贝恩（Joe S. Bain）出版了第一部系统论述产业组织理论的教科书——《产业组织》（Industrial Organization），分析企业竞争与行业垄断的矛盾、规模经济与经济效率的矛盾，为维持合理市场秩序和经济效率提供了理论依据及路径对策，由此形成了较为完整的产业组织理论框架。

此后，学界一般以20世纪80年代为界，将产业组织理论分为"传统产业组织理论"和"新产业组织理论"。"传统产业组织理论"是指基本完成于20世纪80年代的相关研究架构的理论体系，主要包括哈佛学派、芝加哥学派、新奥地利学派；"新产业组织理论"是指20世纪80年代之后引入博弈论和信息经济学等新研究方法的产业组织理论。

3. 传统产业组织理论的不同学派

哈佛学派（Harvard School）兴起于20世纪30年代资本主义世界大萧条和凯恩斯经济学盛行之时，并逐渐建立了以市场结构（Structure）、市场行为（Conduct）、市场绩效（Performance）为框架的完整SCP分析范式。哈佛学派以垄断竞争理论为基础，使用案例分析等静态实证研究方法，认为市场结构影响市场行为和市场绩效，从而提出反垄断的政策。该学派认为市场结构是影响市场行为与绩效的重要因素，重视对市场结构的研究，因而也被称为"结构主义"学派。然而哈佛学派因其缺乏微观基础和严密的逻辑体系，在诞生后受到芝加哥学派等的不断攻击。

芝加哥学派（Chicago School）兴起于20世纪五六十年代，欧美正经历第二次世界大战后黄金增长期随后的经济滞胀期。该学派将效率作为反垄断政策实施的唯一目标，反对利用反托拉斯法保护低效率、低竞争力的小企业，认为市场竞争是企业的"生存检验"。在没有人为设置进入壁垒的情况下，市场竞争在很大程度上能够保证生产效率与资源配置效率。据此，他们主张反托拉斯政策的主要任务应是限制企业横向价格协调及瓜分市场的行为，因此要减少政府对市场竞争过程的干预。芝加哥学派在对哈佛学派SCP范式进行批判的基础上得以成长，强调分析集中和定价是否提高市场效率，因此又被称为"绩效主义"学派。

新奥地利学派（Neo-Austrian School）兴起于20世纪70年代后期，是另一个反对结构主义的产业组织理论学派，代表人物有米塞斯（Ludwig Heinrich Edler von Mises）、哈耶克（Friedrich August von Hayek）、阿门塔诺（Dominick T. Armentano）、罗斯巴德（Murray N. Rothbard）等人。他们主张运用人类行为科学的方法去分析各种经济现象，核心在于注重分析市场竞争的行为性和过程性。在不完全信息的前提下，他们将市场视为一个发掘零散信息和知识的过程。只有经过市场的竞争过程，才能充分发掘和利用这些分散的信息和知识，来提高资源的配置效率，因此只有自由竞争的市场才能最大化资源配置效率[1]。新奥地利学派由于特别重视市场行为的研究，因此又被称为"行为主义"学派。

4. 新产业组织理论的出现

20世纪70年代以后，产业组织理论研究产生了跨越式的发展，学者们采用博弈论、信息经济学等新方法来分析产业组织问题，学术界把使用这种新方法来分析企业策略性行为的产业组织理论称为"新产业组织理论"。新产业组织理论的主要

---

1. 朱政，张振鹏. 产业组织理论回溯与研究展望[J]. 产业创新研究，2018（6）：58-63.

代表人物有考林（Keith Cowling）、威廉姆森（Oliver E. Williamson）、沃特森（Michael Waterson）、鲍莫尔（William J. Baumol）等。具体包括策略性行为理论、产品差异化理论、可竞争市场理论、交易费用理论和产业规制理论等。新产业组织理论在理论范式、研究方法、政策主张等方面都有了新的发展，在理论范式上的突破表现为：一是从重视市场结构转向重视市场行为，二是建立了双向的、动态的研究框架，三是引入了不完全信息这一假设条件。

市场结构、市场行为与市场绩效是产业组织理论的三大主题。如果说市场结构是经济运行的环境，市场行为是经济运行的方式，那么市场绩效就是经济运行的效果[1]。对于这三者之间的关系，产业组织理论的研究经历了一个不断发展的过程，不同学派的学者尽管有观点差异，但都做出了各自的理论和实证贡献。

2.1.2　SCP 范式理论

哈佛大学的梅森（Edward S. Mason）和贝恩（Joe S. Bain）等人所创立的传统产业组织理论构造了"市场结构—市场行为—市场绩效"的分析框架（SCP 框架）。这一理论的形成大致经历了两个阶段。第一阶段是贝恩于 1959 年出版的《产业组织》（*Industrial Organization*）一书中提出从市场结构推断竞争效果的"结构—绩效"模式。他认为，判断一个行业是否具有竞争性，不能只依据市场行为（如定价行为）或市场绩效（如是否存在超额利润），而要同时根据该行业的市场结构的若干要素来判断，如市场集中度、进入壁垒等。第二阶段是谢勒（Frederic M. Scherer）在 1970 年出版的《产业市场结构和市场绩效》（*Industrial Market Structure and Economic Performance*），提出了完整的"市场结构—市场行为—市场绩效"的模式。他认为市场结构首先决定了市场行为，继而市场行为又决定了市场绩效。

SCP 框架的形成标志着产业组织理论已趋于完善。但是，对于市场结构、市场行为和市场绩效三者之间关系的探讨并未就此停止。当前，产业组织学者不再简单地认为结构决定行为、行为决定绩效，而是发现三者之间的相互关系非常复杂。短期来看，可以把市场结构当作既定的要素，即企业市场行为的外部环境，市场结构从某种程度上决定了企业的市场行为，而产业内所有企业的市场行为又决定了市场绩效。归纳起来，在短期内三者之间的关系是，市场结构从根本上制约市场行为，市场行为又直接决定了市场绩效。而长期来看，市场结构也在发生变化，这种变化

---

1. 孙敬水. 市场结构与市场绩效的测度方法研究 [J]. 统计研究，2002（5）：7-12.

正是企业市场行为长期作用的结果，有时市场绩效的变化也会直接导致市场结构发生变化。所以，在一个较长的时期内，市场结构、市场行为和市场绩效之间都是双向的因果关系。

1. 市场结构

市场结构也叫产业体系，即资源在产业之间配置的构成及其关联性，呈现的是产业内部各生产要素之间、产业之间、时间、空间、层次的五维关系。社会生产的产业结构或部门结构是在一般分工和特殊分工的基础上产生和发展起来的。研究产业结构，主要是研究生产资料和生活资料两大部类之间的关系；从部门来看，主要是研究农业、轻工业、重工业、建筑业、商业、服务业等部门之间的关系，以及各产业部门的内部关系。产业结构升级是通过产业内部各生产要素之间、产业之间时间、空间、层次相互转化实现生产要素改进、产业结构优化、产业附加值提高的系统工程。

从根本上说，市场结构是反映市场竞争和垄断关系的概念。在西方微观经济学发展的过程中，自张伯伦（Edward Chamberlin）、琼·罗宾逊夫人（Joan Robinson）提出垄断竞争理论，并根据不同产业的市场垄断与竞争程度划分四种不同类型的市场结构：完全垄断、寡头垄断、垄断竞争、完全竞争。贝恩、植草益（Masu Uekusa）等著名学者在对本国产业市场不同的生产集中度作实证分析研究的过程中，将不同垄断和竞争程度的市场结构进一步具体化为实用性更强的、不同等级的竞争型和寡占型市场结构。

2. 市场行为

市场行为是指企业在市场上为实现其目标（如利润最大化、更高的市场占有率等）、适应市场要求不断调整其行为的行为。企业的市场行为受到市场结构的状态和特征的制约，反之，市场行为也作用于市场结构，影响和改变市场结构的状态和特征。产业组织理论主要研究的是寡头垄断（亦称"寡占"）型市场结构中企业的市场行为。

商品生产经营者的市场行为内容十分复杂，而且不断地发生变化。但其行为都是以实现商品价值进而实现利润最大化为目的，因此市场行为的内容围绕这一基本目的可以归纳为定价行为、营销行为和合同行为。

定价行为。市场经济体制下，国家定价已经极其有限，企业是定价的主体。企业定价要以成本为定价的基础，考虑市场供求、竞争、政策等因素确定合理价格。

在其他条件不改变情况下,价格的高低直接影响企业的亏盈,因此企业的定价行为应该是既考虑本企业的盈亏,又要考虑消费者,应该使两者都有利,才能有利于市场经济秩序的建立和维护。

营销行为。商品生产经营者总是要尽快地尽量多地把商品销售出去,以补偿生产经营中的耗费并获得预期的收益。它们通过确定营销策略,采取各种促销手段达此目的。生产经营者的促销行为主要包括人员促销、广告促销和商标促销。这些促销行为主要的出发点都是向用户和广大的消费者宣传自己的商品,增强商品的知名度,扩大行销面。

合同行为。合同双方为了各自目的而明确相互间权利义务关系的协议。通过合同约束,规范合同双方当事人的行为,使其履行合同,使产销得到衔接,避免盲目的产销活动。在合同的签订和履行过程中,如果违反合同就会出现某一方受损的结果。

3. 市场绩效

市场绩效是指在一定的市场结构中,由一定的市场行为所形成的价格、产量、成本、利润、产品质量和品种,以及技术进步等方面的最终经济成果。市场绩效反映了在特定的市场结构和市场行为条件下市场运行的效果。产业组织理论主要从两个方面对市场绩效进行研究,一是对市场绩效本身进行直接的描述和评价,二是市场绩效与市场结构和市场行为之间的关系研究。

衡量市场绩效的指标主要包括利润率、勒纳指数和贝恩指数。

利润率

这是一个比较常用的重要指标。利润率的一般计算公式是:

$$R = \frac{(\pi - T)}{E} \qquad (式2-1)$$

式中,R 为税后资本收益率;π 为税前利润;T 为税收总额;E 为自有资本。

微观经济学认为,在完全竞争的市场结构中,资源配置实现最优,该市场上的所有企业都只能获得正常利润,且不同产业的利润率水平趋向一致。也就是说,产业间是否形成了平均利润率是衡量社会资源配置效率是否达到最优的一个最基本指标。据此可以推断,利润率越高,市场就越偏离完全竞争的状态,因此利润率也被当作研究市场结构对市场绩效影响的一个指标。

如何解释这些研究的结果呢?首先,不同行业、不同企业计算成本及利润的方法和口径往往不同，即使是很微小的基础数据偏差都会得到不同的结论。其次，我们也必须认识到导致行业、企业利润率偏高的因素很多，绝不仅仅是垄断势力的形成。引起超额利润的因素至少还有：一是作为风险性投资报酬的风险利润；二是由不可预期的需求和费用变化形成的预料外利润；三是因成功地开发和引入新技术而实现的创新利润。因此，在考察垄断因素导致的资源配置非效率时，必须从特定产业的利润中排除上述因素后才能做出判断。

勒纳指数（Lerner Index）

勒纳指数量度的是价格与边际成本的偏离率。其计算公式为：

$$L = \frac{(P-MC)}{P} \tag{式2-2}$$

式中，L 为勒纳指数；P 为价格；MC 为边际成本。

勒纳指数的数值在 0~1 变动。完全竞争条件下，价格等于边际成本，勒纳指数等于 0；垄断情况下，勒纳指数会大一些，但不会超过 1。直观来说，勒纳指数越大，市场的竞争程度就越低。值得注意的是，勒纳指数本身反映的是当市场存在支配能力时价格与边际成本的偏离程度，却无法反映企业为了谋取或巩固垄断地位而采取的限制性定价和掠夺性定价行为（在这两种情况中，勒纳指数接近 0，却不表明该市场是竞争性的）。此外，在实际计算过程中，由于边际成本的数据难以获取，常常要使用平均成本代替边际成本，从而可能使结论失真。

贝恩指数（Bain Index）

贝恩指数是著名的产业组织学学者贝恩提出的一个指标。他把利润分为会计利润和经济利润两种，它们的计算公式分别是：

$$\pi_a = R - C - D \tag{式2-3}$$

式中，π_a 为会计利润；R 为总收益；C 为当期总成本；D 为折旧。

$$\pi_e = \pi_a - iV \tag{式2-4}$$

式中，π_e 为经济利润；i 为正常投资收益率；V 为投资总额。

于是，贝恩指数为：

$$B = \frac{\pi_e}{V} \qquad (式2\text{-}5)$$

实际上，贝恩指数代表的是行业的超额利润率。其理论依据是，市场中如果持续存在超额利润（或者说经济利润），那么一般就表明该市场上存在垄断势力，且超额利润越高，垄断力量越强。

与勒纳指数相比，由于贝恩指数所要求的基础数据相对比较容易取得，产生系统偏差的可能性较少。但是，这两个指标与利润率指标一样，都建立在不完全的理论假定基础上，因为企业或行业所获得的高利润并不一定是通过垄断力量实现的，而确实存在垄断力量的市场，其指标也不一定表现得更高，因为垄断企业往往会出于驱逐竞争对手和阻止新竞争者进入的目的而制订低价格，使行业市场显得无利可图。

2.1.3 新产业组织理论

新产业组织理论包括策略性行为理论、可竞争市场理论、交易费用理论和产业规制理论等[1]。

1. 策略性行为理论

策略性行为（strategic behavior）是博弈论在产业组织理论中的应用，最早源于2005年诺贝尔经济学奖获得者谢林（Thomas C. Schelling），是指一个厂商旨在通过影响竞争对手对该厂商行动的预期，使竞争对手在预期的基础上做出对该厂商有利的决策行为，使市场变成有利于领先企业的市场，这种影响竞争对手预期的行为称之为策略性行为[2]。主要包括影响未来市场需求函数和成本函数的策略性行为，例如并购、空间先占权、产品扩散策略，以及影响竞争者对事件预期的策略性行为，例如限制性定价和掠夺性定价。

策略性行为的产生源于产业主体与其所在市场在决策方面存在的相互依赖关系，这种依赖关系在寡占市场上最为普遍。垄断市场上，垄断者的市场行为也会对潜在进入者产生影响，这构成了策略性行为分析的市场基础。研究策略性行为主要是运用博弈论和信息经济学，通过纳什均衡来阐明产业主体的行为，分析在既定的

---

1. 朱政，张振鹏. 产业组织理论回溯与研究展望 [J]. 产业创新研究，2018（6）：58-63.
2. 干春晖，姚瑜琳. 策略性行为理论研究 [J]. 中国工业经济，2005（11）：118-125.

初始均衡条件或状态下,如何运用策略性行为实现新的均衡。这种新的研究方法在寡占或垄断市场下现有企业间的竞争、在位企业与潜在进入企业间的策略行为、企业的进入—退出行为、价格竞争与价格共谋、广告、产品差异化、研发等方面的动态分析上,取得了显著进展,使人们对复杂交易现象背后的动机和福利效果的理解达到了新的高度,在理论上更具有说服力和严谨性。

2. 可竞争市场理论

可竞争市场理论(Theory of Contestable Markets)是美国著名经济学家鲍莫尔(William J. Baumol)、帕恩查(John C. Panzar)、韦利格(Robert D. Willing)等人在芝加哥学派产业组织理论的基础上提出来的。该理论认为,良好的生产效率和技术效率等市场绩效,在传统哈佛学派理想的市场结构以外仍然可以实现,而无需大量竞争企业的存在。它可以是在寡头市场,甚至是在独家垄断市场,前提是只要保持市场完全的进入自由,不存在特别的进出成本,潜在的竞争压力就会迫使任何市场结构条件下的企业采取竞争行为。在这种环境条件下,包括自然垄断在内的高集中度的市场结构是可以与效率并存的。

可竞争市场理论是以完全可竞争市场及沉没成本(sunk cost)等概念为中心,来推导可持续的、有效率的产业组织的基本态势及其内生的形成过程。所谓完全可竞争市场,是指进入和退出完全自由的市场,退出时完全不用负担不可回收的沉没成本。可竞争市场是相对于传统的完全竞争概念所提出的一种理念性的市场概念。完全竞争市场必须存在大量且小规模的买者和卖者,并且不存在产品的差别化和进入壁垒等条件;而可竞争市场可以不依存于这种原子型的特殊市场结构。在新企业可随时进入市场的潜在竞争压力下,即使市场上仅有一个企业独家垄断,且没有其他竞争对手,这家垄断企业所能获取的资本收益率也不会高于完全竞争市场众多企业所能获取的正常收益率,因为任何能使垄断企业获取高于资本正常收益的垄断定价行为,都会立即招致其他竞争者的进入。由此可见,只要存在可能进入者的潜在竞争,并不需要现存企业之间的争夺,就足以使边际成本定价成为完全可竞争市场均衡的一个条件[1]。

3. 交易费用理论

1937年,著名经济学家科斯(Ronald Coase)在《企业的性质》("The Nature

---

1. 夏大慰. 产业组织与公共政策:可竞争市场理论 [J]. 外国经济与管理,1999(11):9–11.

of the Firm"）一文中首次提出"交易费用"的思想，1969年阿罗（Kenneth J. Arrow）第一个使用"交易费用"这个术语，威廉姆森（Oliver E. Williamson）则系统研究了交易费用理论。科斯指出：市场和企业是两种不同的组织劳动分工的方式（即两种不同的"交易"方式），企业产生的原因是企业组织劳动分工的交易费用低于市场组织劳动分工的费用。一方面，企业作为一种交易形式，可以把若干个生产要素的所有者和产品的所有者组成一个单位参加市场交易，从而减少了交易者的数目和交易中摩擦，降低了交易成本；另一方面，在企业之内，市场交易被取消，伴随着市场交易的复杂结构被企业家所替代，企业家指挥生产，因此，企业替代了市场。由此可见，企业内部交易和市场交易，存在着不同的交易费用；而企业替代市场，是因为通过企业交易而形成的交易费用比通过市场交易而形成的交易费用低。

交易费用理论认为，交易费用在市场经济中起着重要作用。企业可以取代市场实现交易，交易费用的存在决定了企业的存在。企业在不断扩大的同时，管理费用不断增加，当增加的管理费用相当于节省的市场交易费用时，企业规模达到平衡状态而不再扩大。威廉姆森开始使用交易费用的方法来分析组织问题，拓宽和增强了产业组织理论的解释范围和解释力，推动了产业组织理论的发展。

4. 产业规制理论

在新产业组织理论中，规制理论部分的运用已经涉及实际生活中的诸多领域。"规制"一词来源于英文"regulation"，是规制部门对某些特定产业或企业的产品定价、产业进入与退出、投资决策、危害社会环境与安全等行为进行的监督与管理。规制理论主要研究在市场经济运行中，政府如何依据一定的规则对经济行为进行干预。该研究引入信息不对称这一假设条件，取得了新的进展，创立了规制背景下的委托代理分析框架。

依据规制性质的不同，规制可分为经济性规制和社会性规制。

经济性规制。主要包括政府在约束企业定价、进入与退出等方面的作用，重点针对具有自然垄断、信息不对称等特征的行业。经济性规制主要通过以下四种方式实施：一是对企业进入及退出某一产业或对产业内竞争者的数量进行规制，可以通过发放许可证，实行审批制，或是制定较高的进入标准来实现；二是对企业的产品或服务定价进行规制，也称为费率规制，包括费率水平规制或费率结构规制；三是对企业产量进行规制，产量高低直接影响着产品价格，进而影响生产者与消费者的利益，通过规制可限制或鼓励企业生产；四是对产品质量进行规制，相对于前三种方式，这种规制的成本较高，主要包括监督成本和检查成本，由于规制者难以监督产品生产，企业和规制者之间存在着信息不对称，因此实践中这类规制方式较少采用。

社会性规制。是以确保居民生命健康安全、防止公害和保护环境为目的所进行的规制，主要是与经济活动中发生的外部性有关的政策[1]。社会性规制近年来在各国逐渐施行，主要通过设立相应标准、发放许可证、收取各种费用等方式进行。

2.2 产业组织模式

2.2.1 公司企业模式

企业是指企业所得税法及其实施条例规定的居民企业和非居民企业。我国，居民企业是指依法在中国境内成立，或者依照外国（地区）法律成立但实际管理机构在中国境内的企业；非居民企业是指依照外国（地区）法律成立且实际管理机构不在中国境内，但在中国境内设立机构、场所的，或者在中国境内未设立机构、场所，但有来源于中国境内所得的企业。

企业是在商品经济范畴内，作为组织单元的多种模式之一，按照一定的组织规律，有机构成的经济实体，一般以营利为目的，以实现投资人、客户、员工、社会大众的利益最大化为使命，通过提供产品或服务换取收入。它是社会发展的产物，因社会分工的发展而成长壮大。企业是市场经济活动的主要参与者；在社会主义经济体制下，各种企业并存共同构成社会主义市场经济的微观基础。企业存在三类基本组织形式：独资企业、合伙企业和公司。其中，公司制企业是现代企业中最主要、最典型的组织形式。现代经济学理论认为，企业本质上是"一种资源配置的机制"，其能够实现整个社会经济资源的优化配置，降低整个社会的"交易成本"。

伊丹敬之教授（Itami Hiroyuki）以更广的视角来把握企业的内涵，他给企业下的定义为："企业是以财货、服务的提供为主要功能的人与资源的集合体，是被置于一个管理组织之下的社会性存在。"该定义主要包含以下四个要点：一是企业的根本属性是一种社会性存在；二是企业的功能是向社会提供财货或服务；三是企业

---

1. 植草益. 微观规制经济学 [M]. 朱绍文，译. 北京：中国发展出版社，1992.

是由人与资源共同构成的；四是企业作为人与资源的集合体是处于一个管理组织的支配之下的。

2.2.2 合作社模式

合作社是劳动群众自愿联合起来进行合作生产、合作经营所建立的一种合作组织形式。所谓合作经济组织，首先强调的是"合作"，然后是"经济组织"，这是两个基本要素。

以生产环节为标准可以分为生产合作社、流通合作社、信用合作社和服务合作社。生产合作社是从事种植、采集、养殖、渔猎、牧养、加工、建筑等生产活动的各类合作社，如农业生产合作社、手工业生产合作社、建筑合作社等。流通合作社是指从事推销、购买、运输等流通领域服务业务的合作社，如供销合作社、运输合作社、消费合作社、购买合作社等。信用合作社是指接受社员存款、贷款给社员的合作社，如农村信用合作社、城市信用合作社等。服务合作社则是通过各种劳务、服务等方式，提供给社员生产生活一定便利条件的合作社，如租赁合作社、劳务合作社、医疗合作社、保险合作社、利用合作社等。

以是否发行股票为标准，合作社又可分为股份合作社和非股份合作社。股份合作社是国外一种发行股票的合作社，它与非股份合作社相对应。股票的持有人就是合作社的股东和所有者，股票是股东股份所有权证明，可以买卖、转让或继承。股份合作社成员不能退出合作社，只能通过出售其所有股票的办法与合作社脱离关系。实质上，股份合作社只不过是以发行股票的办法筹集资金，其他方面仍与一般合作社无异。非股份合作社是指不发行股票，而通过发给社员入股证书以证明他们在合作社中权利的合作社。

2.2.3 行业协会模式

行业协会是指介于政府、企业之间，商品生产者与经营者之间，并发挥服务、咨询、沟通、监督、协调等功能的社会中介组织。行业协会是一种民间性组织，它不属于政府的管理机构系列，而是政府与企业的桥梁和纽带。行业协会属于我国《民法典》规定的社会团体法人，是中国民间组织社会团体的一种，即国际上统称的非政府机构（又称NGO），属非营利性机构。

行业协会主要具备了沟通、协调、监督、研究和统计等重要职能[1]。首先，行业协会能够连接政府和企业，提供枢纽和桥梁的作用，向政府传达企业的共同要求，帮助政府制定一个行业发展规划、产业策划和行政法规等法律并且落实到位；制定和执行行规行约和各类标准规定，对本行业企业之间的经营行为加以良好协调；其次，一般情况下都是受到了政府的委托来进行资料审查、签发证照和各种市场准入资格认证等方面的工作，所以具备了一定的公正性；然后，能够对本行业的产品和行业的服务质量、工作手段和经营作风等内容进行严格的监督，不断维护行业的信誉，严厉打击违法违规的行为，发挥了监督的重要职能；最后，能够针对本国的行业国内外发展情况展开基础内容的调查工作，不断对当前现状下行业发展所面临的问题进行分析和思考，并且对所存在的问题提出有关建议，这就使企业和政府能够获得相应的参考；与此同时，可以对本行业的一些基本情况进行统计、分析和结果的发布工作，落实信息服务、教育和培训服务、咨询服务等狭义服务。

2.3 产业组织增效

产业组织增效是指通过促进市场的有效竞争，实现产业内部及企业之间资源的合理配置。所谓有效竞争，是指既能保持产业内部各企业之间的适度竞争，又能获得规模经济的效益，即可以兼容活力和规模经济效益的竞争。产业组织增效可通过产业组织合理化、融合化、差异化、网络化发展等途径来实现。

2.3.1 产业组织合理化

产业组织合理化是指力求找到竞争效益和规模效益之间均衡的产业组织状态，包括市场结构合理化、市场行为合理化和企业组织合理化等内容。创造适度化的市场竞争环境是产业组织优化的基本前提和重要途径。市场上的竞争压力可以变成企业改善经营管理、技术革新和降低成本的动力。然而，过度的、不适当的竞争也会损害社会生产的经济效益，造成资源的浪费。同时，企业规模并不是越大越好，规

---

1. 张刘玲. 行业协会的运作模式和发展思路分析 [J]. 今日财富（中国知识产权），2021（6）：237-238.

模经济理论也表明，企业处于适度规模时，规模效益最大，当规模达到一定程度后，会导致经济效益的低下，产生规模不经济。

2.3.2 产业组织融合化

当今世界产业发展呈现出融合创新发展的大趋势，三次产业之间、产业门类之间界限越来越模糊，科学与技术、技术与产业的融合带动了创新发展。产业组织融合化发展是一种理性选择，产业组织体系在很大程度上（功能、部门、岗位、人员、设备、市场等）与科研业务组织体系是重合的。应鼓励各种类型的产业组织之间的各类资源，尤其是作为知识和技术的载体和运用者的人才资源融合化发展，鼓励各种中间组织发展。

2.3.3 产业组织差异化

经济健康发展需要国家的干预，有组织、有步骤地建立起合理有效的竞争秩序，避免过度和无序竞争，应鼓励差异化发展，有效阻止过度的重复建设和重复生产，将零散的生产要素组合形成有竞争力的产业形式，促使各种稀缺的生产要素在企业间不断合理流动，并逐步流向使用效率高的企业，使资源配置的净收益得以提高，并实现生产要素产出的最大化，提升产业的整体竞争力。这一过程的最终结果是实现经济的增长。

2.3.4 产业组织网络化

网络型产业组织是在信息化时代诞生的虚拟组织形式，可实现企业之间的跨界合作，是一种开放的组织形态，也是一种自组织的契约结构。企业之间需通过信息交流与知识共享的合作竞争关系，吸纳外界资源实现协同创新，因此要支持平台型企业的发展，大力发展智能制造和供应链协同，通过物联网实现大企业与中小企业的智能连接，通过大数据分析、人工智能等方式，提高供应链的协作效率和反应能力。平台企业还可以依据在平台上的实际经营数据，为中小企业提供整合资源的有效方案。

2.4 产业组织政策干预

从政策导向看，产业组织政策可分为四大类：竞争限制型、竞争促进型、竞争维护型和约束垄断型。竞争限制型产业组织政策主要是后起国家为实现经济赶超，通过行政手段，以扭曲市场机制的方式来扶持典型行业的重要企业的成长；竞争促进型产业组织政策主要针对的是转型经济国家和发达国家中少数长期实行低绩效管制的行业，其目的是使政府为摆脱财政负担、提高经济效率，并通过放松管制来构建竞争性市场体制；竞争维护型产业组织政策主要通过反垄断、反托拉斯和反不正当竞争行为等政策来恢复市场竞争机制；约束垄断型产业组织政策主要是政府在自然垄断行业等市场失灵领域，出于公共利益最大化的目的而实行的经济管制政策。

从政策对象看，产业组织政策可分为市场结构控制政策、市场行为控制政策和市场绩效控制政策。市场结构控制政策是从市场结构方面禁止或限制垄断的政策，如降低市场进入壁垒、控制市场集中度等；市场行为控制政策是从市场行为角度控制各种妨碍竞争和不公正交易行为的发生；市场绩效控制政策是对市场绩效进行监控和调整的政策。

从政策手段看，产业组织政策的手段可分为法律手段、经济手段和行政手段。在各国普遍实行法治原则的 21 世纪，法律手段的重要性将得到维持或增强，经济手段也主要以法律为基础得以实施。行政手段对于有计划经济传统的国家具有特殊意义，但不受监督的行政干预易造成消极影响。

2.4.1 产业组织政策干预内容

1. 市场结构控制政策

市场结构控制政策是通过立法手段、经济手段和行政指导手段，对各产业内部的市场结构变动实行监控和协调，改变不合理的市场结构或维护某些合理的市场结构，以及为今后一段时间市场结构的规范化发展指明方向。具体措施包括：依法分割处于垄断地位的巨型企业，降低市场集中度，降低市场进入壁垒，建立企业合并审批制度，对中小企业实施必要的扶持政策等。决定市场结构的市场要素包括：卖方或买方的集中程度、产品的差别化、新企业进入的障碍、市场需求的增长率、市场需求的价格弹性、短期固定费用与可变费用的比例。产业组织政策的实施手段必须充分考虑这些既相对独立，又相互联系的市场要素，使政策的实施更为有效。

2. 市场行为控制政策

市场行为控制政策是通过立法手段、经济手段和行政指导手段，对产业内部或企业之间的市场行为进行监控和协调，维护市场竞争行为的公正性，纠正不合理的甚至非法的市场交易行为，防止和控制垄断势力的蔓延，并为市场行为的规范化提供依据。在一定市场结构下的市场行为，主要包括定价政策、质量政策、广告和促销政策，以及投资政策等。具体措施包括禁止和限制竞争者的共谋、卡特尔及不正当的价格歧视；对厂商的价格、质量实行全面监督，增加市场信息的透明度；对欺骗、行贿和中伤竞争者的各种不道德乃至非法的商业行为进行取缔和必要处罚。

反垄断和反不正当竞争政策是市场行为控制政策的重点，其基本内容主要有：

第一，分割已经形成的垄断企业；

第二，限制企业的横向与纵向合并，以防止生产过度集中而形成新的市场垄断；

第三，限制价格共谋行为，鼓励竞争；

第四，禁止非法的价格歧视；

第五，禁止搭配销售和排他性交易；

第六，禁止欺诈行为，如虚假广告、盗用商标名称等；

第七，扶持小企业的发展，并为小企业营造公平的竞争环境。

3. 市场绩效控制政策

市场绩效控制政策是指在一定市场结构下，对受市场行为作用而产生于产业内部或企业之间的市场绩效进行监控和调整的政策。进行绩效控制往往比较困难，在短期内市场结构会影响市场行为进而影响市场绩效，而在长期内市场绩效也会直接影响市场结构。因此，要对市场绩效进行控制，除通过立法、经济和行政指导等政策手段，还须建立对市场绩效的评价标准，具体包括：资源配置效率标准、产业对规模经济利用程度及生产效率标准、产业利润标准、技术效率及其对产业贡献率标准、规模经济与有效需求相应增长标准。具体措施包括：政府直接投资基础设施或"瓶颈产业"，对盈利不多或风险较大的重大技术开发项目提供资金援助，增加对教育、科研和技术推广的公共投资等。

2.4.2 产业组织直接规制政策

直接规制政策的对象主要是自然垄断产业，其目的是防止因重复投资与过度竞争所带来的资源低效配置，并确保产品的稳定供给、收入的公正分配、物价稳定以及产业健康发展。直接规制政策主要包括：进入规制、数量规制、质量规制、设备规制、价格规制和退出规制等。

1. 进入规制

进入规制是直接规制政策的核心内容，即通过对申请者的资格审批，严格控制在特定自然垄断产业的执业权，目的在于限制过度竞争，确保规模经济效益、范围经济效益以及所提供的产品与服务质量。进入规制的主要手段是对申请者进行资格审查，合格者由政府颁发许可证和工商营业执照。

2. 数量规制

数量规制是指为了避免因投资过多（或过少）或产量过剩（或不足）而引起的价格波动和过度竞争所采取的规制措施。它包括投资规制和产量规制两个方面，主要规制手段有：建立特定产业重大投资计划的审批制度；规定新进入企业的最低与最高投资规模；对固定资产与技术改造投资实行配额制；由政府制定产量指导计划，以配额制限制最高产量或以适当的扶持奖励措施刺激产量的增长。

3. 质量规制

质量规制是指为了防止自然垄断所带来的产品与服务质量的潜在下降趋势，避免消费者的正当权益受损所采取的规制措施。它主要包括：对自然垄断产业的产品与服务质量建立公开的质量标准体系，规定必须达到的最低质量界限，建立严格的短期检查、监督和消费者投诉制度，对达不到质量标准的企业实施责任追究和必要处罚，直至取消其执业资格。

4. 设备规制

设备规制是指对自然垄断产业的关键设备的规格、技术性能、安全性能和环保标准实行的直接规制，目的在于消除自然垄断对设备更新的阻碍作用，满足质量规制和环境保护的要求，从而推动该产业的技术进步。

5. 价格规制

价格规制是指对自然垄断产业的产品及服务的价格水平和价格核定方法的直接规制，其目的是使价格处于公正、合理的水平，从而保障合理的利润率，协调供应方的利润最大化取向与消费者利益的矛盾，维护双方的正当权益。价格规制的内容通常包括规定利润率、成本核定方法、价格的上下限以及价格变动的审批程序。

6. 退出规制

退出规制是政府为了保障公共产品与服务的稳定供给，而不允许自然垄断产业的经营者随意撤出原生产与服务领域的直接规制。例如，在电力、煤气、自来水由民间企业经营的情况下，政府需要以退出规制来防止这些直接关系到公众生活安定的公用事业行业出现供应中断的情况。

由于直接规制在相当程度上制约着企业的经营自主权，不利于发挥经营者的创新能力，且需要一定的规制成本，还容易被滥用，不利于行政的廉洁与高效，所以，政府应当尽量缩小直接规制的对象范围，在不得不采用直接规制时必须充分注重行政的公正、廉洁和高效，否则极易偏离公众利益最大化的目标。

关键术语

产业组织、传统产业组织理论、新产业组织理论、产业组织模式、产业组织增效、产业组织政策、产业组织直接规制政策

思考题

1. 怎样理解产业组织政策的目标和手段？
2. 试采用SCP框架来分析某一具体产业。

参考文献

[1] 干春晖，姚瑜琳. 策略性行为理论研究 [J]. 中国工业经济，2005（11）：118–125.
[2] 孙敬水. 市场结构与市场绩效的测度方法研究 [J]. 统计研究，2002（5）：7–12.
[3] 夏大慰. 产业组织与公共政策：可竞争市场理论 [J]. 外国经济与管理，1999（11）：9–11.
[4] 张刘玲. 行业协会的运作模式和发展思路分析 [J]. 今日财富（中国知识产权），2021（6）：237–238.
[5] 植草益. 微观规制经济学 [M]. 朱绍文，胡欣欣，译. 北京：中国发展出版社，1992.
[6] 朱政，张振鹏. 产业组织理论回溯与研究展望 [J]. 产业创新研究，2018（6）：58–63.
[7] 戴伯勋，沈宏达. 现代产业经济学 [M]. 北京：经济管理出版社，2001.
[8] 李悦，等. 产业经济学 [M]. 3版. 北京：中国人民大学出版社，2008.
[9] 谢地. 产业组织经济学 [M]. 长春：吉林大学出版社，1998.

第 3 章

产业发展及其增长方式

■ **导语**

产业发展理论研究产业发展过程中的发展规律、发展周期、影响因素、产业转移、资源配置、发展政策等问题。产业发展规律主要是指一个产业的诞生、成长、扩张、衰退、淘汰的各个发展阶段需要具备怎样的条件和环境,从而影响决策部门采取怎样的政策措施。促进产业发展增长的方式包括技术创新、绿色发展、数字赋能等。

3.1 产业发展理论

3.1.1 产业发展的内涵

产业发展是指产业的产生、成长和进化过程。产业发展有广义和狭义两个层面,广义是指产业总体发展,即整个国民经济的增长、升级和进化过程;狭义是指国民经济各部门内部的产业进化过程与发展趋势。进化过程不仅包括某一产业中企业数量、产品或者服务的产量等数量变化,还包括产业结构的调整、变化、更替和产业主导位置等质量变化,而且主要以结构变化为核心,以产业结构优化为发展方向。因此,产业发展包括量的增加和质的飞跃,包括绝对增长和相对增长。

3.1.2 产业发展周期规律

每个产业都要经历由成长到衰退的演变过程,从产业出现到衰落甚至退出社会经济活动所经历的各阶段，一般分为形成阶段、成长阶段、成熟阶段和衰退阶段四个阶段，即为产业发展周期规律。

1. 产业发展各周期的条件环境及特点

产业形成阶段：新生产业最初总是寄生于相关旧产业的"母体"之中，从旧产业中吸取营养物质——技术、劳动力、资金、原料、固定资产等，逐渐使自己发育成长后，与母体分离，成为一个独立的个体[1]。例如，电子计算机产业，最初就产生于机械制造业之中。形成阶段的产业产品单一，成本高、收益少、产量小，对原有产业在资源、管理等方面有很大的依附关系，没有形成独立的生产体系，产品自身还处于改进和完善之中。

产业成长阶段：随着生产实践的发展，产业技术水平不断完善，生产力水平提高，大批企业转产加入该行业；大批投资者涌入该产业，从而使该产业的规模迅速膨胀，在量上呈加速增长趋势。优胜劣汰的竞争规律在这一过程中尤为明显。成长阶段的产业生产规模扩大，产品逐步从单一、低质、高价向多样、优质和低价方向发展，技术工艺、品种、门类众多。该产业的产出在国民经济中的比重增大，产业内的企业数量增多，同时该产业与国民经济中其他产业的联系加强，对其他产业的影响逐渐变大。

产业成熟阶段：产业自身的发展规模已相当庞大，在国民经济中所占的比重和所起的作用都较大。产业的成熟阶段是一个相对较长的时期，在竞争中生存下来的少数大厂商垄断了整个行业的市场，每个厂商都占有一定比例的市场份额。产业内行业增长速度降到一个更加适度的水平，这一时期的特征表现为市场增长率不高，需求增长率不高，技术上已经成熟，行业特点、行业竞争状况及用户特点非常清楚和稳定，买方市场形成，行业营利能力下降，新产品和产品的新用途开发更为困难，行业进入壁垒很高。一种产业在成熟阶段，由于分工分业的发展，还有可能会再孕育出新的产业，例如，电子计算机的迅速发展，孕育出了软件开发等新兴产业。

产业衰退阶段：由于新产品和大量替代品的出现，原产业的市场需求开始逐渐减少，产品的销售量也开始下降，某些厂商开始向其他更有利可图的产业转移资金，至此整个产业便进入了生命周期的最后阶段。在衰退阶段里，厂商的数目逐步减少，市场逐渐萎缩，利润率停滞或不断下降。当正常利润无法维持或现有投资折旧完毕

---

1. 王先庆，杨国兴. 产业经济寿命与产业政策 [J]. 求索，1991（2）：16-19.

后，整个产业便逐渐解体了。这一时期的特征为市场增长率下降，需求下降，产品品种及竞争者数目减少。行业衰退的原因可能有四种：一是资源型衰退，即由于生产所依赖的资源枯竭而衰退；二是效率型衰退，即因效率低下的比较劣势而衰退；三是收入低弹性衰退，即因需求—收入弹性较低而衰退；四是聚集过度性衰退，即因经济过度聚集的弊端所引起的行业衰退。

2. 产业发展周期规律曲线特征

产业生命周期曲线会比单个产品的生命周期曲线显得更加平缓且长度更长。一个产业进入衰退期，意味着该产业在整个产业系统中的比重不断下降。但世界各国历史都表明，进入衰退期的产业占整个产业的比重一般不会下降为零。其主要原因是，随着新兴产业的不断形成和发展，原有产业的比重必然会下降，但对该产业产品的市场需求不会完全消失。因此，大多数产业都表现为"衰而不亡"，真正"死亡"或"消失"的产业并不常见。产业生命周期曲线往往会产生突变，即"起死回生"，进入下一个发展周期。有些产业虽已进入衰退期，但由于技术进步或市场需求变化，往往会重新焕发"青春"，再次显现出成长期甚至成熟期的一些特征。

不同产业的生命周期曲线会呈现出不同的形状。在产业的形成阶段，由于不同产业代表产品的市场需求不同，有的产业在形成阶段发展较快（斜率变化大，曲线上升很快），有的却发展缓慢（斜率变化不大，曲线上升平缓）。处于成长阶段的产业的主要特征是该产业的发展速度大大超过了整个产业系统的平均发展速度，其技术进步迅猛且日趋成熟，市场需求容量也迅速增加，生命周期曲线斜率较大，上升较快。当某产业经过成长期的迅速增长阶段，一方面其产出的市场容量已渐趋饱和与稳定，另一方面，该产业已经发挥了对产业结构变动的作用，那么，它发展的速度必将会放慢，此时的生命周期曲线表现为斜率很小，变化平缓。当技术进步导致市场上出现了在经济上可替代此产业的新产业时，该产业占整个产业的比重就会下降，发展速度开始变为负数，表明该产业进入衰退期。

3. 不同发展周期的国民经济产业分类规律

主导产业（或新兴产业）是正处于成长阶段的产业。其特点是发展速度很快，增长率很高，并对整个产业结构的变动起到关键作用。主导产业（或新兴产业）之所以能够打破原来相对平衡的产业结构，是因为创造并满足了新的社会需求。一般来说，主导产业往往代表着产业结构转换的新方向，代表着现代科学技术产业化的新水平。因此，主导产业（或新兴产业）对整个产业结构系统的运行和发展起着重要的导向作用，又可称之为"先导产业"。

支柱产业是正处于成熟阶段的产业。但这并不意味着所有处于成熟期的产业都是支柱产业，其还应具备以下特点：即其产出或收入在整个产业系统中所占的比重较大，对其他产业发展的影响也较大，而且维系着整个国民经济的增长。当然，支柱产业的地位不是一成不变的，随着产业结构演进，有的主导产业（或新兴产业）逐渐进入了成熟期，成为新的支柱产业，而原先的支柱产业则会逐渐步入衰退期而失去其"支柱"地位。

处于衰退阶段的产业被称为"夕阳"产业（或衰退产业）。其特点是市场需求逐渐萎缩，发展增速开始为负，并在整个产业结构中的地位和作用持续下降。发达国家对"夕阳"产业（或衰退产业）一般采取两种措施：一是进行产业转移，将其转移到发展中国家去，通过开辟新市场使其重新焕发生机；二是对其进行高新技术改造，通过提升其技术含量来创造新的需求，使其再次"焕发青春"。

3.1.3　产业发展模式理论

1. 二元经济发展理论

刘易斯（William A. Lewis）提出二元经济发展模式，即经济发展依赖现代工业部门的不断扩张，而其扩张需要农业部门提供丰富的廉价劳动力。发展中国家普遍存在着以现代工业部门为代表的弱小的资本主义部门和以传统农业部门为代表的强大的非资本主义部门，应通过扩张工业部门来吸收农业中的过剩劳动力，从而促进工业的增长与发展，以便消除工农之间以及工农业内部的各种结构失衡问题。

刘易斯将经济发展过程分为两个阶段：第一阶段，由于工业资本不多，无力吸收全部剩余劳动力，因此无论对劳动力的需求如何扩大，总能在不变的低工资水平上源源不断地得到劳动力供给。这样，工业总产值中利润部分的增长速度将远超工资部分的增长速度，于是出现一个资本加速积累和迅速吸收农业剩余劳动力的增长时期，直至剩余劳动力被吸纳完毕。此后，经济发展进入第二阶段，由于劳动力也像其他生产要素一样是稀缺的，而不再是无限供给的，因此工资水平也不再是固定不变的。经济发展的成果、利益等开始在两个部门之间以及资本家和工人之间进行重新分配。

拉尼斯（Gustav Ranis）、费景汉（John C. H. Fei）对刘易斯模型进行了改进，他们认为因农业生产率提高而出现农业剩余是农业劳动力流入工业部门的先决条件。因此，他们把劳动力向工业部门的流动过程划分为三个阶段：第一阶段类似于刘易斯模型。第二阶段工业部门吸收那些边际劳动生产率低于农业部门平均产量的劳动力。此时，劳动力的边际产量为正值，他们向工业部门的转移导致农业部门的萎缩，从而农业向工业提供的剩余减少，农产品供给短缺，使工农业产品间的贸易条件转而有利于农业，工业部门工资开始上涨。第三阶段是经济完成了对二元经济的改造，农业完成了从传统农业向现代农业的转变。农业和工业工资都由其边际生产力决定，农业与工业间的劳动力流动完全取决于边际生产力的变动。改进后的模型更准确反映了二元经济发展的内在联系和自然演进过程。

2. 产业发展阶段理论

波特（Michael Porter）依据经济发展的历史和通过对各国的比较，提出了国家经济发展的四个阶段，分别是：生产要素导向阶段、投资导向阶段、创新导向阶段和富裕导向阶段。在生产要素导向阶段，所有产业都是依靠基本生产要素，这些要素主要是自然资源和廉价劳动力。这一阶段，提供的产品不多，技术落后，对经济的变动非常敏感，充沛的资源只能带来一段时期的高收入，但对提高生产力水平的意义不大。在投资导向阶段，投资规模扩大，获取技术的能力提高，社会主要致力于生产要素的发展和基础设施建设。国民生活水平虽然有所改善，但收入仍偏低，国内需求很简单，国家重视投资和长期经济增长，而非一味追求眼前的消费。创新导向阶段时，产业和产业环节间的竞争加剧，国家文化特色也在特定产业中出现。由于收入提高和高等教育普及，国内竞争日益激烈。创新导向阶段比前两个阶段更强调富裕和精致，高学历、高收入和专业化的消费者使得高级服务有了更广阔的发展空间。第四个阶段是富裕导向阶段。由于前几个阶段的积累，国家的经济目标更多放在社会价值方面，人民对其他领域工作的兴趣远大于在生产行业的工作。这一阶段两类产业获得较大发展：一类是维持高级需求的产业，如金融服务业、娱乐业；另一类产业包括基础科学、艺术、高级专业教育、充沛而且高水准的人力资源。

3. 平衡增长与不平衡增长理论

平衡增长理论形成于20世纪40年代，核心观点是主张发展中国家为了摆脱贫困，应在国民经济各部门全面地、大规模地投资，使各部门按同一比率或不同比率全面增长，以此实现工业化，推进国民经济的发展。该理论有以下三个流派：极端的平衡增长理论，温和的平衡增长理论，和完善的平衡增长理论。极端的平衡增长理论认为小规模的、个别部门的投资无法解决发展中国家长期以来工业落后的根本问题，因而必须采取"大推进"战略，在各工业部门同时并按同一投资率进行大量投资。供给会创造需求，各个部门就会形成相互依赖的市场，从而导致整个工业部门的全面增长。温和的平衡增长理论认为发展中国家收入低、投资引诱不足，导致生产率低、收入低，如此反复形成贫困的恶性循环。只有进行全面的大规模投资，使国民经济各部门同时扩大、全面增长，方能摆脱这一困境。但考虑到各部门产品的需求价格弹性和收入弹性不同，各部门的投资比率应有所不同，弹性大的部门应多投资，弹性小的部门应少投资。完善的平衡增长理论综合了前两种理论，强调扩大投资和国民经济各部门全面增长的同时，也主张依据各产业的产品需求收入弹性来确定不同的投资率和增长比例，以个别部门的优先增长来克服经济发展中的梗阻问题，最终达到各部门的平衡增长。这种理论是以不平衡增长为手段，以平衡增长为目标的一种动态平衡增长理论。

1958年赫希曼（Albert O. Hirschman）提出了"不平衡增长"理论，指出平衡增长的不可行性，并认为发展中国家应集中有限的资本与资源，重点发展一部分产业，以此带动其他产业的发展。不平衡增长理论的核心内容包括三点，即"引致投资最大化"原理、"联系效应"理论和优先发展"进口替代工业"原则。"引致投资最大化"原理考虑由于"直接的生产性活动"能刺激进一步投资，产生最有效的投资效益，即能使"引致投资"最大化，因而应集中投资于直接生产性部门，待这些部门发展且收入增加后，再利用其中一部分收入投资于基础设施部门，以带动其增长。"联系效应"理论认为凡存在联系效应的产业，均可通过该产业的扩张来促进前向、后向联系产业的发展，其他产业的发展反过来又推动该产业的进一步扩张，从而带动整个产业发展。因此在选择优先投资项目时，应选择有联系效应的产业，特别是选择联系效应大的产业。"进口替代工业"原则考虑发展中国家工业投资稀缺、资本不足，通过发展进口替代工业到一定程度后，逐步由生产工业消费品为主转向生产资本品为主，进而完全取代工业投入的进口，建立起民族工业体系，最终实现工业化。

平衡增长理论与不平衡增长理论都具有各自的合理性和片面性，两种理论适用于不同的环境和时期。一般说来，在资源稀缺和经济发展的初始阶段，不平衡增长理论更符合发展中国家的实际情况。这一时期，先用不平衡增长理论作指导，取得经济增长和工业化的初步成果。经济增长达到一定水平时，基础工业与加工工业、农业和工业等矛盾就会加剧，甚至成为制约经济进一步发展的因素，此时就要用平衡增长理论作指导，调整投资战略，完善经济结构，协调经济矛盾，使国民经济能够长期、稳定、协调地增长。

4. 产业发展增长模型

投入产出模型：是综合分析经济活动中投入与产出之间数量依存关系的一种经济数学模型，特别是分析和考察国民经济各部门在产品生产与消耗之间的数量依存关系，是由美国经济学家列昂惕夫（Wassily Leontief）创立。投入是指社会生产过程中的对各种生产要素的消耗和使用。投入包括中间投入和初始投入。中间投入也叫中间消耗，即生产性消耗，是直接转移到新产品中去的物质消耗。初始投入是指增加值各要素的投入，如生产桌椅所消耗人力、固定资产折旧等。产出是指社会生产的成果（如物质产品和服务）被分配使用的去向，又称使用。同样，使用包括中间使用和最终使用。中间使用是指各部门生产的部分产业提供给中间需求部门使用，这些产品被称为中间产品；最终使用是指被用于最终消费、资本形成和净出口的那一部分产品的使用去向。

投入产出分析的形式表现为：投入产出表和投入产出数学模型。投入产出表反映国民经济各部门的生产、投入和使用过程，是宏观经济分析的重要工具。投入产出数学模型通过编制投入产出表，运用线性代数工具建立数学模型，从而揭示国民经济各部门、再生产各环节之间的内在联系，并据此进行经济分析预测和安排预算计划。它同时描述了当时各部门之间的投入与产出协调关系，反映了产品供应与需求的平衡关系，因而在实际中有广泛应用，可以用于经济结构分析，还可用于编制经济计划和进行经济调整等。

哈罗德—多马经济增长模型（Harrod-Domar Model）：20 世纪 40 年代由英国的哈罗德（Roy F. Harrod）和美国麻省理工学院的多马（Evsey D. Domar）提出的分析经济增长的生产函数或数学模型，是最简单、最著名的经济增长模型之一。模型基本假设是：任何经济单位的产出，不管是一个公司、一个产业，还是一个国家，都取决于向该单位投入的资本量。如果用 Y 表示产出，K 表示资本存量，于是产出与资本存量的关系为：

$$L = \frac{K}{k} \quad （式3-1）$$

式中，k 是一个常数，叫作资本—产出比率。为将上式转换成表示产出增长情况的公式，我们分别用 $\triangle Y$ 和 $\triangle K$ 来表示产出和资本存量的增量，于是产出增长与资本存量增长的关系为：

$$\triangle Y = \frac{\triangle K}{k} \quad （式3-2）$$

等式两边同时除以 Y 后，则等式左侧 $\Delta Y/Y$ 为产出增长率，我们用 g 来表示。对于整个经济来说，资本存量的增量 ΔK 就等于投资 I，而投资 I 又就等于储蓄 S，等式右侧我们可以用 S/Y 来替代 $\Delta K/Y$。S/Y 是储蓄在国民生产总值中所占的比重，即储蓄率，用 s 表示，于是最终模型公式为：

$$g = \frac{s}{k} \qquad\qquad (式3-3)$$

这就是哈罗德—多马经济增长模型的基本方程，它所表达的基本观点是：用于厂房设备等投资所创造的资本，是经济增长的主要决定因素；而人们与公司的储蓄，则使投资成为可能。资本—产出比率 K/Y 是一种简单衡量资本或投资生产率的标准。

这一过程既可以应用于整个国民经济，也可以在一个产业或行业中应用。政府经济计划人员可以先确定可行的投资率，通过该方程算出在这个投资水平下可以实现的国民生产总值增长率或企业生产增长率。计划人员也可以先确定他们想达到的经济增长率 g，通过该方程算出为了达到这个增长率所必需的投资储蓄水平。

还需要说明的是，增量资本—产出比率固定不变（常数）是哈罗德—多马经济增长模型的假设前提。这里的增量资本指各种投入（如劳动力与资金的投入）的组合，只有同比例地同时增加工人和资本，才会增加产量，如果只增加了工人而没有追加投入相应的资本，则产量不会上升。

新古典经济增长模型：哈罗德—多马经济增长模型的出现，在西方经济学界引起很大反响，经济学家在称赞之余，也指出其存在的主要缺陷，即资本—产出比率不变的假定不合理。据此，索洛（Robert M. Solow）、斯旺（Trevor W. Swan）等人对哈罗德—多马模型作了修正和补充，把它发展为一个"新古典模型"，即索洛—斯旺模型（Solow-Swan Model）。这一模型的基本假定是：资本与劳动存在替代关系，因而资本—劳动比率可以改变；产出的增长主要由资本和劳动两种生产要素推动，并且资本与劳动的边际生产力呈递减趋势。在此基础上，他们以技术不变为假定，提出了一个总量生产函数，即索洛—斯旺模型的基本方程，并衍生出衡量产出增长率的函数：

$$\frac{\Delta Y}{Y} \doteq a\left(\frac{\Delta K}{k}\right) + b\left(\frac{\Delta L}{L}\right) \qquad\qquad (式3-4)$$

式中，Y 代表产出；K 代表资本；L 代表劳动。a、b 分别代表资本和劳动对产出增长所作贡献的份额，也就是总量生产函数中资本和劳动的产出弹性。总量生产函数表明：产出是资本和劳动投入的函数，即产出水平决定于资本（包括土地）和劳动的投入量的大小。它所表达的基本含义是：经济增长率是由资本和劳动的增长率及其边际生产力所决定的。有了这个基本的关系式，人们就可以通过调节生产要素投入的边际生产力，即调节资本—劳动的配合比例，来调节资本—产出比率，以实现理想的均衡增长。

索洛在 1957 年发表了《技术变化和总量生产函数》（"Technical Change and the Aggregate Production Function"）一文，米德（James Edward Meade）于 1961 年出版了《一种新古典的经济增长理论》（*A Neo-Classical Theory of Economic Growth*）一书，对索洛—斯旺模型作了一些修正和补充，在模型中引入了技术进步和时间因素，从而将其发展为"索洛—米德模型"（Solow-Meade Model）：

$$\frac{\Delta Y}{Y} = a\left(\frac{\Delta K}{K}\right) + b\left(\frac{\Delta L}{L}\right) + \frac{\Delta T}{T} \qquad （式3-5）$$

式中，T 为技术因素，$\Delta T/T$ 表示技术进步。索洛—米德模型的基本含义是：经济增长率取决于资本和劳动的增长率、资本和劳动各自的产出弹性（即相对收入份额），以及随时间变化的技术进步。它与索洛—斯旺模型的明显区别就在于，强调了技术进步对经济增长所起的作用，因而是对索洛—斯旺模型的发展。它的重要意义在于：突破了在经济增长理论中长期占统治地位的"资本积累是经济增长的决定性因素"的观点，首次提出了"技术进步对经济增长具有最重要的贡献"这一观点。

新经济增长模型：20 世纪 80 年代后期以来，罗默（Paul Romer）、卢卡斯（Robert Lucas）等人立足于舒尔茨（Theodore W. Schultz）等人创立的人力资本投资理论，将人力资本因素系统地引入经济增长模型中，创立了"新经济增长理论"。他们采用的研究方法已经摆脱了索洛所使用的新古典生产函数，并假设国民经济具有规模递增，而非规模收益不变的特点，同时也假设重要的外部效应的存在。该理论模型重要内容之一是把新古典增长模型中对"劳动力"的定义扩大为人力资本投资，即人力不仅包括绝对的劳动力数量和该国所处的平均技术水平，还包括劳动力的教育水平、生产技能训练和相互协作能力的培养等，这些统称为"人力资本"。新经济增长理论模型中的生产函数是一个产出量和资本、劳动、人力资本以及技术进步相关的函数形：

$$Y = F(K, L, H, t) \qquad （式3-6）$$

式中，Y是总产出；K、L和H分别是物质资本存量、劳动力投入量和人力资本（无形资本）存量；t表示时间。

总之，新经济增长理论建立在"人力资本决定论"的基础上，反映了现代经济增长中人力资本因素的突出地位和作用，并揭示了经济长期增长的根本原因在于人力资本的持续增长和积累，对经济增长的历史和现实更具有解释力，对各国经济增长实践更具有指导意义。因此，它已逐渐成为经济增长理论各流派中的主导流派。

3.2 技术创新促进产业发展增长

3.2.1 技术创新是产业发展增长的直接动力和根本方式

科学是技术之源，技术是产业之源。熊彼特（Joseph A. Schumpeter）在1912年《经济发展理论》（*The Theory of Economic Progress*）中指出，创新是指把一种从来没有过的关于生产要素的"新组合"引入生产体系。这种新的组合包括一是引进新产品；二是引用新技术，采用一种新的生产方法；三是开辟新的市场（以前不曾进入）；四是控制原材料新的来源，不管这种来源是否已经存在，还是第一次创造出来；五是实现任何一种工业新的组织，例如生成一种垄断地位或打破一种垄断地位。技术创新是以创造新技术为目的的创新或以科学技术知识及其创造的资源为基础的创新，是科学知识创造性地应用到实践中，从而产生产业发展增长的一系列过程[1]，包括开发新技术，或者将已有的技术进行应用创新，是企业竞争优势的重要来源、企业可持续发展的重要保障。

技术创新是建设现代产业体系的内在逻辑，归根结底，是技术因素决定了部门（产业）的现代性或主导性。先进行技术创新的企业，在一定时期内掌握和控制某项产品或工艺的核心技术，较早拓展并掌控原料供应与产品销售网络，通过其垄断地位赚取利润。创新对于企业具有"淘汰赛"的激励效果，唯有不断技术创新，才能在竞争中生存与发展。同时，着力推进技术创新，是突破产业发展瓶颈的重要途径，促进制造业从边缘产品、零部件制造向核心产品、整机制造转型，形成产业链众创平台、上下游企业协同发展的研发共同体和产业众创生态圈，推动制造业突破发展

---

1. 陆雄文. 管理学大辞典 [M]. 上海：上海辞书出版社，2013.

瓶颈并走向高端化发展。技术创新也是战略性新兴产业发展突破瓶颈的关键，国家及地方政府认识到战略性新兴产业发展的重要性，但其发展态势往往受限于技术条件而出现产业发展的增长瓶颈，通过加强研发投入促进产业关键技术创新是突破发展瓶颈的重要方式。

3.2.2 技术创新推动产业发展增长的模式

技术创新直接带来产出数量的增加和产出质量的提高。技术创新首先发生在特定的产业部门，如提高装备技术水平和生产工艺，将加速淘汰生产效率低和技术滞后的生产方式或生产部门，推动产业生产由劳动密集型向技术密集型转变，提升生产效率。产生的创新成果通过产业关联效应溢出到其他产业部门，其前向联系产业或后向联系产业传递、扩散，促使其发生新的技术创新，进而导致产业的扩张或收缩，有利于整体产业效率的提高，有助于培育产业集聚并形成规模效益。

技术创新使相关产业部门在产业结构中的地位发生变化。创新使得生产工艺、设计技术改进、技术装备改善以及生产组织管理水平提高，使这些产业部门在整个产业结构中的地位发生明显变化。某些部门的劳动生产率大大提高，产品成本下降，市场扩大，产品销路大增，并使得这些部门在国民经济中的地位不断提高，从而促进了产业结构的优化和产业发展的增长。技术创新可以促使新业态、新模式的形成，从而催生出或吸引周边与其相似、上下游相关联以及服务配套产业的集聚，使产业壮大并在整体产业结构的地位和占比上升。

技术创新改变需求规模，推动新兴产业的迅速发展增长。需求会对生产起到促进作用，需求会给生产带来新的增长动力，从具体实践出发，需求结构升级能够促进产业结构优化升级并扩大产业发展的增长。尤其是新兴技术领域的开拓，必然会导致新产品的出现，随着新产品生产规模的日益扩大，便会逐步形成新的产业部门。比如，第一次产业革命中纺纱机和蒸汽机技术的发明与应用，引起了冶金、采掘、机械制造、交通运输等产业的革命性变化，手工业时代开始消亡。第二次产业革命使照明、动力等发生了飞跃性变化，引起了电机电器产业、精细化工产业、通信产业等一系列新兴产业的诞生，产业结构发生了突变。而以核技术、计算机技术、微电子技术、信息技术、光学技术、新兴材料技术等为基础的第三次产业革命，又诞生了电子计算机工业、核能工业、电视工业、航天工业等一系列新兴产业。近年来，4G、5G 的技术创新创造了人们深度使用网络的需求，技术创新将引领一大批未来的风口行业，是刺激产业发展增长的有效手段，从而牵动经济社会发展。

3.2.3　新时代颠覆性技术创新变革实现产业发展跨越式增长

随着新一轮技术革命深入发展,以下一代通信技术、人工智能、互联网、物联网、云计算等方向的技术创新,一方面正在改变着传统产业的技术状况和生产方式,另一方面则推动一大批新兴产业的发展,促进产业合作网络、产业链与价值链的创新组合,将进一步给产业结构升级和区域产业发展带来新增长和巨大变革。而在新时代颠覆性技术创新的不断涌现背景下,硬核科技、人工智能、元宇宙、游戏产业等物理世界中与智能化叠加的创新,使得处于中间层的技术创业者正逐渐走上创业舞台,形成了产业中的新增长极,将对产业发展产生跨越式影响。

智能化是当前技术创新的重要方向,已逐渐成为产业增长的重要方式。人工智能促进新工具与新技术的研发,将体力替代扩展到脑力替代,同时催生智能产业新业态,激发用户新的消费需求。人工智能掀起的第三次生产力升级本质上延续了自动化的替代过程,通过计算机、机器人及大数据等信息技术的应用取代脑力劳动,最终人类将逐步脱离繁重的生产活动。在带动产业新发展上,人工智能有效促进上游关联产业发展,智能芯片、智能存储、智能传感等智能硬件带动基础硬件产业的性能指标升级,智能算法框架、数据交换平台等智能软件营造了开放自由的软件研发环境。在创造消费新空间上,如智能音箱等新的人机交互方式以及智能信息服务、智能金融等人性化的互动体验等,将激发消费新需求,扩大产业发展增长极。人工智能提升了新工具和新技术的研发效率,解放劳动力,进而提升全社会的生产效率,提高产业发展的增长能效并拉动宏观经济增长。

虚拟现实是未来技术创新的方向,将驱动新的产业发展增长。虚拟现实、增强现实已被列入我国"十四五"规划数字经济重点产业,其延伸的数字孪生技术和产业,将迎来下一个产业快速发展爆发期。在行业应用领域,VR/AR 在智能制造、医疗健康、教育培训、购物商贸等方面取得广泛应用。而随着元宇宙产业逐渐走上舞台中央,经过波浪式、螺旋型发展,以虚拟现实为代表的高沉浸度交互模式,将最可能成为宇宙虚拟世界的入口。

3.2.4　技术创新的政策支撑

政府必须要鼓励普遍性技术创新。其政策支持一般体现在创新主体建设、研发资金投入、创新成果转化、配套引才服务等方面,通过资助、奖励、补助、固定资产加速折旧、股权激励等多种政策措施激励技术创新。处在技术追赶阶段的国家,其产业政策的一个重要目标是引进、吸收国外先进技术，并且对它们进行本土化的适应性创新。利用这些引进的技术，通过规模化生产方式来实现规模经济，降低生产成本，提升经济全球竞争力，从而完成产业经济追赶的大目标。可以说，这是产业政策在技术创新维度的基本特征。在目标主体支持上，产业政策偏好扶持大企业，大企业往往具有资本密集型特征，更加容易实现技术创新的突破，或者是偏好扶持有政治关联的企业。

产业政策要加大对具有科技储备和高研发投入的中小型企业和初创企业的扶持。颠覆性技术的不确定带来两个重大变化：一是规模经济不再重要，二是中小企业的选择权价值开始高度凸显[1]。在以科学为基础的技术创新时代，颠覆性技术创新机会必须要建立在科学繁荣的基础上。因此，不应根据企业的某些特征去筛选被补贴企业，因为潜在最优技术路线很有可能就掌握在某一个中小企业手里。传统的产业政策门槛，比如投资金额和研究人员的数量，这些未必是重要的前提条件，而应该实施基于规则的财政支持政策，比方研发抵免税，研发投入占比越高，其抵免税更高，需要运用更多基于普惠规则的功能性产业政策工具。

3.3 绿色发展促进产业发展增长

3.3.1 环境问题成为产业发展面临的增长阻碍

产业发展经历工业化阶段后，产生了严重的污染和资源破坏问题。工业化过程中产生的废弃物使人们赖以生存的水源和空气污染加剧，资源过度消耗导致森林和土壤破坏，人对自然的侵占与掠夺导致物种不断消亡。在经济实现快速增长、工业文明达到前所未有的鼎盛时期，这些环境问题的出现成为产业进一步发展增长的障碍[2]。生态兴则文明兴，生态衰则文明衰。必须树立尊重自然、顺应自然、保护自然的生态文明理念，把生态文明建设放在突出地位，坚持节约资源和保护环境的基本国策，坚持节约优先、保护优先、自然恢复为主的方针，着力推进绿色发展、循环发展、低碳发展，形成节约资源和保护环境的空间格局、产业结构、生产方式及生活方式。

---

1. 黄少卿. 颠覆性技术创新与产业政策范式转换 [J]. 比较，2022（1）：206-220.
2. 阎兆万. 论产业发展与环境保护的关系 [J]. 经济研究参考，2007（65）:17-26.

生态文明建设要求衍生的环境规制对传统产业的发展形成了一定阻碍。从成本角度出发，环境规制虽然使企业污染减少，但是通过征收环境税等措施以及企业自身加大治污投入，会使企业尤其是中小型企业的外部性转化为内部成本，必然会加重企业生产负担，科技研发投入也会相应减少，因而减弱企业市场竞争力，产业发展也将面临巨大挑战。

3.3.2 绿色发展倒逼产业发展实现转型增长的新动力

绿色发展是生态文明建设的必然要求。绿色发展是建立在生态环境容量和资源承载力的约束条件下，将环境保护作为实现可持续发展重要支柱的一种新型发展模式。绿色发展在新发展理念具有重要地位，代表了当今科技和产业变革方向，是引领经济新常态的必然选择。当前国家经济正由高速增长阶段向高质量发展阶段转变，产业转型升级是实现高质量发展的必然选择，绿色发展为产业转型升级提供了新动力来源。用绿色发展理念引领经济发展方式创新，形成产业发展的"增长点"，才能使"绿色经济"成为新常态。

绿色发展引领经济社会发展全面转型，倒逼传统产业实现转型增长。积极引导传统产业跳出产业发展局限和壁垒，顺应快速发展的产业革命趋势，依靠绿色技术主动升级改造，推动行业、产业实现绿色清洁生产，使绿色发展成为产业转型增长的新动力。一是产业中的部分企业会增加绿色技术研发投入，为了规避环境规制带来的产能限制，逐渐倒逼整个产业生产实现绿色转型，同时也提高了生产效率，实现传统产业的转型增长。二是对落后产能、高污染企业完善市场退出机制，推进高耗能、高污染企业的"瘦身"工作，淘汰传统产业中对环境破坏较大且长期无法完成绿色转型的企业。三是形成以绿色为导向的产业结构，抓住调整产业结构这个关键，深入推进供给侧结构性改革，加快发展战略性新兴产业、高技术产业、现代服务业，推动质量变革、效率变革、动力变革，显著提升经济社会发展的绿色指数，实现产业结构与生态环境保护协调统一、人与自然和谐共处。

绿色发展成为产业发展转型升级的主要抓手。产业发展转型升级就是为产业加"竞争力"，为生态环境减"破坏力"，加快产业从低附加值转向高附加值，从粗放转向集约，促进产业基础高级化和产业链现代化，不断增强产业的综合实力和国际竞争力。要推动能源产业清洁化转型，加快发展生态利用型、循环高效型、低碳清洁型和环境治理型产业，走具有鲜明特色的现代绿色产业发展之路。把绿色发展作为产业转型升级的主要抓手，聚焦新一轮科技革命和产业变革方向，推动互联网、大数据、人工智能与产业转型升级相结合，突破一批工业绿色转型核心关键技术，促进传统产业智能化、清洁化改造。

3.3.3　绿色发展导向下不同产业发展增长模式

转变农业发展方式，为乡村生态振兴、产业振兴打下坚实基础。绿色发展导向下农业发展的新模式包括：一是激发绿色潜力，提升农业发展价值，推进生态产品价值实现。充分挖掘农业减碳固碳潜力，探索建立碳汇产品生态价值实现机制，加快生态价值向经济价值转化。二是培育绿色创新农业发展模式，将绿色发展理念融入生产、生活、休闲、旅游、科普、生态、净化、防灾等各个方面和各个环节，即全链条、多层次、全方位、整体性的农业绿色发展。打造绿色田园综合体，推进传统农业与其他产业深度融合，延伸绿色产业链，提升绿色价值链，形成"农业+"多业态的发展增长态势。三是发展循环农业，以绿色生态农业为基础，持续推进高标准农田建设，探索利用可开发的空闲地、废弃地发展设施农业，形成绿色种养循环农业发展模式。

绿色发展推动传统工业制造业改造转型，提升产业链现代化水平。运用先进适用绿色技术和新一代信息技术，推动烟草、有色、钢铁、化工、建材等重点工业制造业技术升级、设备更新和绿色低碳改造。严格执行能源资源消耗和污染物排放标准，利用节能、环保、质量、安全、技术等综合标准依法依规推动传统制造业淘汰落后产能。严格落实产能等量或减量置换要求，着力构建科技含量高、资源消耗低、环境污染少的绿色产业结构。优化产品结构，引导企业开发高性能、高附加值、绿色低碳的新产品。

发展绿色服务业，扩大绿色生活需求规模，推动经济增长方式转变。生产性服务业的绿色发展模式包括绿色物流业公共基础设施的规划与建设、研发绿色金融产品等[1]。生活性服务产业的绿色发展模式包括改进销售方式，融入生态环保意识，尽可能将销售做到可翻新、可重复利用，选择电子交易平台进行销售和消费，选用绿色物流与电子交易相互配合的销售消费方式，以更好地推动绿色消费的可持续发展。培育绿色环保的新兴服务业，推动文化创意产业、健康养老与绿色农业、生态旅游等产业的融合发展。通过改变商品生产过程减少消耗、设计颠覆性的服务场景，

---

1. 王会芝. 经济新常态下的绿色服务业发展模式研究 [J]. 中国商论，2016（20）：3-4.

极大程度地降低服务业生产成本，同时改变消费方式满足人们绿色生活需要，从而推动服务产业发展增长。

3.3.4 绿色发展的政策支撑

命令—控制型政策在我国环境治理和产业绿色发展过程中发挥着重要作用。它注重使用行政管制手段和措施，主要依靠管理机构通过法律和行政手段，制定并执行各种不同的标准改善环境质量。一是从政策制定到实施的过程中，政府扮演主角，社会力量和市场作用所能发挥的空间相当有限；二是政府的强制命令色彩严重，形成所谓的"倒逼机制"[1]。它在特定时期和条件下的作用不可或缺。这种政策的管制范围涵盖了工业、建筑、交通和可再生能源等诸多领域。能源效率是最为重要的标准管制对象，能效标准的设计和实施有多种方式，排污总量控制、任务分解及督查暗访等都是较为常见的具体形式。

财政发挥基础调控作用，运用税收、财政补贴、专项资金、绿色采购等方式支持国家重大绿色发展战略。深化细化对环境效果的评价机制，主要对制造业绿色转型实施财政补贴。将政策向参与绿色转型的制造业企业倾斜，加大对绿色转型升级企业支持力度，保障制造业的基础设施建设、人才储备建设以及资金信贷、技术创新、品牌推广等活动的顺利开展。鼓励企业通过自主创新或技术引进等方式对生产线进行绿色改造，鼓励采用清洁能源开展生产活动，鼓励企业形成低消耗、低排放、能循环的生态友好型生产方式。

3.4 数字赋能促进产业发展增长

改革开放以来，中国经济在城市化和外部投资的双重作用下飞速发展，规模和数量都保持了多年的高速增长。但近年来，随着人口红利的逐渐消解，原来的投资、消费、出口"三驾马车"逐显疲力。中国产业发展面临着供给侧与需求侧不匹配、增长方式越显粗放、低端产能过剩、区域与城乡差异显著、产业升级缓慢、自主创

---

1. 李晓萍，张亿军，江飞涛.绿色产业政策：理论演进与中国实践[J].财经研究,2019,45（8）：4-27.

新能力不足、资源环境承载压力逼近临界阈值等问题，都需要依靠数字经济作为产业复苏的重要驱动力。

数字经济是指以使用数字化的知识和信息为关键生产要素、以现代信息网络为重要载体、以信息通信技术（ICT）的有效使用为效率提升和经济结构优化的重要推动力的一系列经济活动。根据数字经济活动的具体形态，中国信息通信研究院将数字经济分为数字产业化和产业数字化两大类，并建立了数字经济的核算体系和方法。作为一种新型经济形态，数字经济是颠覆性创新的应用，基于互联网平台进行资源配置是其本质的特征。

3.4.1 产业数字化

产业数字化，指将信息技术应用于传统产业，实现传统产业的数字化升级，促进传统行业的效率提升，有助于实现产业的现代化与高质量发展。

制造业的数字化转型势在必行[1]。目前中国的制造业发展面临着资源强约束、技术较落后、劳动生产率低下等问题。制造业的数字化转型可以激发全要素活力、促进多元主体的融合发展。对于企业而言，数字赋能借助互联网推动了关键资源、技术与工具的共享，龙头企业借助平台巩固行业地位，以技术支撑促进龙头企业发展壮大；中小企业借助数字共享平台，降低技术门槛、突破技术壁垒。对于人力资源而言，制造业数字化创造了更多需要高水平人才的岗位，在促使原有从业人口提高技术水平的同时，也吸引了更多高学历人才的涌入，促进产业的升级。制造业的数字化，也意味着利用数字技术，打造平台经济、建立起企业生态，巩固消费者群体，培养用户黏性；通过信息技术创新、管理创新、商业模式的创新融合，不断催生新产业新业态新模式，最终形成更高新的制造业产业链和产业集群。

服务业与数字化的融合最深、数字化渗透率最高。与电商息息相关的物流业借助数字化新技术，在区块链、人工智能、大数据、物联网等新一代信息通信技术的支撑下蓬勃发展，在物流运输、仓储、装卸搬运、配送等各个环节全链条深入渗透，从而提升运输效率、运输品质保证和运送准确性，以此带动整个行业的蓬勃发展。服务业数字化创新了消费模式，需求成为拉动经济增长、带动产业结构升级的关键动力。其通过大数据等手段及时反映市场的需求变动，并创造出"定制消费""健

---

1. 吴福象. 论供给侧结构性改革与中国经济转型——基于我国经济发展质量和效益现状与问题的思考 [J]. 人民论坛·学术前沿，2017（1）：46-55.

康消费"等热点需求，在促进消费转型升级的同时，也带动着相关产业的发展。服务业数字化推动着人们消费层级的提高，引导新兴产业发展，推动产业结构的优化升级。但目前，服务业数字化的过程仍然面临着市场监管不力、知识产权难保护等问题，需要政府出台法律法规，保护数字化转型中的创新力量。

乡村振兴需要数字化与农业的融合。我国乡村正在面临空心化、驻留人口老龄化、农村数量减少等问题，其核心的解决方式是通过乡村产业振兴，创造就业岗位，吸引村民回乡，以此进一步吸引更多高水平高技术人才反哺乡村。政府通过大数据掌握农业的基本情况，精准分析与优化政策下达，并通过线上平台反馈给农村合作社。在乡村产业的识别、挖掘与振兴上，农业数字化会提供强力助推。在产前，数字化与农业的融合主要表现在产业类型的选择上；在产中，数字化通过对土壤的监控与探测，进行智能浇灌、精准撒药、合理施肥等操作，减少农业对廉价劳动力的需求并实现精准化的管控，提升农业劳动生产率；在产后，农业数字化通过互联网拉近农业生产端与需求端之间的距离，农业从业者群体在新型社交媒体平台宣传自己的农产品，并根据市场反应及时改进销售策略，同时借助物联网，提高了运送效率与保鲜技术，形成良性循环，以需求带动产业可持续发展。

综上所述，产业数字化以"互联网+"的理念打破了低生产效率、低产品标准、低生产价值的桎梏，并通过创新技术、变革制度、信息联结和商业模式的转变，促进产业跨界融合、要素跨界流动，进一步延长产业链长度、拓展产业链宽度、增加产业链厚度，最终推进形成多主体参与、多要素聚集、多业态发展、多模式推进的高度融合格局，促进产业发展。

3.4.2　数字产业化

数字作为一种新的资源与要素，借助互联网等现代信息技术的运用，在市场上逐渐规模化，其将数字化的知识和信息转化为生产要素，进而推动从"数字经济"到"数字产业"的形成和发展，这便是数字产业化。

我国的数字经济以城市数字化为引领，逐渐发展到各个产业。城市的数字化首先体现在基础设施的数字化上。由于中国传统的"铁公基"基础设施已经比较完善，边际效益日趋下降[1]，因此以5G、物联网、云计算、人工智能等新型基础设施建设为支撑的城市数字化成为了热点话题。基础设施的数字化降低了社会经济成本，并

---

1. 王俊豪，周晟佳. 中国数字产业发展的现状、特征及其溢出效应[J]. 数量经济技术经济研究，2021，38（3）：103–119.

为社会资源的共享提供了可实施的途径。数字化的基础设施可缓解公共服务资源地区不公平、发展不均衡的问题，例如"云课堂"给更多学子与金牌教师面对面的机会；线上挂号、远程医疗缓解了医疗资源的稀缺、偏远地区看病难的问题。

城市的数字化也体现在政府的治理上。基于大数据和 AI 等技术，政府搭建电子政务平台，群众可以在网站、软件、小程序上足不出户办理民生服务。政府逐渐开放城市数据资源、公开数据目录，并组织面向全民的数据开放创新大赛，吸引大量科研人员、学校、企业和部门机构加入数字经济的浪潮，创新前沿科技和应用，丰富数字经济的内涵。同时共性提取企业和政府的需求，进而打造阿里巴巴城市大脑、京东城市计算平台等大数据平台，将散布在城市各个角落的数据连接起来，通过对大量数据的分析和整合，对城市进行全域的即时分析、指挥、调动、管理，从而实现对城市的精准分析、整体研判、协同指挥。

政府与企业的合作，正双向推动数字产业的发展。在政府牵头推进的领域，实施产业经济平台化助推行动，通过构建企业大数据平台，建成本地法人地图，按行业、地区、注册资金等多维度对全市企业进行"企业画像"，明确企业发展方向和优势；在数据开放红利不断增加的同时，大批龙头企业构建根据产业需求自主研发核心软件，并且与制造业、商贸业、金融业等融合，进一步促进数字产业的延伸与拓展。

总之，数字产业正在为人民群众创造看得见、摸得着、感受得到的日益便捷的数字化生活，潜移默化地改变着人民群众日常生活方式。但相对高端的数字化资源与平台仍然主要集中在高等级的城市之中，下一步的数字化应当下沉到城市周边区域、乡镇，实现从核心到区域的协调，促进社会公平。

3.4.3 数字赋能的政策支撑

《中华人民共和国国民经济和社会发展第十四个五年规划和 2035 年远景目标纲要》中要求加快数字化发展，建设数字中国"，并就打造数字经济新优势、加快数字社会建设步伐、提高数字政府建设水平、营造良好数字生态作出战略部署，以数字化转型整体驱动生产方式、生活方式和治理方式变革。2022 年 1 月，国务院印发《"十四五"数字经济发展规划》，提出到 2025 年，数字经济核心产业增加值占国内生产总值比重达到 10%，数字化创新引领发展能力大幅提升，智能化水平明显增强，数字技术与实体经济融合取得显著成效，数字经济治理体系更加完善，我国数字经济竞争力和影响力稳步提升。随后国内多地相继发布规划，提出要加快推动城市数字化转型，加大数字经济发展力度，加速智慧城市、数字政府、数字社会建设等。目前，我国关于数字产业的规划较多地停留在宏观政策层面，以定性的方式明确数字产业的发展方向，并根据数字产业的发展现状，不断调整具体的政策措施，具有较大的灵活性。我国的数字经济目前仍在发展的起步阶段，采用宏观政策性质进行引导，可以最大程度地释放数字经济的要素活力，为大力培育数字经济新业态提供友好环境，助力企业数字化转型，为打造数据供应链提供良好平台，实现数字产业变革。

数字经济是伴随新一轮科技革命和产业变革而产生的新型经济形态，数字产业的发展仍然需要法律、法规、政策的规范与引导。目前，我国已经出台关于反垄断的相关法规政策，要求对各类市场主体一视同仁、公平公正对待，从而预防和制止平台经济领域垄断行为，促进平台经济规范有序创新健康发展。但是对于数字经济这一新兴事物，例如在人工智能、无人驾驶等领域，需要增加立法工作的前瞻性研究，充分借鉴国外已有的有效经验和做法，与产业发展同步推进[1]。

关键术语

产业发展、产业发展周期规律、产业发展模式理论、技术创新、绿色发展、数字赋能

思考题

1. 如何以产业发展理论来理解"新质生产力"？
2. 产业发展如何促进乡村振兴？

参考文献

[1] 方禹. 构建助力数字中国的政策法规体系 [J]. 现代电信科技，2017，47（6）：3-5.
[2] 黄少卿. 颠覆性技术创新与产业政策范式转换 [J]. 比较，2022（1）：206-220.
[3] 李晓萍，张亿军，江飞涛. 绿色产业政策：理论演进与中国实践 [J]. 财经研究，2019，45（8）：4-27.
[4] 陆雄文. 管理学大辞典 [M]. 上海：上海辞书出版社，2013.
[5] 王会芝. 经济新常态下的绿色服务业发展模式研究 [J]. 中国商论，2016（20）：3-4.
[6] 王俊豪，周晟佳. 中国数字产业发展的现状、特征及其溢出效应 [J]. 数量经济技术经济研究，2021，38（3）:103-119.
[7] 王先庆，杨国兴. 产业经济寿命与产业政策 [J]. 求索，1991（2）：16-19.
[8] 吴福象. 论供给侧结构性改革与中国经济转型——基于我国经济发展质量和效益现状与问题的思考 [J]. 人民论坛·学术前沿，2017（1）：46-55.
[9] 阎兆万. 论产业发展与环境保护的关系 [J]. 经济研究参考，2007（65）：17-26.
[10] 苏东水. 产业经济学 [M]. 3版. 北京：高等教育出版社，2010.

---

1. 方禹. 构建助力数字中国的政策法规体系 [J]. 现代电信科技，2017，47（6）：3-5.

第 4 章

城市—区域产业发展的战略选择

■ **导语**

本章从经济学和管理学中寻找产业发展战略选择的相关理论和方法，作为支撑省域、市县域、乡镇域不同层面产业发展战略选择的共性基础理论。一是产业发展的战略选择，全面介绍产业发展战略的目标、影响因素和主要模式；二是城市—区域产业发展的战略选择理论，分别介绍基于竞合关系的理论和顺应发展阶段的理论；三是介绍产业发展战略选择的分析方法。

4.1 产业发展的战略选择

产业发展战略是指从产业发展的全局出发，分析构成产业发展全局的各个局部、部分因素之间的关系，找出影响并决定经济全局发展的局部或因素，而相应做出的筹划和决策。产业发展的战略选择可分为面向长期均衡增长的产业发展战略、面向结构转型的产业发展战略、面向赶超发展的产业发展战略、变通的经济发展战略（面向满足人民需要的发展战略）。

4.1.1 产业发展战略的目标

1. 面向长期均衡增长的产业发展战略

实现经济持续均衡增长是现代国家孜孜以求的目标。经济增长理论是研究解释经济增长规律和影响制约因素的理论，其经历了一个不断深化的理论演变过程，从单要素增长模型到多要素增长模型,从外生增长模型到内生增长模型,从注重有形资本到无形资本。经济增长理论总的特征是运用均衡分析方法,通过建立各种经济模型,考察在长期的经济增长的动态过程中实现稳定状态的均衡增长所需具备的均衡条件。该理论认为经济增长受以下三方面的制约:一是资源约束,包括自然条件、劳动力素质、资本数额等方面;二是技术约束,技术水平直接影响生产效率;三是体制约束,体制规定了人们的劳动方式、劳动组织、物质和商品流通、收入分配等内容,规定了人们经济行为的边界。

长期均衡增长方面的产业发展战略主要是实现总供给与总需求的长期动态平衡,主要解决三个问题:一是在正常情况下的长期产业发展速度选择;二是在一定发展速度下劳动力及其他各种资源的充分利用;三是在总供给与总需求平衡条件下对消费增长的控制和对需求的满足。

2. 面向结构转型的产业发展战略

产业结构是经济增长的重要途径,特别是对于发展中国家经济的推动作用更大。产业结构的改变是吸收技术创新和主导产业转换的过程。产业结构变动,一方面是由于各个产业技术创新速度与技术进步吸收能力的差异促使产业结构发生转型,另一方面是由于主导产业不断转换对一国经济的生产、消费结构的影响,又进一步对产业结构形成冲击。面向结构转型的产业发展战略,是指通过对产业市场需求结构的改变,合理制定战略目标和战略重点,从而实现结构转型。

"结构红利"假说认为生产要素由效率低的部门向效率高的部门流动,能有效促进生产率或产出的增长,从而促进经济增长。由于产业生产效率的差异带来的经济增长称为结构红利。所谓的"产业结构红利",实际上源于结构性扭曲,比如二元经济、要素流动摩擦和行业进入壁垒等。面向结构转型的产业发展战略,包括优化城市的产业结构、业态结构、动力结构,根本是通过一系列改革打破原有的结构性扭曲。

3. 面向赶超发展的产业发展战略

西方产业赶超发展战略形成的理论基础源于古典与新古典的经济增长理论和经济发展理论。经济增长理论关注国家与国家间的人均收入差距以及原因解释,经济发展理论更关注实现国家人均收入增长所需的经济和产业结构转型。

现代产业赶超发展战略理论在继承发挥后发优势和比较优势的产业赶超战略理论的同时,着重从全球产业价值链、技术能力和自主创新三个层次来阐释产业赶超国家的战略选择。现代产业赶超发展战略理论认为，全球产业价值链是由发达国家的领先企业形成的。处于全球产业价值链中的赶超企业要想获得成功必须掌握从全球整合资源的能力，充分发挥资源杠杆的作用。面向赶超发展的产业发展战略主要包括：嵌入全球产业价值链、企业技术能力提升和国家自主创新，这三个方面相互联系，也是相互统一的整体。全球产业价值链是企业技术能力升级和国家自主创新的网络环境，企业技术能力升级是核心和关键，国家自主创新是嵌入全球产业价值链和企业技术能力升级的目的和归宿[1]。

4. 变通的经济发展战略（面向满足人民需要的发展战略）

经济发展与增长是两个有很大区别的概念。增长是指一国或地区商品和服务数量的增加，主要是指国民生产总值、国民收入或者它们人均数值的增加。而发展却不仅是指量上的增加，同时包括质的提高，往往还伴随着产业结构的升级、体制的变革、社会的进步以及人民福祉的增加。由此可见，经济发展是经济增长的充分非必要条件，发展往往伴随着增长，但是经济增长并不一定等于经济发展。无发展的经济增长，又可以称作"有增长而无发展"。

变通的经济发展战略，其特点是把目标确定为满足人们的基本需要，特别重视建立合理的经济结构，也要求国民生产总值的增长，但这种增长必须符合满足人民大众的基本需求[2]。这种战略是根据"新发展学派"的观点而提出来的。"新发展学派"对发展的观点可以概括为两点：一是发展就是人的基本需要（包括衣食住行和知识等基本需要）逐步得到满足的演变过程；二是把发展定义为消除贫困、失业和收入的不平等。自20世纪70年代起，"新发展学派"的观点得到广泛采用，许多发展中国家的经济发展战略也相应地实行某种转变，以谋求实现"有发展的增长"。

4.1.2　影响产业发展战略的基本因素

1. 产业发展战略目标

产业发展战略目标是产业发展战略的中心，产业发展目标选择正确与否，直接决定产业发展战略的成功与否。产业发展战略目标包含功能目标、增长目标，直接

---

1. 曾世宏，郑江淮.产业赶超发展战略理论演进及其对中国产业发展的启示[J].改革与战略，2009，25（8）：39-43.
2. 李培荣.论经济发展总体战略的几种类型及其变动规律——评社会主义国家的优先发展重工业战略[J].中山大学学报(社会科学版),1992(1):17-24.

影响产业战略中产业结构确定及产业增长情况。合理确定产业发展战略目标必须遵循如下原则：一是以现实的产业基础为依据；二是与其他部门的发展相一致；三是满足人们日益增长的需要；四是适应国力要求。

2. 产业结构

产业结构，是指产业内部各生产要素之间、产业之间、时间、空间、层次的五维空间关系。一个地区现状产业结构是产业发展战略制定的基础；在该地区经济社会不断发展的过程中，产业结构的变化会引起产业发展战略的适当调整。因此，应从本国的产业结构现状出发，制定发展战略，处理好产业结构与产业战略互相协调影响的关系。

3. 生产力布局

生产力布局亦称生产力配置，是指在一定范围内（国家、地区、城市等）生产力系统在地理位置（空间）上的分布和配置。生产力布局包括工业布局、农业布局和交通运输布局等。陆大道根据我国生产力布局的实践和我国国土资源的基本特点，将生产力布局分为地区布局（宏观）、地点布局（中观）和厂址布局（微观）三个层次，不同层次的生产力布局的目标、要求和内容也有明显的差异。

从我国实际出发，生产力布局原则可分为两部分。一部分是生产力布局经济原则，以提高经济效益和劳动生产率为最终目的，如生产地区分工、减少不合理运输等原则；另一部分是政治原则，如缩小城乡差别原则、巩固国防原则等。

4. 经济体制

合理的经济体制是实现产业发展战略的体制保证。经济体制指某一国家（或地区）制定并执行经济决策的各种机制的总和。经济体制改革是指按照生产关系一定要适应生产力性质这一客观规律的要求，对不适应社会生产力发展的国民经济管理制度和管理方式进行的改革。通过国有企业改革和国有经济战略性调整深入推进，国企、市场、财税、金融改革进一步深化，使生产要素市场化程度稳步提高，市场活力不断提升，为产业长远发展提供良好的基础。

5. 对外贸易

经济全球化是指贸易、投资、金融、生产等活动的全球化，即生产要素在全球范围内的最佳配置，是生产力和国际分工的高度发展，要求进一步跨越民族和国家疆界。根据各国参加全球贸易的具体情况和条件以及它们的目标要求，有自由贸易区、关税同盟、共同市场和经济联盟四种形式。经济全球化背景下制定产业发展战略应围绕贸易自由化、生产国际化、资本全球化和科技全球化展开，抓住新技术革命带来的机遇，发挥后发优势，发展高新技术产业；应有利于深入地参与国际分工，发挥本国现实和潜在的比较优势，拓展海外市场。

6. 资金、技术、人口等因素

资金是产业发展的基础，尤其是资金密集型产业和处于发展初期阶段的战略性新兴产业，其发展所需的技术、材料等要求较高，需要持续大量资金支持其长期发展。技术是构成产业的基本元，是研究产业战略问题的微观基础；技术进步会推动产业升级，加速传统产业的改造，推动产业结构不断优化，已经成为产业国际竞争力的核心和关键因素。人口结构如年龄结构、职业结构等都会影响产业发展，从而影响产业发展战略。如人口数量的增加会导致总需求的增长，从而推动产业发展与扩张；适度的人口数量可以为产业发展提供充足的劳动力资源。

4.1.3 产业发展战略的主要模式

1. 初级产品出口的发展战略

初级产品出口战略是一种低层次的发展战略，它强调发展中国家和地区以本区域廉价劳动力开发自身盛产的农、矿、特产等初级产品，出口换汇，再进口制成品。在这一层次上，发展中地区的初级产品由于禀赋资源的原因相对于本区的制成品在国际市场上有明显的比较优势。但是，正如普雷维什（Raúl Prebisch）所揭示的初级产品贸易条件恶化论，加之许多发展中地区的初级产品不是过多，而是稀缺，这一战略往往是发展中国家或地区在本身经济落后、制成品在国际市场上缺乏竞争力的条件下做出的被迫选择，如不尽快调整而长期采用这种战略，势必延缓本区域经济现代化发展的进程。

2. 进口替代的发展战略

进口替代战略的理论基础是普雷维什的贸易条件理论，它强调通过本国制造来替代进口的制成品，以保护民族工业和实现地区工业化。典型的进口替代战略首先确定区内有广大消费市场的产业部门，设立产品进口关税或限额壁垒，并提供优惠政策吸引外资进入合作设厂生产，期望使自身幼小产业逐渐成熟，最终参与国际市场竞争。从实践效果看，进口替代战略出现了两个始料未及的问题：一是本国保护政策造成了价格高昂而质量低劣的国内产品，无法实现资源的有效配置；二是外资跨国企业的参与，多进口国外的制成品、中间产品、技术专利，而大量的利润流向国外，对本国其他经济部门产生的前向、后向联动效应十分微弱。因此，大部分拉美国家的进口替代战略成效并不显著，没有效率的进口替代工业实际上对地区工业化的进程起了阻碍作用。

3. 出口替代的发展战略

相较于初级产品出口战略和进口替代战略，制成品的出口导向战略则更为灵活和更有效益。这一战略所鼓励的产品出口，既包括劳动密集型工业制成品的出口，又包括更高层次的技术密集型工业制成品的出口，来替代传统的初级产品出口。这一战略实施的优点在于：一是有利于扩大发展中国家或地区的外汇来源，从而有利于重组本地区的生产要素；二是可以超越国内市场的限制，解决"剩余"的出路，这对克服规模不经济的地区显得尤为重要；三是由于偿还可靠，对外国投资有较大的吸引力；四是提供更多的就业，带动整个经济规模效应和更有效率的发展。这一战略尤为强调因地制宜地形成本区域的领先产品和大宗产品，既采用了资源禀赋理论的基本思想，又吸收了林德尔（Staffan B. Linder）的偏好相似理论（Preference Similarity Theory）、迈因特（Hla Myint）的剩余出路理论（Vent-For-Surplus Theory）和普雷维什理论的合理部分，已成为应用极广的发展战略之一。

4. 进口替代与出口替代相结合的战略

出口替代和进口替代之间是相互依存的，这种依存性与产业结构有关。把国际贸易的因素考虑进去，才构成了产业的出口结构和进口结构，而就其本身来说，却是一个统一的整体。由于这种依存性的存在，进口替代和出口替代能起到相互促进的作用。通过进口替代调整产业（或产品）的进口结构，减少引进中的不合理性和盲目性，能引导国内的消费结构和产业（或产品）结构趋向合理化，这对增加出口显然是极为有利的。另一方面，通过出口替代，不仅能增加外汇，提高企业在国际市场上的竞争能力，而且更重要的是给进口替代创造了有利条件，贸易保护能力增强，产业结构调整的难度降低。

当然，进口替代和出口替代毕竟是两种不同的战略，进口替代强调的是内向循环，出口替代强调的是外向循环。因此，尽管它们存在着种种密切关系，但在不同国家、不同的时期以及不同的经济、政治和社会文化等背景下，二者的作用并不是等同的，必须要从本国的实际出发来制定产业战略。

5. 重工业优先发展战略

有学者则借助外部性理论来解释重工业优先发展战略：重工业投资大、技术复杂，提升重工业水平有利于提升轻工业生产的技术和效率，降低轻工业产品价格，政府应优先发展重工业。它主张通过使重工业增长得更快一些，来带动国民经济各部门的发展。从一些新兴工业化国家和地区的经验来看，在实行高级进口替代发展战略和高级出口替代发展战略的阶段，采取优先发展重工业的战略，效果比较好。因为这时农业和轻工业已有相当的发展，对重工业产品提出了较大的需求，客观上就必然要求重工业优先增长。但是，过去各个社会主义国家出于国情和国际环境的考量，在工业化初期便采取了优先发展重工业的战略，虽然使重工业发展迅速，也带来了一系列矛盾。

6. 轻工业优先发展战略

优先发展轻工业的战略主张通过使轻工业增长得更快一些，来带动国民经济各部门的发展。赫希曼的非均衡发展战略倾向于"自下而上"地启动整个产业链条，首先发展下游消费品工业，再"溯链而上"逐环带动中间产品生产、资本品生产、社会间接资本（基础设施）建设等，因而在某种程度上可被视为轻工业优先发展战略的理论基础。实践中，优先发展轻工业往往基于现实原因，例如生活消费品轻工业投资少、建设周期短、资金周转快、利润大，所需要的机器设备和工艺技术较为简单，原材料大多来自农业，而且多属于劳动密集型工业，因而有利于扩大就业、改善人们生活、迅速提高经济发展速度。一般来说，在工业化初期，采取这种战略，效果会比较好。许多发展中国家在实行初级进口替代发展战略的阶段，采用了优先发展轻工业的战略，尤其是市场经济体、依附性经济体、国内局域性经济体比较倾向于优先发展轻工业。

7. 平衡发展战略

平衡发展战略（Balanced Growth Strategy）亦称均衡增长战略，是指发展经济学中通过国民经济各部门的相互支持、相互配合、全面发展来实现工业化或现代化的一种战略。这种战略的基点是纳克斯（Ragnar Nurkse）的"贫困恶性循环论"（Vicious Circle of Poverty），他认为，发展中国家所面临的贫困恶性循环是其不发达的主要原因，因此为打破恶性循环，就必须通过全面的、充分的投资来创造需求，在各个产业部门同时投资，使它们互相提供供给，相互给予投资引诱，使产业同时发展，以摆脱贫困的恶性循环。因为平衡发展战略包括投资应大规模进行和各部门均衡发展两个方面的内容，所以对资本、人才、国家管理水平都有较高要求，无法解决落后地区普遍面临的资本瓶颈及与之相关的投入来源问题的，在实践中鲜有成功案例。

8. 不平衡发展战略

不平衡发展战略（Unbalanced Growth Strategy）亦称非均衡增长战略，以辛格（Hans Singer）、赫希曼和罗斯托（Walt W. Rostow）等人为代表，在发展经济学中是指将有限的资源首先投向选定的"重点"区域和产业，以其率先、高速增长来带动其他地区和产业全面发展的战略。他们认为，发展中国家的经济发展，是从过去发展结果开始的。由于过去的发展是不平衡的，为恢复失去的平衡，应该采取不平衡的发展战略。整个经济发展过程最初总是先由少数企业和部门发展，再带动其他部门发展。所以发展中国家应将有限的资源有选择地集中配置，使这些部门和地区率先得到发展，然后通过投资的诱导机制和产业间、地区间的联系效应与驱动效应，带动其他产业部门和地区发展，从而实现整个经济的发展。不平衡发展战略更适用于工业化初期阶段，侧重解决短期问题，更主张市场化。

4.2　城市—区域发展的战略选择

4.2.1　基于竞合关系的战略选择理论

1. 基于竞争优势的战略选择理论与模型

比较优势理论。比较优势理论是产业定位和产业选择比较常用的理论之一，其主要包括绝对优势理论和相对优势理论。

绝对优势理论最早于1876年由古典经济学的创建者亚当·斯密（Adam Smith）在《国富论》（全称《国民财富的性质和原因的研究》，*An Inquiry into the Nature and Causes of the Wealth of Nations*）中，对国际分工与经济发展的相互关系进行了系统阐述提出。斯密是最早系统研究国际（区际）贸易和分工协作问题的开拓者。他认为不同国家或地区在不同产品或不同产业生产上拥有优势，这些优势属于自然优势（气候、土壤、矿产资源等）或"获得性"优势（后天形成的生产技术的技艺）。

对于同一产业来说，不同区域存在生产成本的差异，贸易可以促使各国按生产成本最低原则安排生产，从而达到贸易获利的目的。

相对优势理论则出现在 1817 年大卫·李嘉图（David Ricardo）的《政治经济学及赋税原理》（*Principles of Political Economy and Taxation*）中，他以劳动价值论为基础，用两个国家、两种产品的模型，阐述"比较利益学说"。他指出，由于两国或两个地区劳动生产率的差距在各商品之间是不均等的，因此，在所有产品或产业生产上处于优势的国家和地区不必生产所有商品，而只应生产并出口有最大优势的商品；处于劣势的国家或地区也不是什么都不生产，可以生产劣势较小的产品，这样彼此都可以在国际分工和贸易中增加自身的利益。相对优势理论已成为指导国家或地区参与分工的基本原则，并得到许多经济学家的进一步阐释和发展。

对于比较优势理论的应用，要注意理论自身的缺陷。该理论主要从静态和外生因素的角度来说明分工和贸易的格局，而从动态和内生因素的角度看，随着经济发展和技术的进步，各国和地区的比较优势是不断变化的，产业结构和贸易结构也在不断变化。对落后国家或地区，如果一味地以外生的成本和资源比较优势来确定分工格局，则可能陷入比较利益的陷阱。

企业竞争力模型。企业竞争力模型包括五力模型、钻石竞争模型、竞争优势理论、整合的企业竞争分析理论。

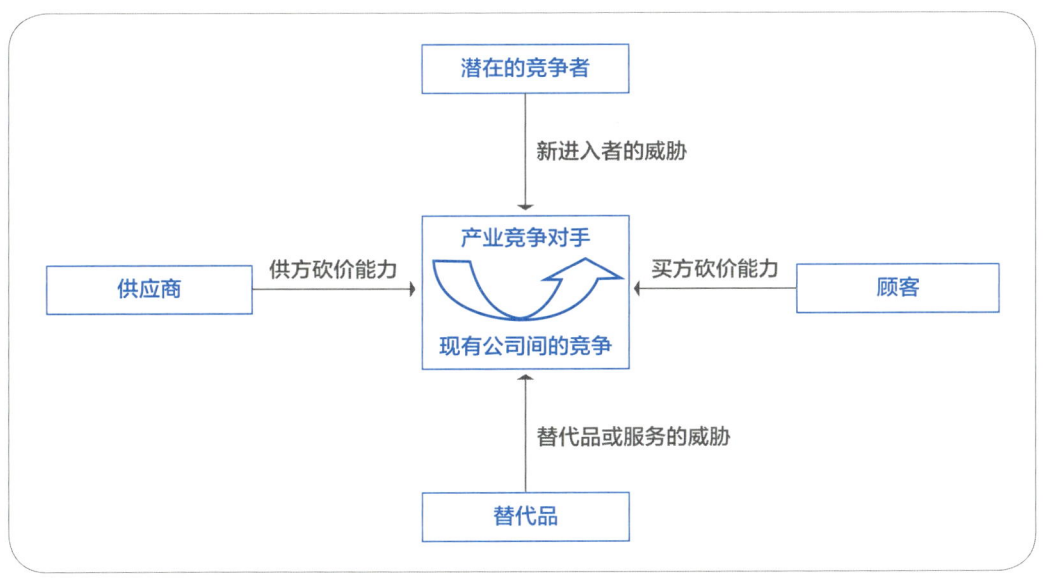

图 4-1　决定产业竞争的五种竞争力量
资料来源：迈克尔·波特. 竞争优势 [M]. 北京：华夏出版社，1997.

"五力模型"是产业经济学的重要内容,由著名的经济学家迈克尔·波特(Michael Porter)于20世纪80年代初提出,对企业战略制定产生全球性的深远影响。用于产业竞争战略的分析,可以有效分析客户的竞争环境。产业内部的竞争状态取决于五种基本竞争力量:供应商的讨价还价能力、购买者的讨价还价能力、新进入者的威胁、替代品的威胁、行业内现有竞争者的竞争(图4-1)。一个企业的竞争战略目标在于使公司在产业内部处于最佳定位,抗击五种竞争作用力,或根据自己的意愿来影响这五种竞争作用力。这样,通过纵向的整合(后向整合、前向整合)抵消来自供方和买方的砍价实力,提高该行业的进入壁垒和移动壁垒。

钻石竞争模型也是由波特提出,他认为决定某产业竞争力包括四大因素:生产要素,需求条件,相关产业和支撑产业的表现,以及企业的战略、竞争结构与同业竞争。此外,由于机会是无法控制的,政府行为影响不可忽视,这两者也对产业竞争优势影响巨大。以上要素之间双向强化,形成影响产业竞争力的钻石模型,如图4-2所示。

基于上述五种竞争力和钻石模型中的六个因素,波特认为,城市的竞争力是通过城市产业的综合竞争来表现和实现的,即竞争优势理论。对城市产业的选择不仅要从城市在区域中的地位和作用来看,更要看产业的选择能否提升城市在整个网络中的竞争地位,能否促进城市保持良好持续的竞争力。对能提高城市竞争力的产业定位应该考虑以下五个方面因素:一是区域生产要素的数量与质量是城市产业形成

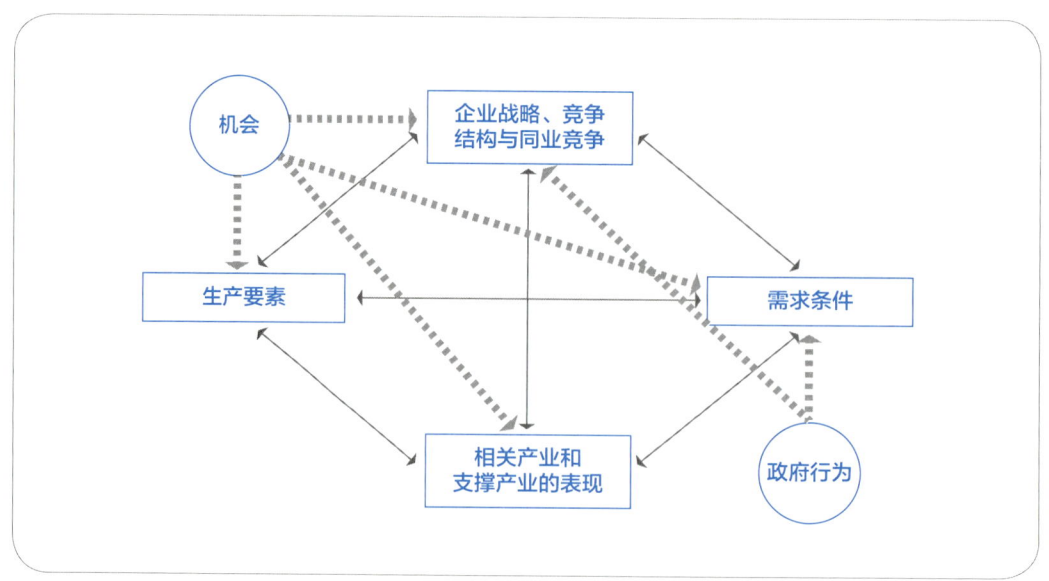

图4-2 波特钻石竞争模型
资料来源:迈克尔·波特.国家竞争优势[M].李明轩,邱如美,译.北京:中信出版社出版,2012.

与发展的基础，选择产业必须考虑生产要素的种类、结构、特征以及禀赋状况等；二是遵循经济规律，摸清城市所在区域市场对不同产业的需求结构，主动选择需求趋于扩张的产业；三是城市经济发展的阶段性是其产业阶段性的基础，要保持城市经济健康持续地发展，产业选择必须考虑城市经济发展所处阶段；四是从产业结构自身的演替规律出发，准确把握区域乃至世界产业结构演进的现状及其趋势，合理预期待选产业的发展前景；五是考虑待选产业的相关辅助产业的发展状况与发展空间。

整合的企业竞争分析理论则是1996年美籍华裔学者陈明哲（Ming-Jer Chen）教授在《竞争者分析与企业竞争：趋向理论的整合》（"Competitor Analysis and Interfirm Rivalry: Toward a Theoretical Integration"）一文中提出。此篇文章综合了竞争对手分析和企业间竞争这两个核心问题，综合了基于产业和基于资源的企业战略理论的竞争思想，并给出了两个综合性指标，提出了预测企业间进攻与反击行动的竞争分析框架。

地区竞争力模型。地区竞争力模型包括拜格（Iain Begg）的城市竞争力模型、IMD区域竞争力模型和新贸易理论。

城市竞争力模型。拜格尝试着将城市竞争力的显性要素和决定要素的分析结合起来，通过一个复杂的迷宫说明城市绩效的"投入"和"产出"关系（图4-3）。在这个模型中，最终变量是居住标准和生活质量，就业率和生产率的结合产生"产出"

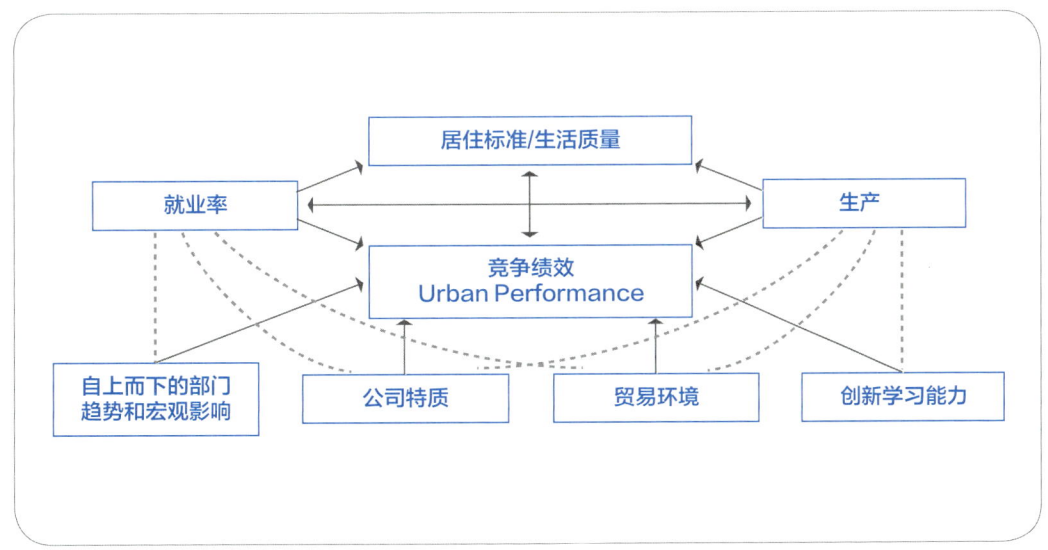

图4-3 拜格的城市竞争力模型
资料来源：于涛方，吴志强. 基于竞争的动态城市战略管理——从静态的城市战略规划到动态的城市战略管理[J]. 同济大学学报（社会科学版），2006（2）：17-25.

和"投入",城市行为是多方面的,通过各种方式与生活标准、就业率和生产联系起来。从输入方看,决定因素的四个目录构成的模式与波特的"钻石模型"相似,但不同的是强调城市的变量而不是国家的。部门趋势抓住了一个城市经济活动的主要影响和随后的前景;公司特质说明了一个城市拥有富有活力的公司,在扩张的市场中销售产品,具有强大的增长趋势;贸易环境是影响商业进行的容易程度,对于地区作为商业中心的吸引力有重要的作用;创新学习能力是鼓励公司发展新流程和产品能力的因素。

总体上说,拜格的城市竞争力模型是以城市经济运行为基础,以城市生产能力为外在表现,以生活标准为目标,并加入四个要素而形成的。拜格理论模型研究的角度相比于波特的"钻石模型"而言是从国家到城市的一个过渡。模型分析了城市经济行为与公司、企业运作的紧密关系,并且提出了竞争力的终极目标是提高城市居民的生活标准。但是,对于一个城市而言,体现出竞争优势的方面不仅仅局限于城市经济运行,还应当包含社会以及环境方面的因素,同时城市是一个开放的系统,还必须考虑影响城市系统的要素以及城市系统对外作用的要素。

IMD区域竞争力模型认为,区域竞争力就是一个国家或一个公司在世界市场上生产出比其竞争对手更多财富的能力。现代IMD区域竞争力模型在早期模型的基础上作了较大调整,以国家竞争力为直接研究对象,认为核心是企业竞争力,在此基础上选择了经济表现、政府效率、商务效率和基础设施四个要素对国家竞争力进行评价。每个要素又各自包括五个子要素,经济表现包含经济实力、国际贸易、国际投资、就业、物价;政府效率包含公共财政、财政政策、机构框架、商务法规、社会框架;商务效率包含生产力、劳务市场、金融、管理实践、态度与价值;基础设施包含基础性基础设施、技术性基础设施、科学性基础设施、健康与环境、教育。

新贸易理论由美国经济学家保罗·克鲁格曼(Paul R. Krugman)提出。他认为,不同国家或地区之间的贸易,特别是相似国家或地区同类产品的贸易,是这些国家根据收益递增原理而发展专业化的结果,与生产要素禀赋差异关系不大。各国发展任何专业在一定程度上具有历史偶然性,在不完全竞争和同类产品贸易的条件下,生产要素的需求和回报状况取决于微观尺度上的生产技术条件。生产技术的变化,可以改变生产要素的需求结构和收益格局,从而影响相似要素条件下的贸易,促成同类产品的贸易。同时认为,不完全竞争和收益递增的存在,为国家和地区采取战略性贸易政策,创造竞争优势提供了可能。

2. 基于协作共赢的战略选择理论与模型

新木桶效应。供应链整合和模块化分工能够产生价值创造的"新木桶效应",即企业不再仅仅考虑自己的一个"木桶",而是将"木桶"解构,拿出最长的一块或者最短的一块去与其他企业合作,共同构造一个更大的"木桶",然后从新的"木桶"中分得自己的一部分。按照模块化的观点,企业可以用自己的强势部分与其他企业的强项相结合,这种基于合作构建的"新木桶"的每一块木板都是最长的,从而使得木桶的容积达到最大。也就是说,模块化网络组织是不同组织能力要素的最优组合,由于每个成员企业都把焦点放在它最擅长的业务领域,能够最大化地释放它的资源和能力的潜力,由各个模块化经营单位的核心竞争能力共同构成模块化网络组织的整体竞争能力[1]。

协同创新理论。从 2011 年开始,在政府的大力引导下,协同创新逐步成为产业技术创新战略联盟的新趋势。协同创新是指系统中各种要素,在构建、运作等过程中相互合作、协调和同步的创新。基于协同创新的产业技术创新战略联盟是指在政府、金融机构、用户、行业协会等相关主体的协同作用下,大学、科研院所、企业三个科研主体投入其创新资源,以提升产业技术创新能力为目标,形成的联合开发、优势互补、利益共享、风险共担的技术创新合作组织,是产学研结合的高级形式。产业技术创新战略联盟伙伴选择是一个较为复杂的系统工程,而政府作为联盟的一个重要因素,发挥着协调、引导和支持的作用,在积极的政府政策和制度引导下建立的联盟机制,能保障联盟的组织健全和稳定运行[2]。

4.2.2 顺应发展阶段的战略选择理论

1. 产业发展阶段理论

工业化发展阶段的划分。"标准结构"理论是美国经济学家钱纳里运用投入产出分析方法、一般均衡分析方法和计量经济模型,通过多种形式的比较研究考察了第二次世界大战后发展中国家工业化的发展经历,进行统计归纳分析,以此总结不同阶段所具有的经济结构的标准数值,即具有一般意义的"标准结构"。根据人均国内生产总值水平,他将不发达经济到成熟的工业经济整个变化过程分为三个阶段、

---

1. 余东华,芮明杰. 基于模块化网络组织的价值流动与创新 [J]. 中国工业经济,2008(12):48-59.
2. 林雨洁,谢富纪. 基于协同创新理论的产业技术创新战略联盟伙伴选择研究 [J]. 科技与经济,2013,26(6):6-10.

表 4-1　人均 GDP 与经济（产业）发展阶段对应模型

时期	人均 GDP（1982 年，美元）	经济（产业）发展阶段	
1	364~728	初级产品生产阶段	
2	728~1456	初级阶段	工业化阶段
3	1456~2912	中级阶段	
4	2912~5460	高级阶段	
5	5460~8736	初级阶段	发达经济阶段
6	8736~13104	高级阶段	

资料来源：钱纳里，等. 发展的型式：1950—1970[M]. 经济科学出版社，1988.

表 4-2　霍夫曼比例阶段指标

工业化阶段	霍夫曼比例
第一阶段	5（±1）
第二阶段	2.5（±1）
第三阶段	1（±0.5）
第四阶段	1 以下

资料来源：Hoffmann W G. The growth of industrial economies[J]. Hitotsubashi Journal of Economics, 1970, 11 (1)：113 - 116.

6 个时期，第一阶段是初级产品生产阶段（或称农业经济阶段）；第二阶段是工业化阶段，其中再细分为工业化阶段的初级、中级和高级阶段；第三阶段是发达经济阶段，其中再细分为发达经济阶段的初级、高级阶段（表 4-1）。

霍夫曼定理（又称霍夫曼的工业化经验法则）是德国经济学家霍夫曼对工业化过程中的工业结构演变规律进行开拓性研究时提出的。霍夫曼通过对当时近 20 个国家的时间序列数据进行统计分析，提出著名的"霍夫曼定理"：随着一国工业化的进展，霍夫曼比例是不断下降的。霍夫曼比例是指消费品工业净产值与资本品工业的净产值之比，并以此数值把工业化分为四个阶段。其核心思想是：在工业化的第一阶段，消费品工业的生产在制造业中占主导地位，资本品工业的生产尚不发达，此时，霍夫曼比例为 5（±1）；第二阶段，资本品工业的发展速度比消费品工业快，但在规模上，仍比消费品工业小得多，这时，霍夫曼比例为 2.5（±1）；第三阶段，消费品工业和资本品工业的规模大体相当，霍夫曼比例是 1（±0.5）；第四阶段，资本品工业的规模超过了消费品工业的规模（表 4-2）。

产业梯度转移理论。该理论认为，区域经济的发展取决于其产业结构的状况，而产业结构的状况又取决于地区经济部门，特别是其主导产业在产业生命周期中所处的阶段。如果其主导产业部门由处于创新阶段的专业部门所构成，则说明该区域具有发展潜力，因此将该区域列入高梯度区域。创新活动是决定区域发展梯度层次的决定性因素，而创新活动大都发生在高梯度地区。随着时间的推移及生命周期阶段的变化，生产活动逐渐从高梯度地区向低梯度地区转移，而这种梯度转移过程主要是通过多层级的城市系统扩展开来的。梯度转移理论实质上是一种非均衡发展理论。

产业生命周期理论。弗农（Raymond Vernon）在1966年根据产品生命周期理论提出了产业生命周期理论。产品生命周期理论认为，工业各部门及各种工业产品，都处于生命周期的不同发展阶段，即经历创新、发展、成熟、衰退四个阶段。把该理论应用到产业生命周期，可划分成三个阶段：一是处于创新期的产业，属于技术密集型产业，一般布局于人才较多、配套设施齐全的发达城市；二是处于成熟期的产业，会由点及面转移，出现波浪扩展效应；三是衰退期产业完全沦为劳动密集型产业，从发达城市向落后地区转移。在世界工业发展史上，这种产业变迁过程非常明显，该理论对解释国际贸易中的产业转移现象有很大作用。

2. 城市发展阶段理论

城市经济发展的不同阶段。波特依据经济发展的历史和通过对各国的比较，提出了国家经济发展的四个阶段，分别是：生产要素导向阶段、投资导向阶段、创新导向阶段和富裕导向阶段（详见3.1.3节）。总体来讲，我们国家正处于第二阶段向第三个阶段换挡的阶段。

战略转折点理论。战略转折点理论的提出者是布格尔曼（Robert A. Burgelman）和葛洛夫（Andrew S. Grove）[1]。该理论认为：在竞争环境的变化日益加剧的产业中，环境变化的不可预测性会使企业的战略意图和战略行动之间产生不一致，这种不一致常常会引起组织中出现战略矛盾（strategic dissonance），这种矛盾将阻碍产业或企业的转型，是组织面临的"战略转折点"（strategic inflection point，SIP）。因此，企业新战略的制定依赖于高层领导者从这种战略矛盾中获得有效的信息。该理论明确了高层管理者在其中的作用及适应性学习型组织在转型式战略变革的重要性。

1.BURGELMAN R A, GROVE A S. Strategic dissonance[J]. California Management Review, 1996, 38(2): 8–28.

4.3　战略选择的分析方法

4.3.1　SWOT分析法

SWOT分析法是哈佛商学院的安德鲁斯（Kenneth R. Andrews）于1971年在其《公司战略概念》（*The Concept of Corporate Strategy*）一书中首次提出的，这种方法在战略管理中得到广泛应用。所谓SWOT分析，即基于内外部竞争环境和竞争条件下的态势分析，就是将与研究对象密切相关的各种主要内部优势（strengths）、劣势（weaknesses）和外部的机会（opportunities）和威胁（threats）等，通过调查一一列举，并依照矩阵形式排列，然后用系统分析的思想，把各种因素相互匹配起来加以分析，从中得出一系列相应的结论，而结论通常带有一定的决策性[1]。运用这种方法，可以对研究对象所处的情景进行全面、系统、准确的研究，从而根据研究结果制定相应的发展战略、计划以及对策等（表4-3）。

4.3.2　产业技术路线图

技术路线图方法（technology roadmap）作为技术规划和管理的有效工具，于1987年首次出现，是摩托罗拉公司在业务经理、开发工程师和业务员之间建立的一个关注技术未来发展的沟通平台，在各部门之间建立的一种识别和传达重要技术的机制。技术路径图是利益相关者对未来的看法以及对达到未来目标的规划，强调用

表4-3　SWOT分析法图示

战略 外部因素	内部因素 劣势（W）	优势（S）
机会（O）	WO战略 （扭转型战略）	SO战略 （增长型战略）
威胁（T）	WT战略 （防御型战略）	ST战略 （多种经营战略）

资料来源：自绘

---

1. 龚小军. 作为战略研究一般分析方法的SWOT分析 [J]. 西安电子科技大学学报（社会科学版），2003（1）：49-52.

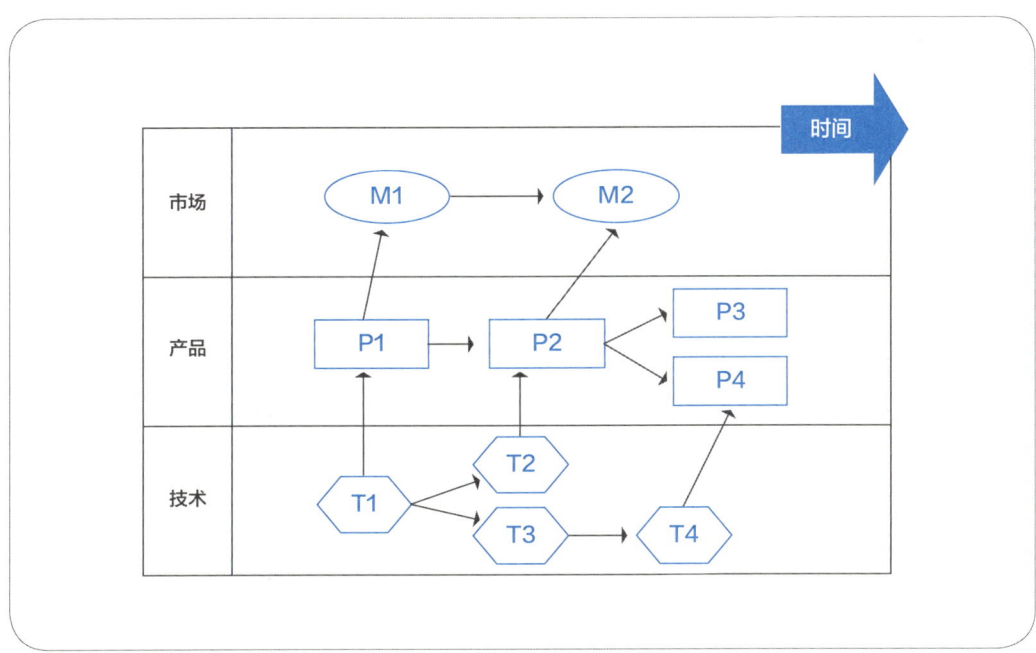

图 4-4　传统意义技术路线图的基本结构
资料来源：刘洪民，韩熠超，刘炜炜. 融合情景分析的战略性新兴产业技术路径图框架构建与案例分析——以中国新能源汽车产业为例 [J]. 科技与管理，2019，21（1）：1-7.

基于时间的多层图示表达技术、产品、市场之间的关系。技术路线图从小到大分为三个层次：企业技术路线图、产业技术路线图和国家技术路线图。

产业技术路线图是一种预测和描绘技术创新发展路径的方法和工具，可以帮助科研部门、产业部门、地方政府部门等，把握各领域产业发展方向和趋势，取得关键技术决策、合作决策和投资决策，支撑预测未来市场技术及产品需求，识别对某个产业具有高潜力的科学和技术领域，确定从技术开发到市场应用的相关步骤等（图4-4）。

我国从 2002 年开始引入技术路线图，前期主要是一些国外技术路线图研究成果的介绍和基本应用，近几年随着技术路线图在我国企业、行业（产业）、政府等不同层面及不同领域的应用探索，特别是基于近几年中国新兴产业发展的实践和产业技术路径图对指导产业关键技术领域的研发，以及促进产学研协同创新和知识共享等方面所发挥的作用，学者们从产业、政策、战略、模式、创新方法和综合应用等不同视角进行了剖析，对技术路线图在我国的落地生根和创新发展起到了积极的促进作用。

4.3.3 情景分析和规划法

1. 概述

随着我国融入经济全球化的程度不断加深,各个产业所处环境的不确定性不断增加,在产业战略分析方法上必须进行改革与创新,以应对环境不确定性的特点。情景规划作为处理"复杂和不确定"环境规划的有力手段,已经获得了一定的共识。情景分析法是通过假设、预测、模拟等手段生成未来情景,并分析情景对目标产生影响的方法。情景规划法加强了对不确定性因素的分析和整合,并在此基础上形成描绘未来产业发展的有限情景,具有预见性、灵活性和环境监控优势。

2. 理论基础

情景规划的理论基础可分为"情景依赖"的决策本能、"情景依赖"的决策过程、规划师工作思维方式的转变三个方面。首先,"情景依赖"的决策本能:多个学科的研究结果均表明,复杂的不确定环境下的决策行为表现出情景依赖的特征。其次,"情景依赖"的决策过程:在面对复杂问题的决策过程中,情景依赖的理性是一种常态化的存在。在建构的情景中,决策者依据其情景依赖的理性进行决策。来自不同空间和文化背景的个体具有不同的"默会知识"(tacit knowing or tacit knowledge),对同样的情景会有不同的理解,从而做出相异的选择[1]。最后,规划师工作思维方式的转变就是从技术专家逐渐转变为沟通者,规划师启发决策相关的行动者,提供规划技巧,在需要时做出规划判断。

3. 情景规划的应用意义

情景规划的应用是基于复杂环境下个体认知和决策的真实过程,通过规划技术过程和手段促进城市发展决策中的多元主体的参与和讨论的过程。其意义体现在三个方面:①由"绘制蓝图"转向"决策咨询";②组织多方参与规划过程、降低发展决策的风险;③规划"行动方法论"在精英决策体制下的创新。首先,情景规划提供了决策精英有效参与规划过程的理论框架和实施媒介。其次,"领导"决策权力可从"自上而下"和"自下而上"得以制衡。一方面为情景规划组织多方参与提供了契机;另一方面,情景规划法将成为公众参与引入城市规划的有力机制,从而

---

1. 宋博,陈晨. 情景规划方法的理论探源、行动框架及其应用意义——探索超越"工具理性"的战略规划决策平台[J]. 城市规划学刊, 2013(5): 69-79.

降低城市发展决策风险。最后，情景规划方法可能成为规划师在"行动方法论"层面的创新，规划师试图从"绘制蓝图"转向"决策咨询"，情景规划方法的实现过程可能比情景规划结果本身的意义更重要。

4. 产业情景分析与产业技术路线

国内对情景分析的研究特别是在行业或产业层面的应用研究还比较少，其中大多基于将融合情景分析的产业技术路线图集成到规划过程的定性分析框架。通过将多个产业情景输入到产业技术路线图中，进行两者整合而成的多情景产业技术路线图能够处理产业所面临的不确定性，为产业发展提供多情景的路线规划，成为战略性产业技术预见的重要参考工具。

融合了情景分析的产业技术路线图集成规划过程分析框架通过对产业环境的系统化分析，在识别产业内外部环境中驱动力量的基础上，剖析产业不确定因素的根源，预测驱动因子的发展趋势，结合对产业目标要素可能状态的分析，构建"产业演化环境—产业发展目标—产业关键技术"之间的完整因果链，在基于情景分析的产业技术路线图设计中融入定量化分析，又增加了产业技术路线图设计的科学性和精确性。

4.3.4 综合性的战略分析方法

国土空间规划下的各层级产业战略选择具有较高复杂性，需要整合多种方法要素形成"工具箱"，以此预测未来并评估不同选择带来的结果，达到消除决策盲点的目的，为此可采用五维度的预测分析方法进行产业战略分析。采用战略五维轮盘有以下优势：一是以"轮动"应对未来的不确定性，具有灵活性和适应性，可以组织不同类型的方法进行应用转化；二是以"多维"应对全局导向，轮盘的360度多维环形辐条代表多个方法路径；三是以"多层"应对行动导向，随着轮盘的圆心向外延伸出多个圈层，具有时间延续性和可操作性；四是以"维度细分"应对跨界协调，轮盘可随着其半径按需细分，以应对多元目标分解及多元专业需求（图4-5）。

战略五维方法论是以"对象、角色、目标、动力和路径"为导向的五维度预测分析方法。同时，基于人类的思维特性找寻预测规律，将预测分为"立足角色—认知对象—预测目标—挖掘动力—构建路径"五大环节。其中，立足角色是对当下环境、决策人及诸多条件的一种综合判定；认知对象是在实践和现象之间建立关联，通过主观能动控制变量的实验及客观观点的比较，总结出对象的规律；预测目标是判断当下某些规律及根据相应的作用条件来判断发展方向，判断在未来可能会产生的影响；挖掘动力即找出推动城市发展的原动力和这些动力形成的机制；构建路径指为复杂决策绘制一个思维路径，并分析与预判决策带来的结果。

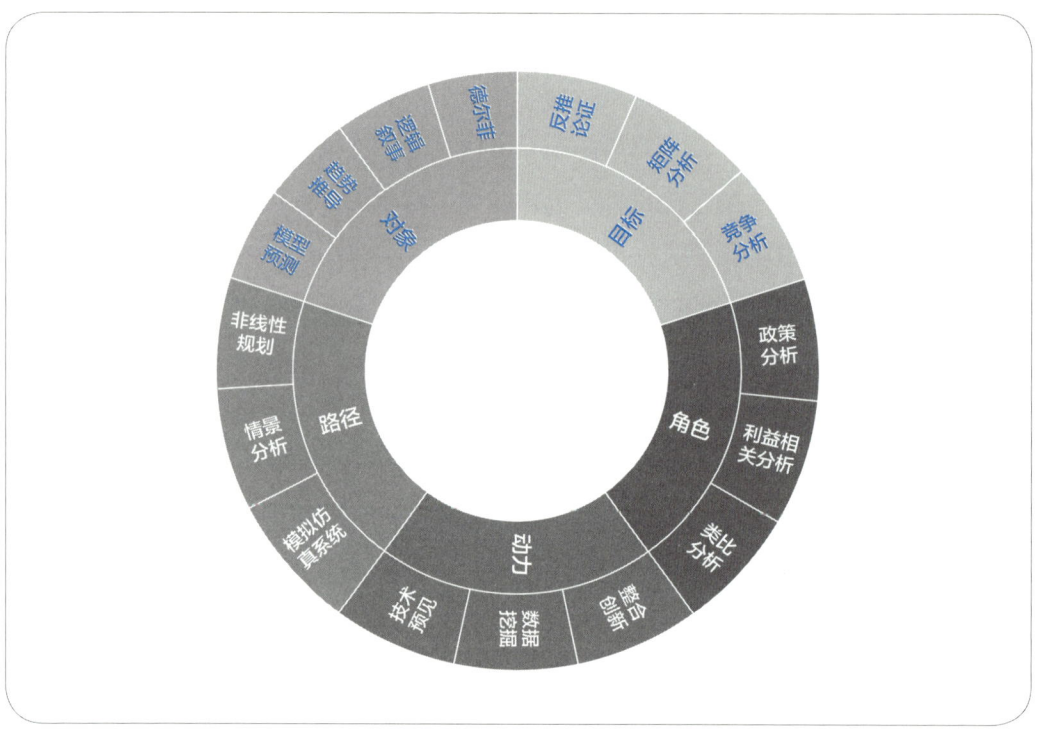

图 4-5　战略五维轮盘
资料来源：郑迪，吴志强．大都市区国土空间规划中的战略预测分析方法研究[J]．规划师，2021，37 (18): 41-47.

关键术语

产业发展战略、进口替代战略、出口替代战略、比较优势理论、产业发展阶段理论、城市发展阶段理论、SWOT 分析法、产业技术路线图

思考题

1．试析我国从改革开放以来主要采用了哪几种产业发展战略。
2．试采用 SWOT 方法分析某地发展某一产业的环境和条件。

参考文献

[1] BURGELMAN R A, GROVE A S. Strategic dissonance[J]. California Management Review, 1996, 38(2): 8-28.
[2] HOFFMANN W G. The growth of industrial economies[J]. Hitotsubashi Journal of Economics, 1970, 11(1): 113-116.
[3] 龚小军.作为战略研究一般分析方法的SWOT分析[J].西安电子科技大学学报（社会科学版），2003, 13(1): 49-52.
[4] 霍利斯·钱纳里，莫伊思·赛尔昆.发展的型式：1950—1970[M].李松华，徐公理，迟建平，译.北京：经济科学出版社，1988.
[5] 李培荣.论经济发展总体战略的几种类型及其变动规律——评社会主义国家的优先发展重工业战略[J].中山大学学报（社会科学版）1992（1）：17-24.
[6] 林雨洁，谢富纪.基于协同创新理论的产业技术创新战略联盟伙伴选择研究[J].科技与经济，2013, 26（6）：6-10.
[7] 刘洪民，韩熠超，刘炜炜.融合情景分析的战略性新兴产业技术路径图框架构建与案例分析——以中国新能源汽车产业为例[J].科技与管理，2019, 21（1）：1-7.
[8] 迈克尔·波特.竞争优势[M].陈小悦，译.北京：华夏出版社，1997.
[9] 迈克尔·波特.国家竞争优势[M].李明轩，邱如美，译.北京：中信出版社出版，2012.
[10] 宋博，陈晨.情景规划方法的理论探源、行动框架及其应用意义——探索超越"工具理性"的战略规划决策平台[J].城市规划学刊，2013（5）：69-79.
[11] 余东华，芮明杰.基于模块化网络组织的价值流动与创新[J].中国工业经济，2008（12）：48-59.
[12] 于涛方，吴志强.基于竞争的动态城市战略管理——从静态的城市战略规划到动态的城市战略管理[J].同济大学学报(社会科学版)，2006, 17（2）：17-25.
[13] 曾世宏，郑江淮.产业赶超发展战略理论演进及其对中国产业发展的启示[J].改革与战略，2009, 25（8）：39-43.
[14] 郑迪，吴志强.大都市区国土空间规划中的战略预测分析方法研究[J].规划师，2021, 37（18）：41-47.
[15] 李小建.经济地理学[M].北京：高等教育出版社，1999.
[16] 倪鹏飞.中国城市竞争力理论研究与实证分析[M].北京：中国经济出版社，2001.
[17] 彭震伟.区域研究与区域规划[M].上海：同济大学出版社，1998.
[18] 许学强，周一星，宁越敏.城市地理学[M].北京：高等教育出版社，1997.
[19] 杨治.产业经济学导论[M].北京：中国人民大学出版社，1985.

第 5 章

区域产业布局优化及其政策干预

■ **导语**

产业布局是指一个国家或地区产业各部门、各环节在地域上的动态组合分布,是国民经济各部门发展运动规律的具体表现。关于产业布局的讨论是随着人类社会的进步和生存空间的扩展,以及生产活动内容和空间拓展到一定程度的必然产物。随着生产活动不断发展,政府部门将针对区域产业在空间上的分布进行一系列干预,根据产业的经济技术特性及各类地区的综合条件,面向区域内各产业及其相关生产力布局优化进行科学引导和政策调整。

5.1 区域产业布局理论

5.1.1 农业活动空间区位理论模型

19世纪德国进行了农业制度改革,由庄园经营转向自由经营,所有的国民都可拥有不动产,并可自由分割买卖,于是出现了由贵族阶级转变而来的农业企业家和大量拥有人身自由的农民劳动者构成的农业企业式经营。在此背景下,农业经济学家杜能(Johann Heinrich von Thünen)于1826年出版了《孤立国》(*The Isolated State*),首次系统地阐述了农业区位理论,试图解释企业型农业时代的农业生产方式问题。该理论包含以下几个前提:

一是大城市位于平原中央,周围都是农业地带,土壤质量和气候特点等自然条件完全相同,宜植物作物生长,平原之外再无适合耕种的土地,只有荒原与外界隔绝;

二是农村只与该城市发生联系，城市作为所有农产品主要销售市场，农村则靠该城市供给工业品；

三是在"孤立国"内没有可用于航运的河流与运河，马车是唯一运输手段；

四是农民生产动力是获得最大的区位地租，即纯收益，故市场供应关系是调整产品种类的主要考虑因素；

五是市场上的农产品价格、农业劳动者的技术素质和工资、资本的利息固定不变；

六是运输费用与农产品重量以及从生产地到消费市场的距离成正比，且由农业生产者自己负担。

根据已有的各种假设前提，杜能给出的地租公示如下：

$$R = PQ - CQ - KtQ \qquad (式5-1)$$

式中，R 为地租收入，P 为农产品市场价格；C 为单位农产品的生产成本；Q 为农产品的生产总量（等同于销售总量）；K 为生产地距离城市（市场）距离；t 为农产品运费率。地租收入 R 随市场距离增加而减少，当地租收入为零及以下时，经济上不合理，因而零地租点成为农作物的耕作极限点。由市场点（运费为零）到耕作极限点的地租收入数值连接曲线被称为地租曲线。每种作物都有一条地租曲线，其斜率大小由运费率决定，不易运输的农作物一般斜率较大，反之则较小。在利润最大化的目标驱动下，理性农场主必然会选择地租收入最大的农作物进行生产，从而形成农业土地利用的杜能圈结构（图5-1）：

第一圈，自由式农业。距离市场最近，主要种植或生产易腐难运的作物或产品，如鲜奶和蔬果。

第二圈为林业区，主要为城市提供产品量大、运费高的木材和燃料。

第三圈是轮作式农业区，主要种植农作物，以谷物和马铃薯、豌豆的轮作为主要特色。杜能提出每一块地的六区（马铃薯区、大麦区、苜蓿区、黑麦区、豌豆区、黑麦区）轮作，其中耕地的50%种植谷物。

第四圈，谷草式农作圈。为谷物（麦类）、牧草、休耕轮作地带。杜能提出每一块地的七区轮作。与第三圈不同的是，其中总有一区为休闲地，七区轮作第一区为黑麦，第二区为大麦，第三区燕麦，第四、五、六区为牧草，第七区为荒芜休闲地。全部耕地的43%为谷物种植面积。

第五圈，三圃式农作区，是最粗放的谷作农业圈。三圃式农业将农家近处的每

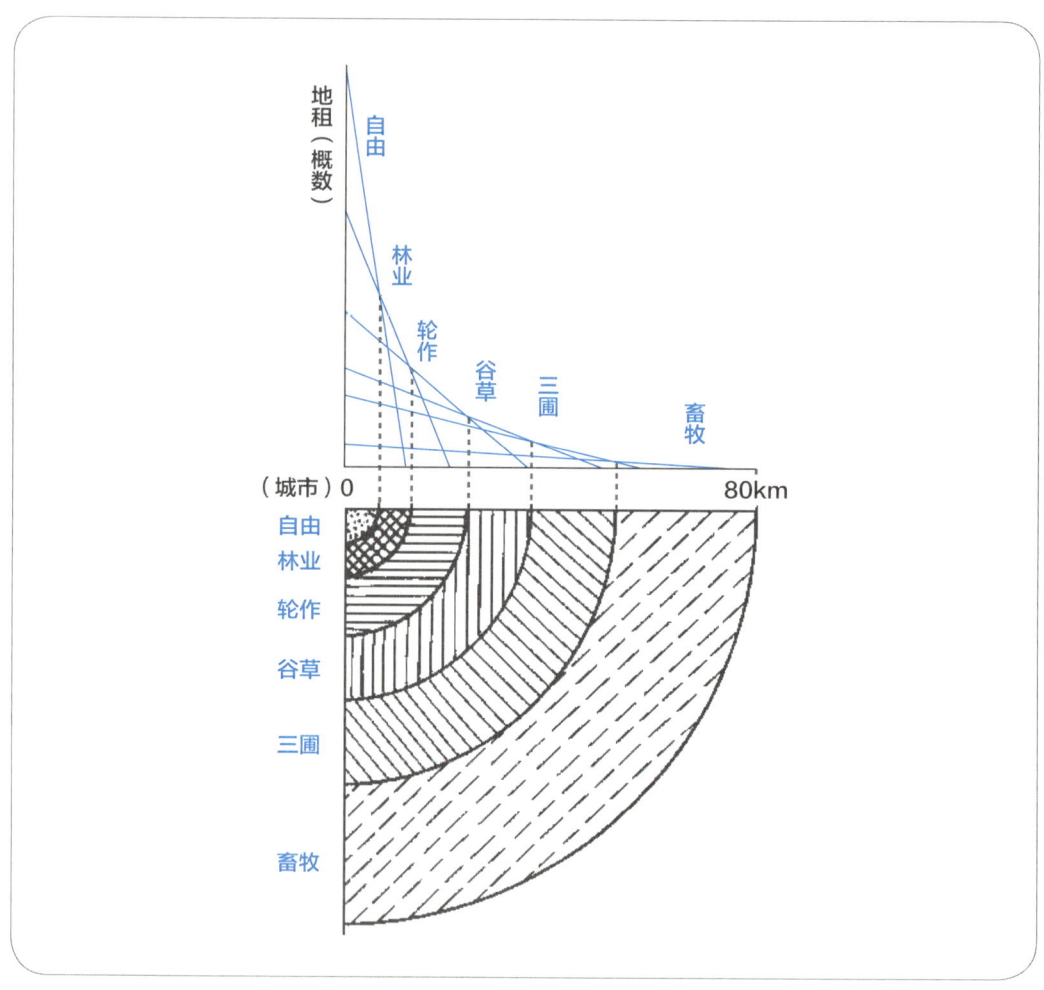

图 5-1　杜能圈结构
资料来源：约翰·冯·杜能. 孤立国同农业和国民经济的关系 [M]. 北京：商务印书馆，1997.

一块地分为三区（黑麦区、大麦区、休闲区）进行轮作，远离农家的地方则为永久牧场。全部耕地中仅有 24% 为谷物种植面积。

第六圈，畜牧业圈。生产谷麦作物仅用于自给，生产牧草用于养畜，以黄油、奶酪等畜产品供应城市市场，本圈层位于距城市 51~80 公里处。此圈之外，地租为零，为无人利用的荒地。

杜能农业区位理论对农业地域空间分异的现象进行了具有理论意义的系统总结，揭示了即使在同样的自然条件下也能出现农业生产的空间分异现象。这种空间分异源于生产区位与消费区位之间的距离，由此各种农业生产方式在空间上呈现出同心圆结构。

5.1.2 工业活动空间区位理论模型

20世纪初，伴随着西欧工业（尤其是钢铁和机器制造业）的蓬勃发展，以及交通运输水平的提高，一些古典经济学家发现运费、距离、原料也会对工业区位产生影响，于是出现了以研究成本和运输费用为主要内容的工业区位论。德国经济学家韦伯（Alfred Weber）是古典区位理论的杰出代表。他在1909年撰写的《工业区位论》（*Industrial Location Theory*）一书中首次系统论述了工业区位理论，从成本的角度解释了企业经营者的区位选择决定，成本支出综合最优点就是企业的最佳区位。

韦伯理论的中心思想，就是区位因子决定生产场所，区位因子即经济活动发生在某特定地点而不是发生在其他地点所获得的优势。区位因子分为一般因子和特殊因子。一般因子是与所有工业有关的因子，包括运费、劳动力和聚集分散因子。聚集因子指企业为降低生产或销售成本而集中在特定场所的因子；分散因子指为避免企业集中而带来的不利影响而分散布局的因子。特殊因子只适用于某些特定工业的，如湿度对纺织工业、易腐性对食品工业的影响。韦伯工业区位理论建立在几个基本的假定条件基础上：

一是研究的对象是一个孤立的国家或特定的地区，工业区位只探讨其经济因素，该国家或地区的气候、地貌、民族、工人技艺等都是近似的；

二是已知原料供给地和燃料产地，生产条件和埋藏状况不变；

三是已知消费地点，需要量不变；

四是劳动供给地为已知点，供给情况不变，工资固定；

五是生产和交易均就一种品种进行讨论；

六是运输费用是距离和重量的函数。

在上述假设条件下，韦伯分三个阶段建构其工业区位理论。

第一阶段称为运费指向论，即运输区位法则，指在给定原料产地和消费地的前提下，决定区位的因素是综合运输费用最低。韦伯提出了原料指数概念，即原料重量与制品单位重量之比。从而得出运输区位法则的一般规律：原料指数 > 1 时，生产地多设于原料产地；原料指数 < 1 时，生产地多靠近消费区；原料指数近似为1时，生产地设于原料地或消费地皆可。

第二阶段称为劳动力成本指向论，即劳动区位法则。这一阶段，某地由于劳动费低廉，将生产区位从运费最低地点吸引到劳动费用最低的地点，该情况仅限于节约的劳动力成本大于由此增加的运费。对此，韦伯用临界费用线进行分析，提出了劳动系数的概念，即劳动力成本与产品区位重量之比，劳动力成本指数指的是每单位重量产品支付的工资成本，区位重则是单位产品重与运输距离的乘积。劳动系数大，则表示远离运费最小区位的可能性大；劳动系数小，表示运费最小区位的指向性强。

第三阶段称为聚集指向论，即集聚（分散）区位法则，指聚集利益对运费指向或劳动力成本指向区位的影响。韦伯提出了加工系数的概念，来判断集聚的可能性，即单位区位重量的加工价值，加工系数越高，则集聚的可能性越大。

韦伯是第一个系统地建立了工业区位论体系的经济学家，韦伯工业区位理论是经济区位论的重要基石之一。他首次将抽象和演绎的方法运用于工业区位研究，建立了完善的工业区位理论体系；提出了最小费用区位的经典法则；其理论对工业布局和其他产业布局均具有指导意义。

5.1.3 服务业活动空间区位理论模型

20世纪初，资本主义经济高度发展，城市化进程加速。城市在社会经济中占据主导地位，成为工业、商业、服务业的聚集点。许多学者开始研究城市的形态、空间布局和规模等级。德国城市地理学家克里斯泰勒（Walter Christaller）于1909年提出了中心地理论，并由廖什（August Lösch）进行了改进，成为区域经济学的核心理论之一。其前提假设包括：

一是地域是一个均质分布的平原，自然条件和资源状况相同，人口分布均匀，居民收入和需求、消费方式都相同；

二是具有相同的交通条件，运费与距离成正比；

三是消费者活动具有空间上的经济性，遵循最短距离原则；

四是相同的商品和服务在任何一个中心地价格都一致，消费者购买商品和享受服务的实际价格等于销售价格加上交通费；

五是区域内所有消费者都能接受到中心地的商品和服务，且中心地个数最少。

基于上述前提，中心地均匀分布，同类中心地间隔距离相同，且每个中心地市场区都为半径相等的圆形区域。任何一个中心地与6个相同等级的中心地为邻。假定该等级中心仅提供单一商品或服务，则每三个相邻中心地之间有一个空白区，得不到任一中心地的商品服务。中心地之间会相互竞争这个空白区，形成重叠区域，遵循最短距离原则，消费者会选择距离自己更近的中心地，最终重叠区域被相邻两个中心地平分。中心地的市场区域由圆形变成六边形结构，每个中心地都成为比自己高一等级的中心地所组成的六边形的顶点。各级中心地组成一个有规律递减的多级六边形空间模型，此时所有中心地达到空间均衡。

中心地理论是城市地理学和商业地理学的理论基础，它引入演绎的思维方法研究空间法则和原理，带来了地理研究思维方法大革命。它与上述农业、工业区位论相同，均建立在"理想地表"之上。克里斯塔勒认为，有三个条件或原则支配中心地体系的形成：市场原则、交通原则和行政原则。这三个原则也共同导致了城市等级体系（urban hierarchy）的形成。

5.1.4 其他空间区位理论模型

1. "核心—边缘"理论模型

1966年，美国地理学家弗里德曼（John Friedmann）在其著作《区域发展政策：一个委内瑞拉的案例研究》（*Regional Development Policy: A Case Study of Venezuela*）中提出了区域经济和空间发展的"核心—边缘"模型（Core-Periphery Theory），试图解释一个区域如何由互不关联、孤立发展，变成彼此联系的不平衡发展，再到相互关联的平衡发展的过程。他认为，随着区域经济的增长，区域空间结构会发生阶段性的演变，相继呈现出离散型空间结构—聚集型空间结构—扩散型空间结构—均衡型空间结构。1991年，克鲁格曼（Paul R. Krugman）发表的《收益递增和经济地理》（*Increasing Returns and Economic Geography*）中，通过公式推演建立了"核心—边缘"的理论模型，解释了为什么制造业倾向于集聚在少数地区。即，两个初始条件完全相同的假想地区可能存在区域分异，一个地区可能通过自我强化的循环累积实现集聚，并成为相对发达的中心地区。

与中心地理论相比，"核心—边缘"理论建立在规模经济效应所带来的收益递增、不完全竞争和多样化需求的基础上。在收益递增的条件下，运输成本对市场产生的分割效应是非线性的。运输成本的变化，通过影响产业前向和后向联系所产生的向心力与运输成本或土地租金成本所导致的离心力之间的微妙平衡，导致多样化消费与收益递增的变化。从空间形式上来看，"核心—边缘"模型表现出较大的不平衡性，即经济社会活动向少数特定地区集中，促成了更高的生产效率、更低的生产成本和更大更多元的市场，进一步吸引产业转移和资源的集聚，区域在空间上分化为经济繁荣的核心地区和毫无优势的边缘地区。

2. "点—轴"模型

在核心城市已经形成的基础上，当某一方向的发展条件（往往是交通条件）相对有利的情况下，核心和次核心城市将会沿该方向布局，形成明显高于周边区域发展水平的轴线，即所谓的区域发展的点轴理论。点轴理论往往将国民经济视为增长极（"点"）和交通干线（"轴"）组成的空间形式，通过点轴辐射来影响经济活动的空间扩散和移动。即在一定区域范围，选择若干资源基础好、开发潜力大，且交通干线贯穿的地带作为发展"轴"重点开发；同时在各个发展"轴"上，重点选择增长极——中心城镇，确定其发展方向，充分发挥其功能，然后确定各个增长极和发展轴的等级体系。首先集中力量重点开发高级增长极和发展轴，随着区域经济实力增强，逐步开发级别较低的发展轴和增长极。随着连接各个中心地区的铁路、公路、河流航道等交通干线建立，有利区位得以形成，人口流动加快，运输费用降低，生产成本减少。

3. 产业集群理论

马歇尔的产业区理论。马歇尔（Alfred Marshall）在 1890 年就开始关注产业集聚，他将大量种类相似的中小企业在特定地区集聚的现象称作"产业区"，并引入"外部性"概念来解释产业集群。他认为集聚经济根植于生产过程，企业、机构和基础设施在同一地理区间内的互动联系能够带来规模经济和范围经济，从而带动专业化劳动力市场的发展，促进专业化技能和集中投入。共享基础设施和其他区域外部性，使企业能够从各种技术溢出的活动中获得好处。外部性有两种：第一种是技术外部性，即那些非市场的相互作用或溢出效应（非市场网络效应），这种交互作用通常是通过直接影响一个人的效用函数或制造商的生产函数来实现的；二是资金外部性（市场网络效应），它是市场相互作用的副产品。马歇尔所说的"外部性"更偏向于前者。

增长极理论。20 世纪 50 年代前后，一些发展经济学家在凯恩斯理论和哈罗德—多马模型的影响下，将目光转向了产业集聚的宏观方面。美国经济学家罗森斯坦—罗丹（Paul Rosenstein-Rodan）提出资本形成的"大推进"理论（the Theory of the Big-push），通过对特定地区的大规模投资，诱发乘数效应（规模经济和资金外部性），可以迅速促进一个地区的增长。这一观点实际上已经包含了"增长极"概念的理论原型。

增长极理论的真正提出是 1955 年法国经济学家帕鲁（François Perroux）在讨论经济增长诱发的相关产业特征时发现，这些产业有两个明显的特征，一是寡头垄断，二是空间集聚。因此，增长极可以被定义为位于城市区域的一组正在扩张的产业，它通过自身对周边地区及相关产业的影响，诱发了区域经济活动的进一步发展。增长极理论认为，地理空间上成长型产业分布在不同的强度点，把推动性产业嵌入某一地区后，就会产生集聚经济，形成增长中心。但增长极理论的缺点也很明显。首先，增长极常常表现为"空吸泵"，造成周边地区的贫困；其次，增长极的扩散效应是基于投资的乘数作用和产业的垂直联系，这与内生于规模报酬递增的产业集聚的本源意义不同；其三，增长极的成功强烈依赖于推动性工业的竞争力，如果地方不具备推动性工业，增长极也将是脆弱的[1]。

地域生产综合体理论。 苏联以马克思主义的劳动地域分工理论为指导，开创了公有制条件下的产业布局理论。苏联地理学家在20世纪30年代提出了"地域生产综合体"概念（Territorial Production Complex，TPC），它是为共同解决地区国民经济发展问题而有计划地建立起来的，并集中于比较紧凑的地域范围内，该区域有发展地区经济专门化部门所需的自然资源。这一理论在苏联被广泛接受，建立了十余个成效显著的大型工业地域生产综合体，并在1949年后成为指导我国工业发展规划的主导理论之一。TPC选址的影响因子主要是资源禀赋和国家的发展战略，包括资源条件、矿产条件、交通、能源等方面，具有显著的计划经济特征。

新社会经济学派。 新经济社会学有三个基本主题：根植性、社会网络和制度，从而在经济决策中充分地考虑到社会、文化、权力、制度、社会结构等因素的影响，把经济学和社会学较好地结合起来。格兰诺维特（Mark Granovetter）在1985年比较完整地提出了根植性的概念，他指出经济行为是根植在网络与制度之中的，这种网络与制度是由社会构筑并具有文化意义；还指出通过企业在本地的扎根和结网所形成的地方聚集，可以使企业构筑起交流与合作的系统，从而增强企业的竞争力。新经济社会学派的"根植性"概念较好地解释了企业集群的社会文化因素和当地产业氛围的作用，强调了学习型网络的重要性。

此外，20世纪七八十年代，随着区域经济地理的集聚出现，越来越多的学者开始关注产业的空间集聚及其产生的效应。在针对美国洛杉矶妇女服装产业、好莱坞影视产业的研究中，学者发现企业的集聚促进了垂直分解，并在空间上表现为产业集群。当企业纵向分解时，经济中外部贸易活动水平会提高，这将促使具有强烈愿望和经济联系的企业向集群地区集中并靠拢。反过来，大量生产企业集聚又会大大地降低外部活动的空间交易成本。在这种情况下，将会出现两种效果：其一，空间交易成本降低将进一步加剧企业垂直分解；其二，投入需求的高度非标准化与生产

---

1. 李君华，彭玉兰. 产业布局与集聚理论述评 [J]. 经济评论，2007（2）：146-152.

企业之间的面对面交流，也在加剧垂直分解。格兰诺维特进一步将这种产业集群所带来的社会成本的降低，解释为社会资本的嵌入。

5.1.5 全球化背景下的经济网络模型

20世纪后半叶以来，经济的全球化、跨国公司的壮大和以柔性专业化等为主要特征的后福特制生产组织模式重组了全球经济地理，同时也促生了以链和网络为视角的全球生产组织模式的研究。一方面，跨国公司生产行为在劳动分工环节及价值链条上实现了空间和企业的分离；另一方面，空间差异性的存在以及利用该差异所进行的生产和逐利（表现为企业选址和布局）表明，空间因素在生产过程中仍有着非线性的影响力。因此，以格里菲（Gary Gereffi）、杨伟聪（Henry Yeung）等学者为代表，建构了全球商品链、全球价值链、全球生产网络等研究框架。

1. 全球商品链（global commodity chains，GCCs）

"全球商品链"（GCCs）概念产生于20世纪80年代，指"从原材料到生产、运输、分配，最终至消费的生产过程与劳动力所构成的网络"。GCCs主要存在三个维度的内容：一是投入产出结构，即不同产业的产品、服务和资源是如何通过价值链联系在一起的；二是地域性（territoriality），如生产分配网络的空间集聚与扩散，公司的不同规模和类型等；三是管治结构，即决定资金、材料、人力资源流在链上分配的权力关系。此外，还存在第四个维度，即"制度框架"，以描述地方、国家和国际环境以及具体政策是如何通过商品链条上的每一环来塑造全球化的。

2. 全球价值链（global value chains, GVCs）

"价值链"是指商品或服务从概念产生、生产的中间阶段到配送至最终消费者并被使用的过程的产出价值分布。该概念最早应用于20世纪六七十年代关于矿产出口经济的研究中；20世纪90年代，这一概念得到了广泛的关注，最具有影响力的研究之一即波特（Michael Porter）关于国家竞争力和"价值链"的研究。进入21世纪，伴随着全球化背景下的生产地理分散、经济专门化和差异化、风险外部化等现象，"全球价值链"（GVCs）成为一个专门概念（部分）取代了GCCs，并成为经济地理学界全球化经济研究的新热点。除了分析从生产到分配运输，再到消费使用的整个组织周期，更重要的是，GVCs还关注采购商（buyer）或领导企业（leading firm）与其他主体（尤其是第一层供应商）之间的联系，以及在这一过程中价值链的管理权力分配，以及关键主体在全球范围内的生产管治。

3. 全球生产网络（global production networks，GPNs）

1994年，杨伟聪结合网络嵌入理论正式提出了生产组织的"网络"研究范式，并从公司内、公司间、公司外部三个维度分析了生产网络与社会空间组织的关系。这些网络均可空间化，如地方创新网络是企业外部网络的体现，而跨国公司的全球生产网络则兼具企业内部与企业间网络的特征。杨伟聪关于企业网络的概念框架促生了"全球生产网络"（GPNs）研究。GPNs是对全球生产组织模式的描述，具体是指"由公司与非公司机构相互连接的功能和运作所形成的全球组织关系，通过这一关系商品和服务得以生产和分配"。

GPNs有5个基本观点：一是公司、政府和其他经济行动者来自不同社会，有不同的利益、增长、经济发展等优先考量；二是网络中的"投入—产出"结构尤为重要；三是生产网络与地域互相嵌入，全球化流动空间和场所空间相互连接，生产网络影响了场所空间的经济、社会和政治秩序，并反过来被地域性所影响；四是生产者驱动和购买者驱动网络之间的界线较模糊；五是在一些产业部门（如医药或电子业）中，技术联盟尤为重要。

5.2 区域产业布局优化

5.2.1 区域产业布局优化内涵

实现区域产业布局优化，即寻求区域内各产业空间组织的最佳形式，以求合理利用区域资源，实现最大效益[1]。区域产业布局的重点在于优化生产力布局，促进各类要素向产业集群合理流动和高效集聚，提高资源配置效率和经济自组织能力，增强创新发展动力，推动形成高质量发展的增长动力源。

---

1. 曹颖. 区域产业布局优化及理论依据分析[J]. 地理与地理信息科学，2005, 21（5）：72-74.

5.2.2 区域产业布局优化

1. 地区资源利用

自然地理区位包括地区自身具备的自然、交通、信息及其他社会经济条件，能加速或延缓地区经济的发展。地理位置还可以直接影响到地区自然资源的开发顺序，交通方便、距离经济发展中心较近的地区资源，因其经济价值较大，往往优先得到开发。

因此，区域产业的合理化布局首先应充分尊重并考虑地区固有优势与局限性，如第一产业往往受制于光、热、水、土等环境条件，且受当地运输条件以及相应的市场供求制约。因此，大农业生产的地域分布应尊重不同地理区位受到土地资源、气候资源、水资源与生物资源共同作用的影响。第二、三产业分布应充分考虑地区能源基地、矿产和其他原料地分布，考虑大型交通设施布局，包括综合运输枢纽、海港、铁路沿线等，并同步配置不同规模的加工中心及相关第三产业部门。

2. 生态环境保护

虽然产业集聚是经济资源、社会资源实现高效配置的方式，但是产业的集聚程度越高并不意味着更高的经济效益。国内外大量实践证明，在一定地域的基础设施和生产力水平下，集聚程度超过一定限度时，集聚所带来的优越性和效益就会消失，甚至走向反面。另外，区域产业高度集聚对环境的不良影响也会累积，当超过该区域的环境承载力时，会造成环境质量急剧下降，影响环境的可持续发展，同时降低环境对产业发展的支持能力。

因此，产业布局优化必须将产业活动安排在环境容量和承载力限度内。根据产业生态学的理念，合理的产业布局要使各产业的地域聚集在结构上有利于形成良性的物质循环和能量流动，形成各产业主体间相生相克的局面，使产业集聚群落里每个单位都占据一定位置，具有特定作用，各产业主体之间相互依存、相互制约，形成一种协同进化的局面。城镇产业布局的生态化发展，需要保护生态环境资源空间，设置生态产品加工基地，培育生态产品销售服务市场，完善生态观光旅游配套服务空间，逐步形成有利于生态产业化和产业生态化的区域产业空间布局。

3. 区域运输效率提升

美国经济学家胡佛（Edgar M. Hoover）于1948年提出运输区位论，阐述了交通运输的区位影响。胡佛认为，运输距离、运输方向、运输量及其他交通运输条件的变化，会引起运输费用变化，进而引发经济活动区位选择（接近市场还是接近原材料）的变化。运输费由站场费和运行费组成。站场费包括装卸费、保养维修费、经营管理费、仓库码头费等，只与托运货物的体积、重量、站场停放时间等有关，与运输距离无关。运行费包括运输工具的折旧、线路的维修与管理、保险费、运行中的职工工资等，与运输距离成正比。但运费并不严格随运距成比例增长，如铁路运输中，长途大量货运一般行车效率更高。总体上，随货物运输距离的增加而相对递减，呈运费率递减规律。

因此，应用运费递减规律扩大企业规模，可提高地区专业化水平。许多国家和地区对长距离运输实行优惠政策，如日本第二次世界大战后利用大型海运运费率递减律，从海外进口原料和燃料，出口钢铁产品，获得了巨大的经济效益，成为世界主要的钢铁生产国之一。不同的运输方式中，站场费和运行费所占的比重有很大差别。水运站场费用高，适合长距离大批量运输；公路运距短时费用较低，适合短途运输；铁路适合长途运输；空运时效性最高。实践表明，产业布局时应尽量避免转运，缩减站场费，取得最佳经济效益。

4. 区域产业集聚

规模经济是影响产业区位的另一大因素。规模经济有多种分类，按来源不同，可以分为内部规模经济、外部规模经济和聚集规模经济。其中，聚集规模经济是指生产的产品虽然不同，但在某一环节却有共同指向的多个工厂、多家企业聚集而产生的某些经济效益。严格来说，这种聚集规模经济本身也是一种外部经济效益。规模经济可被视作企业因生产规模扩大而带来的长期平均成本下降的情况。具体而言，规模经济是由于一定产量范围内，固定成本不变，新增的产品分担了更多的固定成本，从而使总成本下降，即大规模生产带来更多经济效益。规模经济或生产力规模的经济性，就是确定最佳生产规模的问题。

规模经济对解释企业发展和企业家行为具有重要作用。人们根据生产力因素数量组合方式变化规律的要求，自觉地选择和控制生产规模，求得生产量的增加和成本的降低，从而取得最佳的经济效益。规模经济下，趋利企业倾向于扩大生产规模，以此扩大总产出并提高生产效率，以更低的价格提高市场竞争能力并扩大市场份额，从而获取更多利益。因此，规模经济可带动区域产业集群发展，从而推动区域分工，突出技术进步与创新的作用。从产业创新集群的角度来看，产业选择与产业基地选址应充分考虑到地区产业链结构及地区服务水平，形成区域内相互依存的专业化分工协作的产业网络，充分发挥产业集群对上、下游产业的带动作用以及产业间的联动作用。

5. 产业链与价值链、技术链协同

在产业创新时代，价值链、技术链应进一步与产业链整合协同。一方面，上下游产业间的价值链横向与纵向延伸形成价值网，其产生的价值增值成为产业集群式发展的利润池。利润池将吸引更多的企业在集群内实现更大程度的协同，从而促进集群的协同发展。另一方面，技术人才是更加灵活的要素，城市对技术资源的吸引力一定程度上取决于其自身的发展水平。因此，城市的金融、科技、商贸物流、人力资源、公共服务等水平作为功能支撑，成为影响城市创新产业选择与集聚的重要因素（图5-2）。产业链和价值链的整合需要充分考虑城市功能布局与服务支撑，形成完善的产业集群发展战略与规划，如鼓励发展为大企业提供专业化供应配套的中小企业等。

6. 其他资源要素整合

影响区域产业布局的其他资源要素包括劳动力、土地、税收补贴等。充足的劳动力来源是产业区位布局时考虑的重要因素。土地成本是产业区位选择中的另一重要因素，往往以租金的形式表现，是土地承租方向出让方支付的土地资产使用权补偿款，在出让方表现为租金收入，在承租方表现为租金费用。土地出让通常由出让方和承租方根据资产成本谈判确定。除此之外，地方税收也是产业区位选择的考虑因素之一。税收具有地方政策属性，各地差异较大，有时会对产业区位选择产生决定性影响。与税收相对的地方政策是指针对产业发展的各项补贴，可以减税的形式提供，这种补贴被称为 tax expenditures 或 tax breaks，也会对地方企业布局与产业集聚起到重要影响。为支持某一产业发展，也可能涉及财政补贴（fiscal subsidies），

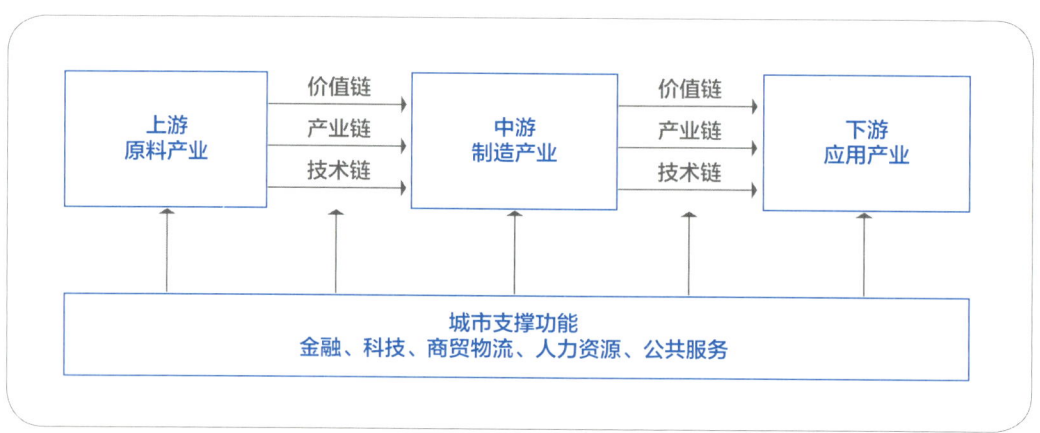

图 5-2　产业集群发展与城市功能关系
资料来源：自绘

是政府财政为了实现特定的政治经济和社会目标，向企业或个人提供的一种补偿。它是国家财政通过对分配的干预，调节国民经济和社会生活的一种手段，目的是支持生产发展，调节供求关系，稳定市场物价，维护生产经营者或消费者的利益。涉及对外贸易的产业，与之相关的补贴称为进出口贸易的补贴，指政府为刺激出口，对生产出口产品的企业实行特殊政策，给予特殊的经济上或财政上的支持措施。构成补贴必须符合三个条件：一是补贴存在，二是损害的存在，三是补贴与损害之间存在着因果关系。因此，通过对区域劳动力输入与输出、土地政策及税收补贴给予相应引导，对相关资源要素进行有效整合，推动产业和人口向优势区域集中，吸引目标产业及人才集聚，从而促进区域生产力优化布局。

5.3 区域产业布局的政策干预

5.3.1 区域产业布局政策类型

1. 均衡布局型政策

均衡布局型政策是以产业活动在一国地域上平衡分布为导向的产业布局政策。具体来说，均衡布局强调对落后地区的扶持，对发达地区则采取中性政策，任其自主发展，或者引导发达地区的产业向落后地区转移扩散，甚至以牺牲局部先进地区的发展速度为代价，促进落后地区的发展。在政策目标上，均衡布局多因长远总体的利益，更重视社会稳定、生态平衡、国防安全方面的考虑，在"效率"与"公平"之间，突出了"公平"的价值取向。

2. 非均衡布局政策

非均衡布局政策或称"倾斜性"布局政策，在于强调不同地区之间的资源倾斜配置，特别是增量资源的地区倾斜配置。在非均衡布局政策下，国家或区域优先扶持经济条件好的地区加速发展，允许在一段时间内地区间的差距不断拉大，以最大效率使用有限的资源为优先考虑的目标，以实现国家总体经济发展速度最大化。

这种倾斜配置主要表现为地区之间在资源投入增加速率上的差别。其模型如下：

$$S = \frac{X'}{X-1} \qquad (式5-2)$$

式中，S 为倾斜度；X' 为个别地区总资源投入增加的实际速度；X 为全国总资源投入增加速度上的加权平均数。

其中，倾斜度受到诸多因素的制约，主要有市场完善程度与竞争秩序、需求总量与需求结构、产业结构合理化要求、资源的丰缺以及中央与地方政府的分工关系等。因此，有效倾斜政策至少满足两个条件：一是倾斜方向正确和倾斜度适当；二是倾斜得以发挥功能的外部条件（如总量平衡、调节机制和产业政策等）必须具备。同时，倾斜程度并非越大越好，过度、长期倾斜会导致某些地区和产业的畸形发展，并打破地区间应有的协作互补关系。

地区资源增量倾斜政策，包括总量倾斜政策、技术倾斜政策、劳动力倾斜政策、自然资源倾斜政策等，其中资金倾斜政策的作用更为直接。

5.3.2　区域产业布局政策干预措施

1. 以地区扶持政策支持地区产业结构与布局调整

对于区域战略要求的重点发展产业，政府可对其基础设施和主导产业部门实施产业扶持政策，支持重点发展地区的交通、能源和通信等基础设施，甚至直接投资介入当地有关产业调整，实现区域产业倾斜发展，促进地区产业布局合理化及地区经济增长。另外，对于地方新兴产业，政府通过实施有利的倾斜政策重点帮扶中小微企业、创新创业企业，以提供良好的产业发展环境。

2. 以价格调控、税收制度、财政补贴政策，吸引生产要素投入地区产业发展

劳动力、土地、税收补贴等资源要素的合理配置能使重点发展地区的投资环境显示出一定的优越性，有利于区域产业布局优化。因此，政府应利用价格政策、产品地区差价及产品可比价格等原理，对地区主导产业、重点发展产业的上下游企业发展给予税收、金融等方面的优惠政策。

一方面，产品的地区差价客观地体现了商品生产和消费在空间上的差异与矛盾，合理的地区差价有利于企业按价值规律选择最佳区位，而产品的各种比价关系对产业内部结构的调整和产地分布有重要作用。

另一方面，通过调整税制结构，控制重复建设、以小挤大或地区封锁，促进产业布局合理化与地区经济的协调发展。对于某些产业在不同地区的发展，可以采用改变税率的方法来控制和调整。

3. 以平台建设推动区域产业链发展，超越空间集聚

在国土空间规划中，产业研究高度关注产业上下游企业在空间上的链接和集聚关系，以形成生产地区域性的产业生态系统。随着信息技术的快速发展，产业之间的关系有可能发展为超越地缘的集聚模式，呈现更大范围的协同与创新，产业规划也应考虑到在更大区域空间内进行生产力的统筹布局。

因此，地方政府应在公共产品供给、技术创新平台建设、服务保障平台建设方面进行政策支持。首先，加快技术创新平台建设，鼓励以信息化带动工业化，推进产业集群信息化建设。其次，以法律服务、金融平台、中介服务配套，加强对产业集群和中小企业服务，并推进产业集群的跨区域联系和合理布局。最后，完善公共服务平台，注重市场容量和人才聚集程度，以人才公寓、创业基地等配套服务实现人才本地化集聚。

关键术语

农业区位理论、工业区位理论、中心地理论、产业集群理论、区域产业布局优化、区域产业布局政策

思考题

1. 试举例我国在区域产业布局方面施行了哪些均衡布局政策和非均衡布局政策。

2. 以你熟悉的某一城市为例，解析其近50年来工业布局模式演变和主要的政策干预措施。

参考文献

[1] 曹颖. 区域产业布局优化及理论依据分析 [J]. 地理与地理信息科学, 2005, 21（5）: 72-74.
[2] 李君华, 彭玉兰. 产业布局与集聚理论述评 [J]. 经济评论, 2007, 144（2）: 146-152.
[3] 约翰·冯·杜能. 孤立国同农业和国民经济的关系 [M]. 吴衡康, 译. 北京: 商务印书馆, 1997.
[4] 顾朝林, 甄峰, 张京祥. 集聚与扩散: 城市空间结构新论 [M]. 南京: 东南大学出版社, 2000.
[5] 郭鸿懋, 等. 城市空间经济学 [M]. 北京: 经济科学出版社, 2002.
[6] 栾峰. 城市经济学 [M]. 北京: 中国建筑工业出版社, 2012.
[7] 尤振来, 刘应宗. 西方产业集群理论综述 [J]. 西北农林科技大学学报（社会科学版）, 2008, 8（2）: 62-67.

第 6 章

城市产业布局优化及其政策干预

■ 导语

城市产业布局是城市内部形成产业的各部门、各要素、各链环在空间上的分布态势和空间组合，构成了区域经济发展格局的重要方面。产业布局调整及相关政策制定通过运用经典的产业布局理论及其分布规律，不断进行城市产业布局优化，充分促进产城融合，推动城市内部生产、生活、生态空间协调发展。

6.1 城市产业布局理论

6.1.1 地租理论

城市的价值集中反映在各种物业租金水平上。土地作为城市开发和规划的要件，其价值通过土地价格，即租金来体现。对于土地使用者而言，地租是为了利用土地资源需要支付的代价。地租高低是由土地需求（土地的边际生产力）和土地供给共同决定的。正常情况下，租金水平和经济发展程度以及城市规模呈现正向相关联系，即经济愈发达或城市规模愈大，租金水平就愈高。随着城市经济的发展和外来移居人口的增加，市中心或风景区土地供应量的有限性引起地价上升，使用土地的成本上升。只有利润率高的产业才能承担用地成本，这些高附加值产业不断置换出低利润率产业，前者逐渐占据市中心位置，后者向城市边缘移动，这种置换过程成为城市范围扩张的主导性力量。

地租水平与土地边际生产力、地块位置和投资收益等因素相关，在经济学上称之为级差地租。英国古典经济学家李嘉图（David Ricardo）运用劳动价值论研究地租，将其属性分为级差地租Ⅰ和级差地租Ⅱ。从租金来源的时间特性分类，级差地租Ⅰ属于静态收益，决定现阶段城市边界；级差地租Ⅱ属于动态收益，决定城市边界的移动方向。城市扩张产生的新城项目是为了获取级差地租Ⅰ的收益，建成区的再开发项目（旧城改造等）主要是为了取得级差地租Ⅱ的收益。

在一定知识和技术水平下，规模经济和范围经济发挥作用，人类聚集区不断开发和利用周边的土地。随着技术革新和人口增加，对土地需求会逐渐增加，势必引起对城市边缘、市中心贫民区或衰落产业厂房劣等地块产出的需求。由于城市土地利用按照边际生产力的高低依次由优向劣、由近及远地开发，多数大中型城市呈现不规则的圆形，且建筑物的天际线中心高、郊区低，反映出居民和企业选址时考虑租金成本、投资回报和用地需求的动态变化过程。

地租的概念内涵最初与土地的农业产出有直接联系，而当今地租及相关理论已经远远超出其原本范畴。除级差地租外，绝对地租产生于土地私有制，最劣等的土地仍然需要向土地所有者支付租金，即使该土地没有产生超出平均利润的经济产出。农业资本家在收回资本并获得平均利润外，还要获取超额利润，该差额形成绝对地租。

城市地租理论最早由马歇尔（Alfred Marshall）提出。他首次论述了城市工商业的土地价值问题，提出场地价值和区位价值。同时，城市地租与场地建筑建设容量存在一定关系，土地价格越高，企业家则越倾向于通过购买少量土地进行高强度建设。而克拉克（John B. Clark）的理论对城市地租进行补充，解释了土地使用在不同行业间转换的原理。

6.1.2　土地使用的空间布局模式

新古典主义经济学派对工业经济时代城市空间结构做过很多研究。阿隆索（William Alonso）以新古典主义经济理论解释区位、地租和土地利用之间的关系。他提出的核心概念是不同土地使用者的竞租曲线可表示土地成本和区位成本（克服空间距离的交通成本）之间的权衡。因此，可以认为，城市空间结构是不同土地使用者在土地成本和区位成本之间权衡的结果。一是从城市中心到边缘，土地成本递减，而交通成本递增；二是各种土地使用者的边际效益变化率不同。若以地租竞价曲线来分析城市土地使用模式的土地市场作用，则可以得出，由于城市的不同功能活动对城市土地的空间位置的依赖程度不同，城市的零售商业、办公、住宅、工业等用地各自存在着不同的地租竞价曲线。这些曲线表示用地单位个体在不同选址情况下，仍能获得正常利润时所能支付的最大商业租金，这是在"价高者得"的前提下提出的。比如，零售商业为了得到 OX 段核心区的宜商用地，有可能支付 OX 段最高的租金；而一般住户、工业企业与零售业和办公事务所可能在租金压力下，趋向于在 Y 以外地区选址。根据区位的机会收益水平确定的地租级差，造成了城市土地使用个体自由选址中的秩序（图 6-1）。这种秩序将保持动态，当对土地的占用在经济上变得不利时，土地用途就会发生转换。

1. 同心圆模式

伯吉斯（Ernest W. Burgess）的同心圆城市理论是最具代表性的城市土地使用模型之一。依据土地竞价原理，不同用途的土地围绕单一核心向外扩展成圆形区域。核心用作商务功能，中央商务区（CBD）是城市内所有主要商业、办公及零售商店的集中地，外围为不同收入人群的居住区（图 6-2）。随着城市增长而发生的持续压力迫使各圆形区域不断外移，这一现象被称为"渗透"。同心圆模式可依据交通线特征进行修正。

2. 放射扇形模式

霍伊特（Homer Hoyt）的放射扇形模式通过简单同心圆发展而来。高租金地域

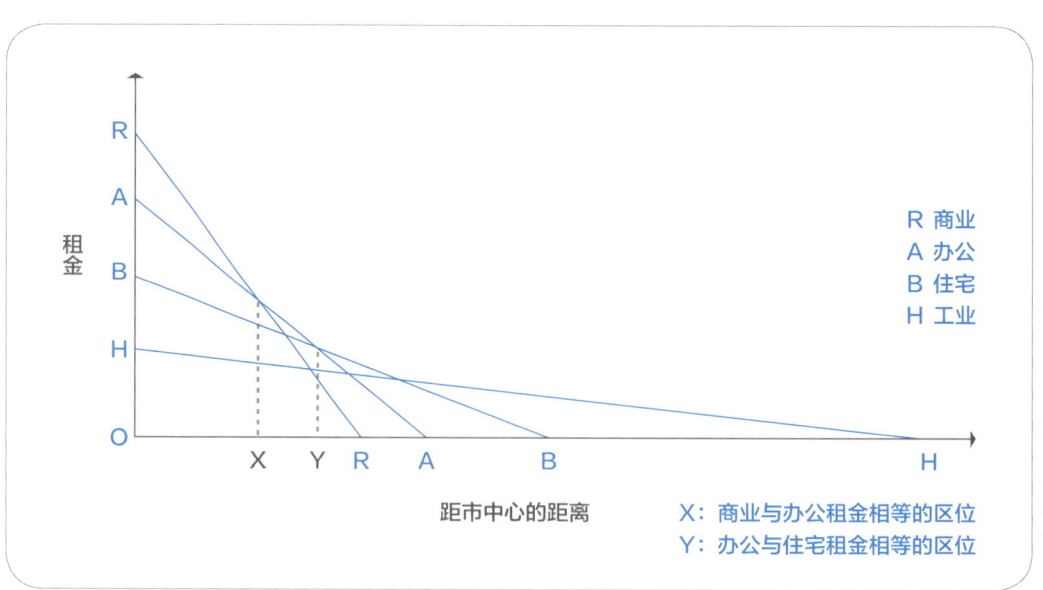

图 6-1 土地租金和土地使用模式
资料来源：赵民，陶小马. 城市发展和城市规划的经济学原理 [M]. 北京：高等教育出版社，2001.

沿放射形道路呈楔形向外延伸，低收入住宅区的扇形位于高租金扇形之旁，城市是由富裕阶层决定住宅区布局形态。扇形城市是企业及个人决策的产物。企业集中在一起以获得聚集经济的好处，高收入居民选定在最好的放射型通道上，而低收入居民则集中在市中心周围及工厂和仓储区两侧的其他扇形区内（图6-3）。

3. 多核心模式

1945年，哈里斯（Chauncy D. Harris）和乌尔曼（Edward L. Ullman）提出城市

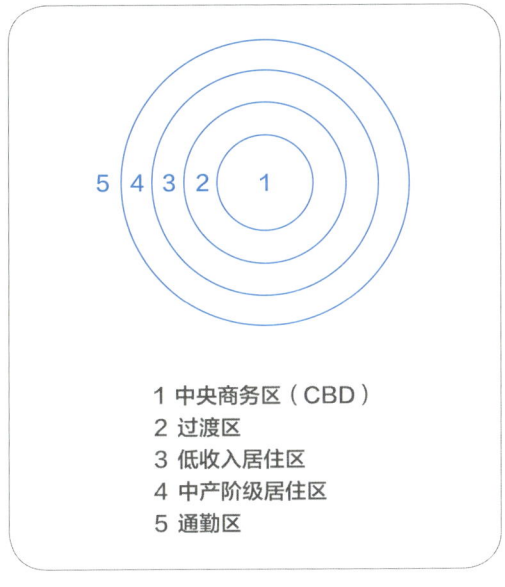

图 6-2　同心圆模式
资料来源：赵民，陶小马. 城市发展和城市规划的经济学原理 [M]. 北京：高等教育出版社，2001.

图 6-3　放射扇形模式
资料来源：赵民，陶小马. 城市发展和城市规划的经济学原理 [M]. 北京：高等教育出版社，2001.

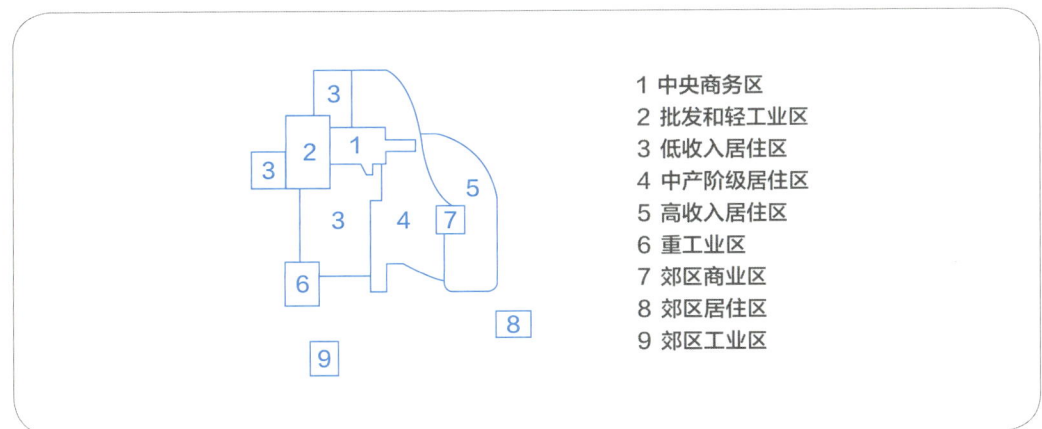

图 6-4　多核心模式
资料来源：赵民，陶小马. 城市发展和城市规划的经济学原理 [M]. 北京：高等教育出版社，2001.

土地利用的多核心模式。城市中心不一定都是由商业中心发展而来，也不一定居于几何中心。许多大城市已经形成多核心的空间模式，往往有一个在规模和重要性上占有较大的优势。多中心的概念引入了伯吉斯和霍伊特模型中的社会因素影响，还吸纳了阿隆索的多中心城市空间模型的竞租问题。同时，多中心模型并不排斥同心圆模式的存在，城市内的每个副中心或次级中心区域都可能具有同心圆模式的特质，而其作用范围将取决于该中心的功能与相邻中心的功能及空间关系（图6-4）。

6.1.3 城市空间结构理论

1. 城市空间结构组织

城市空间结构是关于城市空间内部各组成部分的空间位置关系及相互联系，是对隐含在城市空间形态之内的内在关系的表述，是深入理解城市空间组织及运行的概念。从经济学角度对城市空间结构的分析开始于城市空间组织的形成以及城市空间资源的配置机制，逐渐向城市要素的内在联系方面进行研究。城市空间结构不仅有着重要的经济性动因，甚至一定程度上可以认为与城市经济运行是一个问题的两个方面，尽管可能还会受到诸多其他非经济性因素的影响。

以单中心城市模型为例，其竞租曲线和空间结构呈现为较为简单的圈层模式。距中心区越远的区位优越性依次递减，整个城市将通过竞争形成因距离而递减的均衡地租函数。在均衡状态下，城市竞租曲线上的每一点的土地空间需求量与供给量相等，由最高竞价者实际占有，并且占有者已经实现了利益的最大化，土地所有者也同时实现了利益的最大化，城市土地资源实现了经济价值上的最优配置。除非发生了外部因素的变化影响，这一空间组织模式将趋于保持稳定。

另一方面，城市空间利用的密度分布也体现城市空间结构组织特征。克拉克作为最早展开研究并提出密度梯度变化曲线理论的学者，认为城市土地利用的集约度随着离城市中心的距离而变化，呈现出一种递减的梯度变化特征。另外，在多数现代大城市中，人口密度相对于半径距离的梯度变化曲线都有一种相似的形状，可以证明为同一的指数函数。该曲线最初仅仅用以分析城市居住密度，说明城市内住宅区的空间结构。大量学者检验了从地价、工资、就业等因素出发的解释性假设，使得该类曲线包含住房价格、地租、工资、就业、人口等各种密度梯度变化的曲线形式，从不同角度说明城市内部的结构及其变化。

但是在实际的城市空间中，并不存在与上述情况一致的现象。现实的城市空间结构主要受到三类因素影响：一是政府规划控制。城市用地由政府部门规划出独立的功能区域，如商业区、住宅区、工业区等，城市用地使用分布将影响现实的城市空间结构和地租曲线。二是多中心城市的出现。多个副中心形成层次差异的城市中心体系。三是市中心所存在的城市问题（如交通拥挤、环境污染、嘈杂混乱等）可减弱市中心的吸引力。此外，诸如自然地理、历史原因、重大设施等不同因素及作用方式的存在，也在很大程度上影响到现实世界中的城市竞租曲线及空间结构模式，主要的表现就是城市竞价地租或者梯度地租不再平滑，或者连同曲线的趋势规律都有变化。

2. 城市空间结构增长

城市空间结构的变化主要分为三类：一是简单增长，主要指城市的规模增长，一般反映在人口增长和用地增长两方面；二是分布增长，主要反映在城市组成要素的变化；三是结构增长，是指城市发展到一定的时期，城市间的联系与相互作用愈发明显，反映城市内部及城市间各类关系的变化。

一般来讲，城市空间增长始终受到两个力的制约和引导：无意识的自然生长和有意识的人为控制，两者交替作用构成城市生长过程中多样性的空间形式和发展阶段，同时也受制于经济、政治和社会方面的力量。该现象可将通过"结构增长原理"和"空间组织原理"进行解释[1]。

1）结构增长原理

一是门槛原理：当城市发展到一定程度时，会遇到阻碍城市规模增长的限制因素，例如地理环境、工程技术水平或者来自城市原有空间结构自身的限制，这些限制标志着城市规模增长的阶段性极限，即门槛。"门槛"理论（Threshold Theory）最初是由波兰学者马利什（B. Malish）研究城市空间增长时提出的。他认为，要想克服这些限制（门槛），需要一个跳跃性的突增。在城市规模增长过程中，门槛是多级的，在刚跨越一道门槛时，城市的基建投资和经营费用都相应下降，城市空间结构进入一个低阻滞的快速增长期；但当城市规模再次达到城市新的容纳极限时，将遇到一道新的门槛。一般而言，城市跨越的门槛越多，克服下一个门槛所需的投资就越大。在城市空间结构增长的自组织与他组织过程中，"门槛"效应导致一些自觉或不自觉的空间现象，例如城市空间演化中出现的明确土地利用分区、城市发展到某一时期的主导空间组合形态或建筑风格特征等。

---

1. 张京祥，崔功豪. 城市空间结构增长原理 [J]. 人文地理，2000（2）：15-18.

二是非均衡变化原理：非均衡变化是城市总体空间演化表现出的一大特征。城市空间结构是一定地理空间内地理要素的相对区位关系和分布形式，而集聚与扩散是人类空间活动和区位选择过程中的两类基本运动形式。20世纪50年代瑞典学者哈格斯特朗（Torsten Hagerstrand）阐述了空间要素扩散的三种方式——接触扩散、等级扩散和非等级扩散，因而集聚也对应三种形式。总体而言，前两种集聚扩散过程遵循空间距离递减规律，可纳入均衡化范畴；而第三种集聚扩散过程属非均衡化范畴。具体空间场所中，某一要素所受的集聚、扩散效应的组合（溢出效应）至少有9种基本类型，而其中由于集聚、扩散各自力量的不同，又蕴涵着无数种具体的组合状态，因而溢出效应必然呈现为一个非均衡曲线，城市总体空间演化表现出的非均衡变化亦是其基本特征之一。

三是形态依赖原理：城市空间结构与城市形态之间是互相影响、互相依赖的关系，空间结构影响了空间形态，而空间形态往往又限定了空间结构。将其定义为"形态依赖"，是因为城市空间结构的增长一般都是基于原有的形态基础，总体是一个不断修正的渐进过程，而空间形态的非稳定性又是激发空间结构增长的动力。空间结构增长与空间形态虽然相互依赖，但并不表现为绝对的支配关系，可能存在着渐进的变异甚至突变，因而反映到具体现实中。同样的空间结构可能对应着若干不同的空间形态，反之亦然。

四是非均质原理：城市空间结构的非均质增长将作为另一特征，可从两个方面理解。一方面是由于社会经济要素及技术条件的变化，在同样规模的空间增长尺度内其蕴涵的内部空间结构特征是完全不一样的，其内部要素的分布及组合关系具有明显的非均质性；另一方面当城市中某一相对均质的地域形成以后，其依然受到其他因素的干扰而不断演化，最终由均质型转化为非均质型。

城市空间结构的增长过程始终受到各种干扰，按不同的标准可将干扰类型分为随机性干扰（如战争）和规律性干扰（如中长期规划）、瞬时干扰（如房地产开发）和长期干扰（如行政控制）、局部干扰（如大交通线贯通）和全面干扰（如城市疏散计划）等。城市空间结构的增长所受干扰效应是干扰类型、干扰频率与干扰强度在某一时间过程中的复合。在一定的干扰效应幅度内城市空间结构的增长可以保持一种动态的均质平衡，但更多是在自然干扰和人为干扰的作用下发生非均质性的嬗变。在城市发展过程中，由于土地竞争的出现和持续加强，不同要素的区位分布形成明显的分离性，促使城市空间结构的一般形式由早期的"均质点状"向"镶嵌式面状"演化。

空间区位选择—土地价值攀升的相互作用形成空间结构的多种组合方式。伯吉斯的同心圆模式、霍伊特的扇形模式、哈里斯和乌尔曼的多核心模式，以及阿隆索的土地利用分区模式等，总体上反映了人们逐步认识城市空间结构增长的非均质性特征。但这些模式都只适合于城市发展的某个阶段，而不足以表达当代城市空间结构的多维、多面和动态特征。

2）空间组织原理

城市设计（规划）是人类对于城市空间结构有目的的人为主动干预方式。通过规划，城市空间结构增长的未来状况已经不仅仅是其自身发展的结果，而是融入了规划者有意识的控制。在现代社会，为解决城市发展中的具体社会经济问题，往往依托技术条件的支撑，对城市空间结构进行规模更大、内容更丰富的空间组织，成为城市规划一项经常与主动的工作。

相关性原理解释了多种因素在城市中相互作用、相互影响的机制。某一要素的变化会引起整体要素组合的变化，从而导致城市空间结构增长过程的偏移。人为活动对城市空间增长的组织作用可视作一种选择的结果，这种选择是基于空间结构增长中社会、经济、物质、环境等要素的综合考虑。城市在空间分布上要求有明确的结构性配置，以利于整体空间结构的优化运作，这种观念曾一度成为城市空间组织的基本准则。今天看来，简单的功能分区和协作模式虽已不再适应后现代社会，但城市要素间的相关性依然是决定城市空间结构组织方式的基本思维。

由于城市空间结构的增长始终处于一个多变的、不确定的环境，而某个突变性因素的随机发生可能将对空间结构增长的整个过程产生根本性的影响。一个理想的、可持续的城市空间结构应具有开放性和弹性，以应对各种随机性因素的出现，这就对城市规划提出了更高也更为现实的要求。

6.2 产业布局优化

6.2.1 城镇空间结构优化

城镇结构会影响产业活动的空间组织。1975 年，洛斯乌姆（Lorne H. Russwurm）在研究城市地区和乡村腹地时发现，城市和乡村腹地之间存在着一个连续的统一体，他描述了现代社会的区域城市结构，这是从城市视角出发的有关城市区域研究的早期模型表达。该模型强调了单核心的重要影响，并采用了同心圆的结构模型，是传统单中心城市的原型。具有强力的单核心是目前正在不断发育过程中的大都市区或者城市区域最为常见的空间结构模式，主要表现为一个具有明显优势的中心城市（中心城区）作为单一核心，即使有其他的多层次的次中心核心体，也往往难以全面地与该单核心抗衡。单核的城镇结构往往形成单核集聚的产业组织，对区域范围的交通、贸易联系提出挑战。而在信息化和城市区域扩张的背景下，多中心结构成为大都市区或者城市区域的发展趋势。

城镇从同心圆结构到多中心的网络结构的演变，带来城镇服务等级的提升及其内部不同核心的差异分工，有利于产区在空间上的均衡、错位布局。网络化的多中心结构意味着高水平的分工和协作，共同构成整体城镇区域的对外服务特性。依托网络化的空间结构，城镇区域内的经济和社会活动进行全新的空间分布与组合优化。分散的资源、要素、企业、经济部门及地区组织也纽结成为具有不同层次、功能各异、分工合作的城镇经济系统。因此，差异化的多中心体系共同服务于整体的城镇区域，从而有助于缩小城乡经济社会差异。

6.2.2　城市服务设施配套

服务设施作为城市配套功能，提供面向工作、交通、游憩、居住人群的各类服务。随着城市产业发展逐步从园区产业转型为楼宇经济，城市服务的集聚程度发生改变，城市中央商务区向多极化、分散化发展，演变扩张成若干微型中央商务区。要进一步打造提升基础设施网络，完善产业配套性，完善生活配套性，促进要素合理流动，结合城市现状产业分布情况，依托信息网络和交通枢纽布局，进行生产性及生活性服务的配套完善。

一方面表现为完善产业配套性，包括上下游、前后向、侧向产业关联，以及服务业、人才、科技平台等产业发展所需配套性产业与要素，不但要围绕传统优势产业延链、补链、强链，还要完善垂直一体化的供应链与横向产业配套设施，保障供应链的稳定性和产业的配套性，应用产城融合理念，通过提升产业人群生活品质，包括建设人才住房等配套设施，提升相关产业功能区的综合配套服务水平，为城市吸引高水平就业人群。

另一方面表现为完善生活配套性。完善的生活配套设施既是吸引留住高端人才的重要因素，也是提升本地居民生活品质的重要内容。除了基础设施外，就业、教育、养老、医疗、住房、育儿、公共卫生、公共安全、生态环境都是现代生活的基本配套设施。宜居、宜业、高品质生活环境与和谐共生的社会生态是经济社会发展的重要支点与动力,共同服务于产业发展。

6.2.3　城市交通枢纽周边发展

随着城市规模增加,大型综合交通枢纽作为交通运输系统关节,不仅对交通运输发展起到龙头作用,而且以其构建的交通网络优势促进周边不同产业的发展,成为城市新的经济增长点。城市大型交通枢纽的周边区域首先得以发展的是服务于机场（或铁路、港口等）的相关核心产业。这些产业受外部因素影响较小,如货站、维修保障服务、站场内零售服务等。随着枢纽服务规模及辐射范围的扩大,逐步引入依托其核心功能发展的附加业务,如物流、测试培训中心、航食供给等相关服务,以及进一步依托枢纽和周边便捷的交通网络而兴起的产业。另外,其外围产业区的形成应由交通枢纽与城市共同驱动,同时面向枢纽和城市,包括酒店、餐饮、会议中心、休闲娱乐、大型商业等,再向外延伸形成具备城市功能的住宅、制造业、公园等多类型产业,使枢纽周边区域兼具城市功能,甚至提升为城市副中心。

6.2.4　城市景观环境提升

城市景观是影响城市风貌的决定性因素之一,包括城镇自然地理与地貌特征、各类生物构成的生态系统、城市历史文化遗存及反映地方文脉和传统文化的景观要素等。良好的景观生态系统可以限制城镇的粗放式发展,分割并保护城镇的各个组团特色,其在空间上的不同形态组成与分布也体现着市民的情感偏好。一方面,景观生态空间的合理布局将城镇特色要素融合于开放空间网络,给城市带来更多生态复合型公共空间,增加城镇文化吸引力并塑造城市特质,促进城市人群交流。另一方面,以城市品质增量驱动产业发展,吸引新兴孵化产业和年轻人群入驻,从而产生城市新经济的增长极。

6.2.5　城市创新空间联动

随着后危机时代创新企业和研发人员越来越青睐在设施完备交通便利的地区工作生活,传统郊区"硅谷模式"向城市"创新街区"转变,创新空间的"城市性质"得到强化。城市不仅仅作为独立的空间单元参与新思想、新技术和新组织形式的构建,成为创新城市群落的节点,同时其自身也承载了各类创新活动,中微观尺度创新空间分布规律和发展机制的研究成为关注重点。事实上，研究创新和城市的学者不约而同地认为，在基于知识经济的资本主义话语下，城市集聚了大量具有前瞻性的创新人才、引领尖端科技的创新企业、实力雄厚的科研院校和机构，是组织和承载创新活动最为关键的空间尺度。

随着城市科技创新功能逐渐催生新的产业部门和活动，创新性产业活动在城市内部的空间分布成为城镇产业布局的新内容。创新产业空间分布在新开发区、旧城中心和边缘区等区域，甚至出现"无边界"扩展现象，并从最初以引进创新技术为目的的高新技术产业开发区到新兴的知识创新社区、存量工业用地创新功能置换、郊区化的科技新城等，发展模式日趋多样。因此，针对科技创新要素活跃的城市区域，应充分发挥产业集聚优势，形成城镇内城区、社区、校区、园区的"联动效应"，把握城区的交通与服务功能保障、社区的人才居住与社区文化建立、校区的高等教育服务以及产业园区的创业创新空间建设，将大学、企业和城市充分整合，构成以高科技产业引领的区域创新城市。

6.3 城镇产业布局的政策干预

6.3.1 城镇产业布局政策类型

1. 基于生态保护

基于生态保护的政策干预旨在守住城市生态基底，避免城市产业发展与环境基底产生发展矛盾。其中，"生态保护红线"是确保生态保护作为最核心的刚性约束区域。生态红线内严格限制人类活动，现有不适宜的产业空间应建立退出机制，生态空间内按照主导用途分区，实行"约束指标＋分区准入"的管制方式。

此外，为应对气候变化、生态环境保护、绿色高质量发展的新要求，并适应国内大循环为主体、国内国际双循环相互促进的新发展格局，城镇通过转变生产和生活方式不断推进绿色低碳转型、创新污染治理技术、提升环境治理能力和水平。在产业布局方面，政府着重推进绿色农业发展，调整污染企业规模及低效产业园区转型升级，推动节能环保、无废模式的生态产业园区建设等。

2. 基于土地资源配置

政府关注城市的全域产业资源配置，以不同产业布局政策对城镇产业空间进行集聚引导和零散空间整合。

1）产业园区政策

产业园区政策是国家或地区在特定区域引导形成产业和科技集聚区的政策类型。根据地区经济发展的需要，产业园区以具有一定发展基础的城市为依托，规划出实行特定政策的经济区域。在产业园区的初始培育期，政府主导、政策驱动的特征较明显，政府以行政性或市场化手段，统一开发、建设与运营。企业基于园区相对良好的基础设施，尤其是土地、税收、租金等方面的优惠政策，形成了向园区集聚的空间布局。至发展后期，核心企业将研发中心、区域总部迁入园区，尤其是施行业务归核化战略的龙头企业，采用分工协同的方式链接配套企业入驻园区，形成纵向和横向的产业"聚链"发展形态[1]。

在产业园区化发展中，政府为进行产业用地管控，划定工业控制线，制定分类管控规则，引导产业向园区集中、集聚发展。同时，工业片区内规划商业服务业设施、公用设施等用地类型，支持园区配套一定比例的商业服务、商务公寓、宿舍以及公共服务等设施，推动设施集中和集约布局，提高园区土地利用率，优化用地布局，打造产业邻里中心。进入创新发展期后，产业园区的功能由经济区域向综合区域转变，园区逐渐重视职住比，丰富生活服务内容，提高产城融合水平，培育有利于企业创新的软环境，开始建立以园区为主要载体的区域创新生态系统。

2）零散空间政策

针对城镇内的零散土地，政府以土地整备的形式对其进行整合、清理及土地前期开发，以缓解土地供需矛盾，提升政府管控土地资源的能力。土地整备政策立足于实现公共利益和城市整体利益的需要，综合运用收回土地使用权、房屋征收、土地收购、征转地历史遗留问题处理等多种方式，整合零散土地并进行土地清理及土地前期开发，统一纳入全市土地储备[2]。该政策有助于政府在存量时代满足市场对于土地及房屋的新需求，解决公共基础设施和重大产业项目落地的问题。

---

1. 甄杰，任浩，唐开翼. 中国产业园区持续发展：历程、形态与逻辑[J]. 城市规划学刊，2022（1）：6
2. 张宇，刘芳. 盘活存量地"整备"再发力——对推进深圳土地整备制度建设的几点思考[J]. 中国土
23-27.

6.3.2 政策实施机制

城市产业布局政策主要是规划性的,同时也包括一定意义上的政府直接干预。产业布局政策制定主体是政府,但政策的有效实施需要发挥两个力量、两种机制的共同作用,即政府行政推动力和企业内在的利益驱动力,使政府的宏观调控机制和市场运行机制在产业布局中相互结合。因此,发挥两种力量和两个机制的合力是保证产业布局不断优化的根本途径。

1. 政府的行政推动力及政府调控机制

政府不仅是引导市场力量去实现产业布局政策目标的指挥者,也是安排各种行政资源参与产业布局政策实施的行动者。政府的推动力(或者称管理手段)主要包括:一是经济力,如运用国土资源、财政投资、发行债券投资、国有资产投资、国有企业布局调整等;二是行政服务及协调力,如信息发布、提供咨询、协调上下级政府、部门、地区及企业间的关系等;三是政策诱导力,如税收政策、信贷政策、对外开放政策等;四是强制力,如法律制度、行政命令、指令性计划、司法活动等。其推动力来自不同渠道、不同部门、不同级别的政府,呈现不同形式,具有不同的约束力,这些推动力之间的互相联系、互相作用和互相制约,构成了政府产业布局政策的调控机制。

2. 市场调节机制与产业布局

市场调节机制的特点:一是产业具体布局的决策主体是企业,即企业有权自主选择区位,可以不受国家强制性政策法规以外的其他非经济因素干扰;二是产业(企业)具体布局的目标是利润最大化,企业根据市场的价格信号、供需信号引导,在

展经营活动、追逐利润最大化。具体地说,在项目的选择上,大;在区位选择上,总是倾向于投资环境较好,能使资本在市场经济条件下,市场调节机制是产业布局的决定性力基础条件。

场机制之间的关系

时效性看,市场机制下的分散决策可能缺少整体性和都是长期矛盾积累的结果,如果仅让市场机制来自发则可能需要通过对生产力破坏很大的市场重整来实现,

调整时间长、社会成本高。在政府调控机制下，对明显的不合理布局可制定统一调整方案，使用多种手段动员和集聚社会多方面资源，因而见效较快、社会成本低。

因此，在产业布局中，政府的推动力与企业的利益驱动力，政府调控机制与市场机制互相配合、共同作用。政府把握产业布局的经济效益、社会稳定、生态平衡的宏观政策目标，企业作为政府众多调控手段的有效传导媒介，促进城市产业布局带来综合性社会效益，促进区域间建立有机协调的产业联系。总之，产业布局中政府与市场依据不同环境以及社会经济发展的不同阶段，呈现动态、多样的复杂有机联系。

6.3.3 城市产业布局的政策措施

1. 以秩序型或制度型工作程序明确城镇保护与开发边界

国土空间规划严守生态底线，改变了原有粗放的土地利用模式并减少城镇建设用地的低效利用。因此，应将节能降碳、污染物减排和资源节约等生态环境保护要求融入规划分析和现状调查、环境目标和评价指标、规划方案综合论证以及影响规划实施跟踪体检评估评价等环节。国家或地区应出台秩序型或制度型政策（例如"标准地"政策），加强资源能源利用管控、环境质量和承载状态、与区域和行业的碳达峰及碳减排要求，明确各类开发与保护的边界，通过对生态环境质量的持续改善，逐步提升区域自然资源和环境的承载能力，从而不断拓展产业经济发展的新动能。

2. 着眼战略性新兴产业发展，落实城市产业园区建设与转型

产业布局规划应遵循产业发展规律与未来发展趋势，着眼战略性新兴产业，培育先导和支柱产业，推动产业在空间上的融合、集聚和生态化发展。充分利用城市增量空间规划和存量用地转型两类用地布局作为新兴产业空间载体。积极推动国资开发公司等主体运作城市科创园区，设立弹性化用地用房政策，创新供地模式，鼓励企业自发参与存量用地转型，将传统的生产制造活动搬离，置换为科技研发等新兴产业功能，激活市中心或近郊的传统工业园区空间。建立产业在空间上的融合，通过多种形式、多种类型的企业技术合作来进行研发创新活动，产生协同效应提升生产和创新成果转化效率。实施高新技术援助政策，重视组建产学研联盟及"四区联动"效应，使院校和企业发挥各自优势进行资源联动，促进创新产业活动的空间集聚。

3. 鼓励城市产业集聚推动产业链整合

根据已决策的经济产业战略，确立有关具体产业的集中布局区域，以推动其在地区分工，并发挥由产业集中所导致的集聚经济效益。一方面，相关政策应重点关注产业聚集带来的城镇产业和经济的整体优势，对具有在地优势的主导产业给予进一步集聚化的政策推动。地方政府应及时调整产业布局政策，如衰退产业的区域转移和行业转移、为保护环境而转向低耗能产业等，以优化资源配置，推动地区产业的清晰化布局。另一方面，产业政策应鼓励产业的空间集聚及其带来的产业链的上下延伸、生产过程的企业联盟、人才汇聚和交流合作，依托产业集聚放大本地市场效应和价格指数效应，不断推动地方产业链在空间上的整合。

关键术语

城市产业布局、地租理论、城市空间布局模式、城市空间结构理论、城镇产业布局优化、城镇产业布局政策

思考题

1. 请以地租理论来分析你熟悉的某一城市，自土地有偿使用制度建立以来，城镇产业布局的变迁历程。
2. 以你熟悉的某一城市为例，分析该城市在十八大以来主要采取了哪些城镇产业布局的政策干预措施。

参考文献

[1] 张京祥，崔功豪. 城市空间结构增长原理[J]. 人文地理，2000（2）：15-18.
[2] 张宇，刘芳. 盘活存量地"整备"再发力——对推进深圳土地整备制度建设的几点思考[J]. 中国土地，2014（9）：23-27.
[3] 赵民，陶小马. 城市发展和城市规划的经济学原理[M]. 北京：高等教育出版社，2001.
[4] 甄杰，任浩，唐开翼. 中国产业园区持续发展：历程、形态与逻辑[J]. 城市规划学刊，2022（1）：66-73.
[5] 戴伯勋，沈宏达. 现代产业经济学[M]. 北京：经济管理出版社，2001.
[6] 顾朝林，甄峰，张京祥. 集聚与扩散：城市空间结构新论[M]. 南京：东南大学出版社，2000.
[7] 郭鸿懋，等. 城市空间经济学[M]. 北京：经济科学出版社，2002.
[8] 栾峰. 城市经济学[M]. 北京：中国建筑工业出版社，2012.
[9] 苏东水. 产业经济学[M]. 3版. 北京：高等教育出版社，2010.
[10] 吴建伟，毛蔚瀛，等. 大规划：城市与产业[M]. 上海：同济大学出版社，2009.

第 7 章

产业用地提质及其政策干预

■ **导语**

前文内容已将产业发展问题落到空间布局层面，但尚未落实到最终的土地利用层面。规划领域往往关注用地布局问题，但对土地经济学领域的土地利用效率缺乏关注。土地经济学主要研究"土地利用""土地制度"和"土地市场"三项内容，而本章关注"土地利用"中的"为了支撑产业经济发展的土地利用原理和优化方法"。包括四个部分内容：一是土地利用内涵及其效益评价，二是土地分区利用的理论基础，三是产业用地的提质路径，四是四种提质路径的具体的政策干预方式。

7.1 土地利用内涵及其效益评价

7.1.1 土地利用内容、目标和基本原则

1. 土地利用的内容

什么是土地利用？从土地利用经济过程来看，土地利用是人类劳动与土地结合，从而获得物质产品和服务的经济活动过程，表现为人类与土地之间进行的物质、能量以及价值、信息的交流和转换[1]；从土地功能来看，土地利用是由自然条件和人为干预所决定的土地功能；从土地利用目的来看，土地利用是指由土地质量特性和

---

1. 毕宝德. 土地经济学（第八版）[M]. 北京：中国人民大学出版社，2020.

社会土地需求共同决定土地功能的过程[1]。土地利用就是通过土地资源优化配置实现当前或未来经济、生态、社会综合效益最大化的过程。

2. 土地利用的目标

人类利用土地是为了满足自身生存和发展的需要，可以从土地所提供的"产品"和最终发挥的作用这两种方式来划分人类利用土地的目标：人类通过利用土地获得的"产品"可以分为物质产品、服务（效用）两类，土地不仅为人类提供食物、自然资源等，还提供生产、生活空间即服务；人类通过利用土地，使土地最终发挥的作用，可分为经济目标、生态目标、社会目标。

3. 土地利用的基本原则

人们在利用与管理土地过程中，应当遵守土地利用的基本原则。首先，应遵守调查评价与规划利用相结合的原则。所谓调查评价，就是要查清土地资源的数量、质量、种类、分布和潜力，并对这些资源的特性、功能做出科学的分类和评价。其次，在土地利用规划过程中，应遵守和坚持以下四个原则：农业优先与统筹安排用地结构相结合、集约利用与保持适量耕地相结合、专业化利用与综合利用相结合、合理开发利用与科学保护相结合。最后，在追求土地利用目标的过程中，应坚持经济效益、生态效益和社会效益三方面综合效益最大化的原则。

4. 产业结构与土地利用结构

产业结构理论是区域经济学的核心理论。土地利用结构受产业结构的直接影响。某种意义上，土地利用结构是产业结构在空间上的投影。产业结构的转变对城市用地结构的调整已经成为当前大规模城市改造最主要的动因之一。

产业结构与土地利用结构的关系。产业发展必须以土地为依托，产业结构优化必须以土地利用结构优化为前提。城市土地不仅是城市区域经济发展的生产要素，也为城市区域的产业发展提供了空间和场所，二者是相互影响、相互制约的统一体。土地利用结构与产业结构的紧密关系具体体现在土地利用与产业发展演化有内在联系、产业结构与土地利用结构变化同步、产业结构优化减少了城市土地资源绝对使用量、产业结构优化促进土地资源有效配置四个方面。

产业演替下土地利用结构变动。产业演替发展对地区土地利用结构变化起着决

---

1. 王万茂.土地利用规划学[M].北京：科学出版社，2010.

定性作用。具体来说，土地利用结构随产业演替有如下变化趋势：一是随着农业对经济增长的贡献份额显著减少，第一产业比重下降，农业用地呈减少趋势；二是随着城镇化不断发展，中心城通过退二进三实现产业升级，中心城工业用地减少，现代服务业等第三产业用地增长迅速发展，产业调整的结果可产生楼宇经济，带来经济增长，又能优化城市用地结构，提高土地效益；三是伴随专业化和社会化程度的提高，第三产业逐步分离，各服务部门用地需求不断增多，城市土地结构同时升级优化。总之，产业发展变化过程就是土地利用结构与布局的优化过程。

7.1.2 土地利用效益评价

土地利用效益是指单位面积土地投入与消耗在区域发展的社会、经济、生态与环境等方面所实现的物质产出或有效成果。土地利用效益评价是对土地利用活动所引发的功能—经济效益、社会效益和生态效益进行的综合性分析与判定。通过各相关指标的分析，评判土地利用效益的优劣，从而为未来协调土地利用与经济发展、环境保护、社会进步的关系提供科学决策的依据。

1. 土地利用的经济效益评价

土地利用的经济效益是指对土地的投入与取得有效产品（或服务）之间的比较。在分析土地利用的经济效益时，要把产品与投入相比较。投入产出率高，则表示土地利用的经济效益好；投入产出率低，则表示经济效益差。

产出类的指标有：产品的实物量、总收入、净收入、利润；投入类的指标有：土地面积、劳动力、资金（开发或基建性投入）、成本。用产出类的任意一项指标与投入类的任意一项指标相比，就可得出有关的经济效益指标。例如，在农业生产中，用产品的实物量与土地面积相比，就可得出"每公顷产量"这一指标，是农业土地利用经济效益的重要指标之一。

如果分析土地开发或基建性投入的经济效益，则分别有静态和动态两种分析方法。

1）静态分析法

（1）投资产品增长率，即平均每年增加产量与投资总额之比。

$$投资产品增长率 = \frac{平均每年增加产量}{投资总额} \times 100\% \quad （式7-1）$$

（2）投资收入增长率，即平均每年增加的总收入与投资总额之比。

$$投资收入增长率 = \frac{平均每年增加的总收入}{投资总额} \times 100\% \quad （式7-2）$$

（3）投资收益增长率，即平均每年增加的纯收入（或利润）与投资总额之比。

$$投资收益增长率 = \frac{平均每年增加的纯收入（或利润）}{投资总额} \times 100\% \quad （式7-3）$$

（4）投资回收期。表示需要多少年，平均每年的纯收入（或利润）总额才能等于土地投资总额，或者用多少年才能收回全部土地投资。

$$投资回收期（年）= \frac{投资总额}{平均每年的纯收入（或利润）} \quad （式7-4）$$

2）动态分析法：

因为土地开发或基建性投入需要经过若干年的土地利用逐年收回，为了使投资与收入具有可比性，往往引进"贴现系数"和"复利系数"这两个指标，将不同时期的投入和收入"拉回"到同一时间点进行比较才有意义。

贴现系数表示的是从现在起，第 n 年的一单位货币相当于现在的多少，也可以是现在的一单位货币相当于第 n 年的多少。其公式为：

$$贴现系数 = \frac{1}{(1+r)^n} \quad （式7-5）$$

式中，r 为利率；n 为年期。

当已知未来的价值，求现在的价值时，就用未来的价值乘贴现系数。

复利系数的含义正好相反，即现在一单位货币相当于 n 年后的多少倍，或者 n 年前的一单位货币相当于现在的多少倍。其公式为：

$$复利系数 = (1+r)^n \quad （式7-6）$$

当已知现在的价值，求未来的价值时，就用现在的价值乘复利系数。

2. 土地利用的生态效益评价

土地利用的生态效益，体现为人类土地利用的过程与结果是否符合生态平衡规律。对土地利用生态效益进行评价的历史还不太长，可总结出以下四种方法。

农田的生态效益分析。将气候—作物—土壤视为完整系统下的三个子系统：气候类包括光、温、水、二氧化碳；作物类是指作物种类及其生态要求和生长特征；土壤类是指土层厚薄、土壤结构、肥力状况及防水能力等。农田资源潜力在某种程度上取决于作物生产能力。目前一般可按资源开发阶乘模型来确定其开发利用的潜力与限制。其数学表达式为：

$$Y = KE \sum_{i=1}^{n} Q_i \cdot K_{cti} \cdot K_{wi} \cdot K_s \quad \text{（式7-7）}$$

其函数关系为：

$$Y = F(C, A, S) \quad \text{（式7-8）}$$

式中，Y 为作物估计产量，K 为能量转换系数，E 为光能利用率，i 为作物生长时段序号（旬），Q_i 为作物生理辐射量，K_{cti} 为作物各时段生态及温度影响修正系数，K_{wi} 为作物生长时段供水系数，K_s 为土壤总体供肥系数；C 为作物状态集，A 为气候环境变量集，S 为土壤环境变量集。

则，$Y = KE \sum_{i=1}^{n} Q_i$ 为光合潜力；

$Y = KE \sum_{i=1}^{n} Q_i \cdot K_{cti}$ 为光、温生产潜力；

$Y = KE \sum_{i=1}^{n} Q_i \cdot K_{cti} \cdot K_{wi}$ 为光、温、水潜力，即气候潜力；

$Y = KE \sum_{i=1}^{n} Q_i \cdot K_{cti} \cdot K_{wi} \cdot K_s$ 为气候—土壤潜力，即农田生态系统的生物产量的生产潜力。

农业能量投入产出效果分析。在一定的生态环境中，农业的自然再生产过程与经济再生产过程相结合，为人类生产出所需要的各种农产品。农业生产过程，也可以抽象为能量的投入产出过程，是指农业生产中输入物质能量与其转化的输出物质能量之间的关系。广义来讲，投入能量包括自然投入能量和人工投入能量。而产出能量是指成熟后的农作物所含有的生物产品能量。它们之间的关系为：

自然投入能量（自然能量）+ 人工投入能量（经济能量）= 产出物能量 + 损耗的能量

狭义上讲，农业的投入能量仅指农业生产过程中的人工投入能量（经济能量），农业产出能量仅指农作物经济产品中的能量。在计算时，一般取狭义的农业能量产投比进行分析。

$$农业能量投入产出效果 = \frac{经济产品能量}{人工投入能量} \quad （式7-9）$$

农业生态效益评价。农业生态效益评价目的在于把农业土地利用的生态效益转化为经济效益，或者把生态效益与经济效益结合起来进行分析。农业生态效益评价目前还没有系统的定量分析方法，一般采用定性方法、综合方法或采用代用指标来进行评价。

非农建设项目的环境效益评价。环境评价就是通过一系列物理、化学指标来分析评价某一非农建设项目实施后，通过排放有害物体（固体、液体、气体、光、声）对环境所产生的影响。如果不利影响超过一定限度，就应有相应的修复、恢复措施，使污染物的排放达到标准。如果相应的修复、恢复措施都不能消除对环境的不利影响，这类项目将不允许实施。环境影响评价已成为非农建设项目实施前可行性研究的重要程序。

3. 土地利用的社会效益

土地利用的社会效益是指土地利用后，对社会需求的满足程度及其相应产生的政治和社会影响。目前，对土地利用社会效益的评价，尚未有系统的评价指标，只能进行定性分析与评价。在具体评价社会效益时，要注意把局部效益与全局效益、短期效益与长期效益结合起来进行分析与评价。

7.2 土地分区利用的理论基础

7.2.1 土地区位演变

1. 区位理论及其发展

区位理论是土地经济学和空间经济学的核心理论之一。其中农业区位理论、工业区位理论及中心地理论是经典三大区位理论。这些理论已在第5章中详细介绍。

自20世纪50年代以来，区位理论不断得到更新和发展，主要表现在以下四个方面：一是区位理论从单个经济的区位决策，发展到地区总体经济结构及其模型的研究；区位决策的对象从工业、农业，扩展到了更加广泛的第三产业。二是从抽象的纯理论模型推导，转向力求接近实际的区域分析和具有实践应用价值的模型，例如对经济全球化涉及的生产、投资、贸易、金融、人才流动等形成的各种"流空间"的研究等。三是现代交通工具的快速发展，改变了传统区位理论的研究条件和范围；而高新技术产业的兴起和发展，对非实物资源提出新要求，和原先的工业生产具有本质区别，这极大地丰富了区位理论的研究内容。四是数学模型的广泛建立，计算机技术、遥感技术的大量应用等，为区位理论提供越来越强大的技术支持。

2. 城乡土地利用的区位演变过程

人类的生产生活与土地利用密切相关，随着生产力不断进步和人们的生活水平不断提高，土地利用程度必然不断加深。在此过程中，土地在不同方向上的利用水平，表现为不同的区位演变过程。总结各类用地的区位演变过程及特点，有助于将来进行科学的、符合规律的区位选择。

农业土地利用的区位演变。农业生产受到土地条件的严格限制，因此农业土地利用的区位演变过程只能是在同等土地条件下，受其他社会经济因素的影响时，才得以表现出来，这就是杜能提出的"杜能环"。这一理论与发展中国家的现实基本吻合，在今天仍具有一定的价值。对于经济发达国家或地区的大城市周围区域，辛克莱尔模型可能更具有解释力。辛克莱尔（Robert Sinclair）指出在工业化、城市化迅速发展的城市地区，由期待地价上升的投机者、开发商以及农民而引发的"无序开发状况"随处可见。离城市较近的农民，对农用地的资本和劳动投入少，常常放弃耕种或者采取临时性耕作；远离城市的农民，对农用地的投入较多，从事相对集约化的经营。

城市土地利用的区位演变。城市的形成和发展本身就是各类非农业用地区位集聚的结果，城市是各种非农业用地区位集聚的中心。历史上，随着固定的交易场所——市场的形成，出现了专营商品交易的商人，商人逐步定居后又吸引一些手工业者也到市场区来定居并开业生产，逐渐形成初具规模的居住、工业、商业区，这就是城市的雏形。工业的进一步发展，使许多工业企业逐渐脱离商业和混合居住区，形成了独立的近郊工业区。至此，城市内各区职能分异明显，中心商业区职能更为突出。随着郊区工业区的进一步发展，出现了分担中心商业区部分职能的副城市中心，城市的发展走向成熟形态。城市的形成和发展全过程可用图 7-1 表示。

土地区位配置原则。土地区位配置即依据土地区位利用基本原理和产业政策，

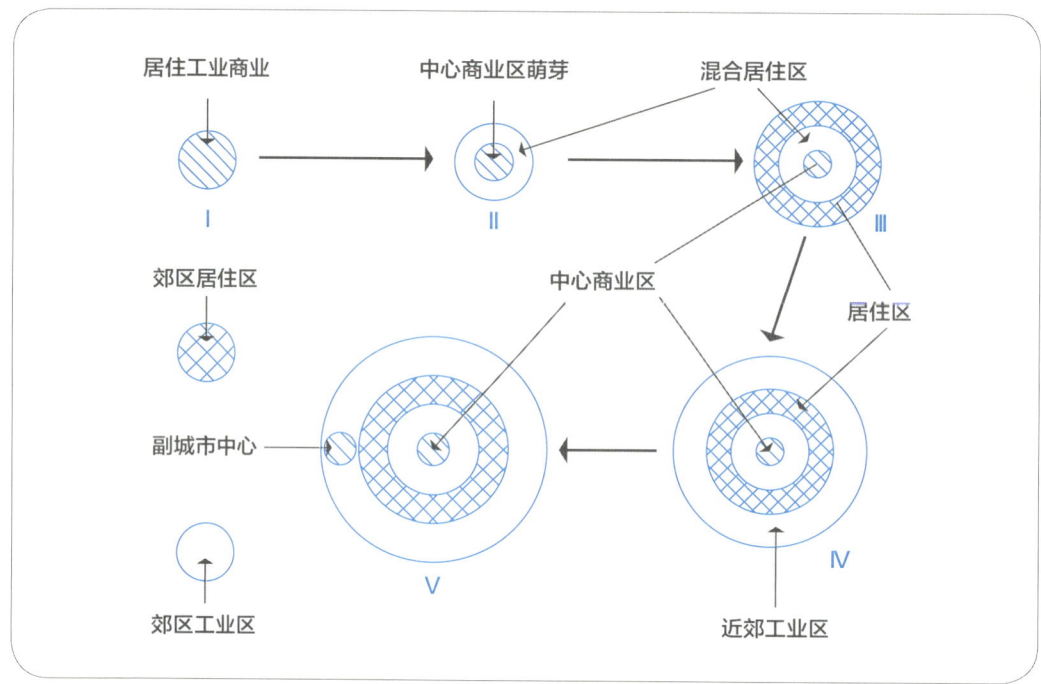

图7-1 城市的形成和发展全过程示意图
资料来源：毕宝德．土地经济学（第八版）[M]．北京：中国人民大学出版社，2020：36．

在土地空间上布局城乡居民点及各业用地。土地区位配置需要遵守地域分异原则、区位利用原则、生态系统平衡原则、系统综合原则。地域分异原则，是指土地利用时首先考虑不同土地的自然特性，因地制宜合理配置。区位利用原则，是指充分考虑土地存在的强烈区位效益差异，合理确定各区位土地利用途径，以提高土地经济效益。生态系统平衡原则，是指在进行土地资源配置时，需要研究土地资源生态平衡问题，按照生态平衡原则，确定其不同的经济用途，以提高土地资源生态系统的总体功能。系统综合原则，是指考虑土地利用问题时，运用系统思维，统筹考虑农用地和非农用地、土地经济性与生态性协调问题。

7.2.2 农业土地分区利用

1. 农业土地分区利用原理

农业土地分区利用原理主要包含农业区位地租原理和农业地区专业化理论。农业布局理论的核心是以区位地租作为分析手段，探求农业生产合理布局问题。单从土地收益角度来看，农业土地布局是否合理，取决于是否把每一块土地都用于发展提供最大区位地租的作物（或生产项目）。农业区位地租可利用杜能理论的公式进行地租运算，详见 5.1.1 节。

农业地区专业化理论的出现是由于迫切需要建立大规模的农业专业生产地带，人们开始研究预测农业布局的最终经济效果，并以此来划分农业生产专业化地区，建立农业生产区分工体系，使得各个地区都有可能最大限度地发挥在农业生产上的优势，推进大规模、高效率的专业化生产体系[1]。农业地区专业化理论以单位土地面积上可能获得的纯收益作为分析手段，来确定农业地区专业化方向。具体分析可用以下公式：

$$R = Y(P-C) \qquad (式7\text{-}10)$$

式中，R 为单位土地面积上可能获得的纯收益；Y 为单位面积产量；P 为单位农产品产地收购价格；C 为单位农产品生产成本。

这个公式说明，在决定农业地区专业化方向时，考虑的是如何从单位面积的土地上获得最大的纯收益，而不仅仅是其中的级差地租。

采用 R 这个综合指标，而非传统的农业区位论仅考虑距离因素，是因为每个地方的自然环境与劳动力条件适合不同的农作物的生产，面临不同的区位条件和市场需求，更符合现实世界。

2. 中国农业土地综合分区利用

农业土地综合分区利用是为了充分发挥各地区的优势，在合理进行农业区划的基础上，因地制宜地综合利用各地区的土地。

中国农业的地域差异规律。 中国各农业地域受不同自然地理环境（尤其是水分条件）差异的影响，主要形成了东部与西部差异、南北之间差异、高中山地区的垂直差异三个方面的地域差异。其中，东部与西部的差异即指全国划分的三大自然区域，即东部的季风湿润区形成农业区，西部的西北内陆干旱区和青藏高寒区形成牧业区。南北之间的差异是指东部农业区以秦岭—淮河为界，北方地区降水较少，耕地多为旱地，南方则多为水田；西部牧业区以是昆仑山—阿尔金山—祁连山为界，其农业地域差异即北方西北内陆干旱区与南方青藏高寒区的差别。高中山地区的垂

---

1. 王朗玲，魏枫.中国农地制度变革对农业生产力及其布局的影响[J].求是学刊，2003（1）：53-60.

直差异是指海拔 1000 米以上的中山和高山，随着海拔的增高而呈带状的规律更替，造成农业的垂直差异。农业垂直带的变化，反映为草地类型和森林类型的布局。

农业土地利用综合分区。2017 年印发的《全国国土规划纲要（2016—2030 年）》提出优化现代农业生产布局，大力发展区域优势农业，基本形成与市场需求相适应、与资源禀赋相匹配的现代农业生产结构和区域布局，保障农产品生产空间。包括大力建设粮食主产区，着力建设非粮作物优势区，巩固提升畜牧产品优势区和加快培育水产品优势区。这四类农业土地利用分区又按地域进一步细分，设置不同的发展目标和重点种植作物、养殖产品。

3. 农业地区专业化

从微观上确定一个地区的农业生产专业化方向，可以采用生产效益这一综合指标方程加以判定（见式 7-10）。

从宏观上确定农业地区专业化方向所依据的是比较利益原则。农业地区专业化的进一步发展，要充分考虑到地区农业分工问题，合理构筑农业地区专业化结构体系，比较分析各个地区应该专门发展哪个农业生产部门，才能以最小的代价生产出需要的全部农产品。既要打破地区封锁，也要从整体利益出发，兼顾条件较差地区，确定不同地区的农业生产专业化方向。在确定农业专业区的同时，国家必须组织建立好农产品的流通渠道，调剂各地农产品余缺。

7.2.3 城市土地分区利用

1. 城市土地分区利用原理

城市土地分区利用是按照功能分区的规律，对土地进行有序、合理利用的过程，城市功能分区理论是指导城市土地分区利用的基本理论。城市土地空间布局模式反映城市空间静态布局规律，城市土地空间扩张模式反映城市空间的动态扩张规律。

城市空间静态布局模式主要包括了圈层布局设想、三维布局设想、扇形布局设想、多核心布局设想、多中心布局设想等经典城市结构设想[1]，这些理论从功能区组合的结构体系的角度研究城市土地的区位利用问题。这些理论在第 5 章已作阐述。

---

1. 陈哲. 南京城市用地的空间变动研究 [D]. 南京：南京师范大学，2007.

2. 城市土地分区利用

商业区位选择与开发利用。商业地产的区位敏感性加深了商业用地选址的重要性。商业用地的选址主要从宏观层面的城市选择、中观层面的板块选择、微观层面的地块选择三个层面考虑。在宏观层面，商业用地选址需要考虑城市的区位状况、经济状况和消费状况等方面。城市区位是影响商业发展的首要基底要素，可用城市的交通区位、城市规模与等级、城市规划与发展潜力等指标分析评价；城市经济状况关系到商业发展能力与潜力，消费状况直接影响商业消费能力。中观层面的区域选择需要考虑板块区位状况、市场供给和消费客群三大具体要素。区位状况反映区域商业区位价值，可用所在区域的规划与更新发展、区域商圈等级、区域配套状况、区域交通状况和区域景观环境等指标分析；市场供给状况反映区域商业市场竞争情况；消费客群关系到区域商业消费潜力与结构。

办公（商务）用地区位选择与开发利用。不同类型办公（商务）用地的空间聚集形成新的城市景观和城市格局，更直接促进了城市中央商务区、现代服务业聚集区、创意产业基地及总部基地等城市用地形态的形成和发展。办公（商务）用地的选址需要更加关注区位条件、配套设施、运营成本等因素。

办公（商务）用地对区位条件的要求非常高，往往选址在城市中心区位或区域次中心区位或者郊区次中心，同时形成规模聚集。办公（商务）用地的配套设施主要包括交通设施和服务设施，一般处于道路网络发达和公共交通便捷的地方，区域内除基础设施，还需要具有完善的服务设施满足办公、商务、生活需求。运营成本也是重要因素，主要包含联系成本与聚集因素、地租地价因素两方面。其中联系成本是指办公信息的传递交流和人员相互联系而发生的成本支出。

工业用地区位选择与利用。工业用地是指工矿企业的生产车间、库房及其附属设施等用地，包括专用的铁路、码头和附属道路停车场等用地。工业用地区位选择影响因素包括：第一，由于工业生产的特点使工业区位对自然资源有着天然趋向性；通常具有相应自然资源和能源的地区，总能吸引众多资源或能源密集型的企业，并形成相应的产业聚集地。第二，市场作为工业产品终端，对工业用地区位有重要影响，体现在市场与企业的相对位置、市场规模、市场结构。第三，集聚因素、运输成本均从成本方面对区位产生影响；产业集聚可以减少前后关联产业的运费；利用公共公用设施，从而减少开发成本；利用交流科技成果和信息的便利，减少交易成本。运输成本定位是指该类企业选址决策时运输成本起主要作用，决策的标准是使总的运输成本达到最小。第四，在工业生产过程中，劳动力因素、中间投入产品也对区位选址具有指向性作用；其中劳动力的数量、素质和劳动力价格是确定产业区位的重要因素，企业对中间产品的需求导致了地区化经济，而地区化经济又吸引更多中间投入产品的需求者和供应者。第五，基础设施与投资环境对区位布局也有影响：投资环境包括地区性的基础设施、地方政策等，投资环境的好坏，越来越成为工业选地重要因素。

3. 城市间非农业土地分区利用

城市间非农业土地利用，主要是指城镇开发边界和农村居民点之外为开展矿业、交通运输业、旅游业进行的土地利用。

矿业土地利用。 矿地是指蕴藏有一定矿物资源的土地。由于矿藏资源的地理位置的确定性，矿地开发不存在区位选择之说，且往往会对土地产生破坏作用。中国矿地利用的主要问题是开发利用不尽合理，浪费较为严重。因此，必须加强矿产资源开发的前期工作，首先全面调查勘探矿产资源，结合周围土地利用及交通运输情况，制定合理的开发规划，确定矿业用地面积范围，包括矿井工人场地、矿区厂区装置用地以及矿区工人生活区用地等。矿产资源开发后，还应及时做好矿地复垦再利用和矿产采掘终止后的转产预案。

交通运输业土地利用。 交通运输业的土地利用，是指道路及车站、码头、机场等交通站点的土地利用。道路用地规划要根据国民经济发展的战略目标和经济、文化、政治、军事的发展需要来制定。在区域内部，根据区域经济发展情况及发展目标，以及区域内物资调拨、人口流动的需要，合理布局道路网络。在城市内部，处理好工业区和居住区之间，以及住宅与商业、文化、教育、体育等区域之间的空间道路联系，使城市各功能区之间形成便捷和谐的交通网络系统。

旅游业土地利用。 旅游业用地是旅游业生存和发展的物质基础。旅游业用地的利用，首先要进行旅游资源的综合评价，然后根据其开发利用的价值及难易程度，着手具体的开发利用工作。旅游业用地的开发利用应当掌握以下五个原则：一是生态原则，涉及生态空间内的旅游业用地选址和建设必须严格符合准入门槛，执行保护要求；二是综合性原则，包括开发利用的多样性及开发利用中的综合平衡；三是协调性原则，旅游业用地的开发利用，要保证整体环境的协调和美感；四是适应性原则，考虑旅游业用地的开发要与社会需求相适应；五是经济性原则，在保证旅游业用地开发质量的情况下，应尽量节约投资。

7.3 产业用地提质的四种路径

7.3.1 土地集约利用

集约利用土地,是我国土地利用的最基本原则。集约利用土地既有成熟的理论作指导,也有丰富的实践经验供借鉴。

1. 土地集约利用概述

随着人类对土地的需求日益增加,原来的粗放经营方式难以满足需求,土地供需矛盾不断激化,解决此矛盾的根本出路在于实行集约利用,提高土地的利用效益。土地集约利用,就是在单位土地面积上合理增加物资和劳动投入以提高土地收益的经营方式。

土地利用集约度是指在生产过程中,单位土地面积投放的资本和劳动的数量。相对而言,单位土地面积投入的资本较多时,称为资本集约型,又叫资本密集型;单位土地面积投入的劳动较多时,则称为劳动集约型,又叫劳动密集型。

2. 土地报酬递减规律

土地报酬递减规律是土地经济学的基本原理之一。对土地的经营,必须考虑到土地投入的报酬。研究土地报酬变化的规律是合理开发利用土地首先要解决的问题。土地报酬递减理论指一定生产力水平和技术条件下,在一定土地面积上追加劳动和资本,所得的土地报酬由递增变为递减的规律。

我们应正确理解土地报酬递减规律,更准确的表达是"变动要素的报酬变化规律"。而且土地报酬递减规律是有一定的前提条件的,即科学技术水平保持不变。由于土地报酬是在追加投入超过一定限度后才表现为递减,所以可变要素和不变要素之间达到合理的比例是非常重要的。在研究土地报酬递减规律时,保持其他要素投入量都不变,而只改变一种可变要素的投入量。通过改变追加投入的生产要素的种类或组合方式带来的报酬可能并不会递减。

在限定条件下,"土地报酬递减规律"是确实存在的,它是我们实施土地集约经营时必须遵循的客观经济规律。要遵循"土地报酬递减规律",选择各类土地投入的最佳点,必须对土地报酬的变化进行定量分析。

农业生产函数

设农业生产函数表示为：

$$Y = f(X_i) \ (i=1,2,\cdots,n) \quad \text{（式7-11）}$$

式中，Y 为产量；X_i 为投入的各种生产要素数量。

为了研究生产要素的最佳投入量，人们常常固定其他要素投入量，只研究其中一种生产要素与总产量的关系，为此构造新函数：

$$Y = \Phi(X_i) \quad \text{（式7-12）}$$

式中，Y 为总产量；X_i 为某一生产要素的投入量。通过这一函数，还可以求出生产要素的平均产量（APP）和边际产量（MPP）以及生产弹性（EPP）。

平均产量（APP）$=Y/X$，表示平均每单位生产要素的产量。

边际产量（MPP）$=\Delta Y/\Delta X$，表示每增加一单位某种生产要素所增加的总产量。研究报酬变化规律，主要是研究边际产量。

生产弹性（EPP）$=APP/MPP$，表示报酬的变化强弱和变化方向。

总产量、平均产量、边际产量的变化曲线如图7-2所示。

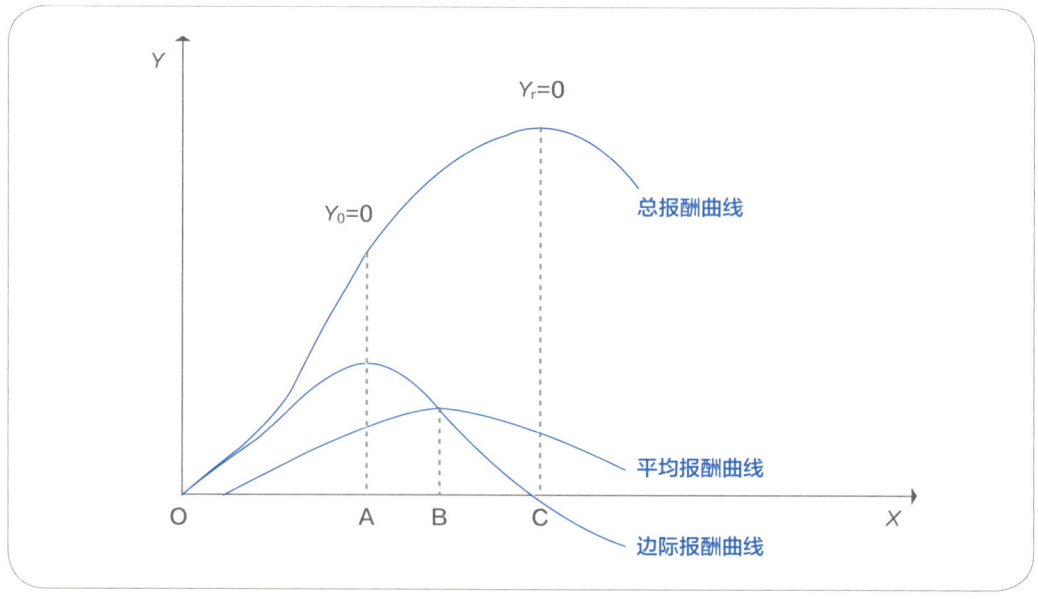

图7-2 总报酬、平均报酬、边际报酬曲线图
资料来源：何芳. 土地经济与利用[M]. 3版. 上海：同济大学出版社，2020：147.

三阶段分析：

O—A 阶段：粗放阶段，生产要素的投入量不能停止，资源利用和生产潜力发挥很不充分。总产量和平均产量均未达到最高点，且总产量加速递增。A—C 阶段：集约阶段，生产要素的合理投入期，总产量以递减速度增加，边际产量下降。B 点为边际产量与平均产量相等的点，也是边际产量与平均产量大小的分界点，没有实际的价值。C 点之后的阶段：过度集约阶段，再追加投资，边际产量可能小于零，总产量的绝对数可能不变，也可能减少，但二者都不可能再增加。

最佳投入点分析：

若只考虑实物报酬，C 点为最高产量点，显然该点为最佳投资点。

若考虑价格报酬，最佳投入点为边际投入等于边际产出的点，即获得土地利润的最大化的点，不论生产函数是点函数还是连续性函数，该点肯定在 A 点与 C 点之间（B 点没有实际意义）。

3. 土地报酬递减规律的应用

土地报酬递减规律的应用主要体现在农业土地集约利用和城市土地集约利用两方面。

农业土地集约利用。 农业土地集约利用是指在一定面积的土地上，集中投入较多的生产资料和生活劳动，使用先进的技术和管理方法，以求在较小面积的土地上获得高额产量和收入的农业经营方式。目前，我国实现农业用地集约利用主要通过提高复种指数、加快中低产田改造、加强农田水利建设等途径。

城镇土地集约利用。 城镇土地集约利用保护了土地资源特别是耕地资源，提高城镇土地使用率，是促进可持续发展的有效手段。城镇土地集约利用是指当前条件下，在满足城镇发展适度规模基础上，以城镇合理布局、优化用地结构和可持续发展为前提，通过增加存量土地投入、改善经营管理等途径，不断提高城镇土地的使用效率和经济效益[1]。目前，中国城镇土地利用的集约度极不平衡。要全面提高城镇土地利用的集约度，就是要合理提高人口密度、投资强度、容积率、配套投资等指标。

4. 城市土地集约利用评价

工业区土地集约利用评价。 按照《开发区土地集约利用评价规程》的相关要求，

---

1. 陶志红. 城市土地集约利用几个基本问题的探讨[J]. 中国土地科学，2000（5）：1-5.

表 7-1 工业园区土地集约利用程度评价指标体系

目标	子目标	指标
土地利用状况	土地开发程度	土地开发率、土地供应率、土地建成率
土地利用状况	用地结构状况	工业用地率、高新技术产业用地率（A22）
土地利用状况	土地利用强度	综合容积率、建筑密度、工业用地综合容积率和工业用地建筑密度
用地效益	产业用地投入 产出效益	工业用地固定资产投入强度、工业用地产出强度、高新技术产业用地产出强度
管理绩效	土地利用监管绩效	到期项目用地处置率、闲置土地处置率

资料来源：何芳.土地经济与利用[M].3版.上海：同济大学出版社，2020：155.

表 7-2 功能区评价指标体系

功能区类型（代码）	指标（代码）	选择要求
居住功能区（R）	综合容积率（R1）	必选
居住功能区（R）	建筑密度（R2）	必选
居住功能区（R）	人口密度（R3）	必选
居住功能区（R）	基础设施完备度成（R4）	必选
居住功能区（R）	生活服务设施完备度（R5）	必选
居住功能区（R）	绿地率（R6）	备选
居住功能区（R）	住宅地价实现水平（R7）	备选
商业功能区（C）	综合容积率（C1）	必选
商业功能区（C）	基础设施完备度（C2）	必选
商业功能区（C）	商业地价实现水平（C3）	必选
商业功能区（C）	单位用地从业职工数（C4）	备选
商业功能区（C）	单位用地营业额（C5）	备选
教育功能区（E）	综合容积率（E1）	必选
教育功能区（E）	建筑密度（E2）	必选
教育功能区（E）	单位用地服务学生数（E3）	必选
教育功能区（E）	基础设施完备度（E4）	必选
教育功能区（E）	绿地率（E5）	备选
教育功能区（E）	单位校舍用地服务学生数（E6）	备选
教育功能区（E）	单位体育活动场地服务学生数（E7）	备选
特别功能区（S）	综合容积率（S1）	必选
特别功能区（S）	建筑密度（S2）	必选

资料来源：何芳.土地经济与利用[M].3版.上海：同济大学出版社，2020：155-156.

工业园区土地集约利用评价分为土地利用状况调查、土地集约利用程度评价和土地集约利用潜力测算三个步骤。土地利用情况调查是基础工作。工业园区土地集约利用程度评价是指在前者基础上，从土地利用状况、用地效益和管理绩效三方面建立指标体系，评价现状值，确定理想值，计算土地利用集约度分值。评价指标体系如表 7-1 所示。土地集约地利用潜力测算是指在用地调查和程度评价的基础上，测算土地集约利用扩展潜力、结构潜力、强度潜力和管理潜力，推算可供地年数的过程。

其他功能区集约评价。 功能区评价的指标体系需按不同类型功能区分别设定，居住功能区、商业功能区指标主要按照土地的利用强度、投入状况和经济效益设定，科教功能区评价指标重点考察土地的利用强度和投入强度，特别功能区重点考察土地的利用强度。功能区评价指标体系如表 7-2 所示。

7.3.2 土地规模利用

1. 土地规模利用原理

土地规模与聚集利用理论是指导城市适度规模发展、城市居住、商业、办公、工业和农业土地等适度规模利用的理论基础。土地利用（经营）规模，是指经济活动中相对独立的经营实体（如企业、城市等）所占用土地面积的大小，是反映土地生产要素集中程度和范围的一个指标。

规模报酬变化是指在其他条件不变的情况下，各生产要素以相同的比例同时增加或减少时，所带来的产量变化。一般来说，土地规模报酬的变化存在三种情况：一是当土地规模扩大的幅度小于规模报酬的增长幅度时，称为土地规模报酬递增阶段；二是当土地规模扩大的幅度等于规模报酬的增长幅度时，称为土地规模报酬固定阶段；三是当土地规模扩大的幅度大于规模报酬的增长幅度时，称为土地规模报酬递减阶段。

土地规模利用，就是应尽可能地使土地利用处于报酬递增阶段。如图 7-3 所示，LAC 曲线是一条随着土地经营规模变动而变动的长期平均成本曲线，在 AM 阶段曲线向右下倾斜，说明平均成本随着土地经营规模的扩大而下降，属于规模经济阶段；在 MB 阶段曲线向右上倾斜，说明平均成本随着经营规模的扩大而上升，属于规模不经济阶段。当土地经营规模小于 OM' 时，应该扩大土地经营规模来提高收益水平；当经营规模大于 OM' 时，则应该适当缩小土地经营规模才能提高收益水平，因此，与产品平均成本最低点 M 相对应的经营规模 OM'，就是最佳土地经营规模或者适度土地经营规模。

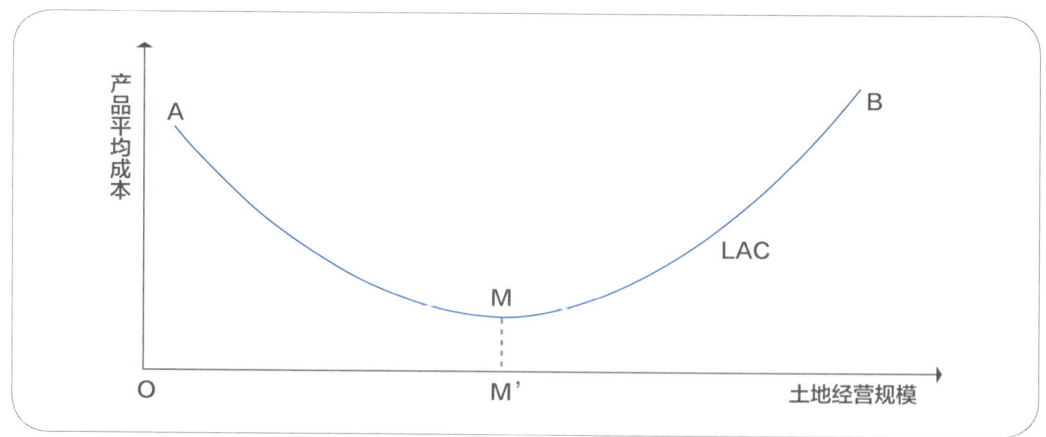

图7-3 土地规模经济和土地规模不经济
资料来源：毕宝德.土地经济学（第八版）[M].北京：中国人民大学出版社，2020：73.

为什么扩大土地规模会产生规模经济呢？根据西方经济学理论，规模经济同时来源于企业内部与外部，分别称为内部规模经济和外部规模经济。内部规模经济，是指因企业经营实体规模扩大而在企业内部产生的效益。外部规模经济是指整个行业的规模扩大和产量增加而使得行业内单个生产经营单位得到的经济利益。

2. 农业土地规模利用

土地适度经营规模是指与一定经济发展水平、物质装备程度和生产技术结构相适应的，保持最高土地生产率，并能够取得最高劳动生产率的土地规模。农业土地适度经营规模就是能取得最佳土地规模效益的农业土地经营规模，这是个相对的概念，它具有地区性、动态性和适应性等特点。在我国，农业土地规模效益存在多样性和复杂性，各经济主体对规模效益存在不同偏好，这决定了农业土地适度经营规模标志的多元性和评价方法的多样性。

农业土地规模经营的组织形式，是指以土地为基础的农业生产力诸要素的具体结合形式，根据经营主体的不同，我国农业土地适度规模经营的组织形式包括家庭经营型、合作经营型、企业经营型和规模服务型。这四种形式各有其适合发展的条件，采用何种形式必须根据各地具体情况具体分析，组织形式的多元化也是未来发展的必然趋势。

3. 城市土地规模利用

城市土地面积和人口规模是衡量城市规模的主要指标。在市场经济条件下，实际的城市规模就是由上述集聚经济和集聚不经济的平衡关系所决定的。所谓城市土地适度聚集规模即能够实现聚集效益最大化的城市用地规模，此处城市聚集效益指的是经济、生态和社会综合效益。

如图 7-4 所示，城市人均效用水平与城市规模存在典型的倒 U 形关系。开始时聚集规模效益随着城市规模的增大而增加，到达一定城市规模 P_0 后，聚集规模效益反而随着城市规模的增加而下降。城市效益达到最高点时，城市规模 P_0 就是适度城市规模，亦称最佳城市规模。

7.3.3 土地可持续利用

土地可持续利用是土地利用的根本目标。明晰土地可持续利用的内涵与目标是土地可持续利用理论的基础，土地可持续利用评价是土地可持续利用的管理手段。土地综合承载力评价、资源环境承载力评价、国土空间开发适宜性评价和土地可持续利用综合评价是土地可持续评价的重要类型和方法。中国土地的可持续利用策略应包括耕地可持续（保护耕地）和非农用地可持续两方面。

1. 可持续发展理论

随着全球环境与发展问题的急剧恶化，世界各国不得不寻求一种更为健康、合理的新型发展道路，可持续发展思想就是顺应这一时代要求而产生的，已成为全世界各国普遍认同并指导人类行为的一种原则和一种发展战略，即：人类所有活动必须谋求人口、环境、资源的协调，实现生态环境、社会、经济的协调统一，要在不损害后代人满足其生存与发展需要的前提下满足当代人的生存和发展需要。可持续发展的基本原则包括公平性原则、持续性原则、共同性原则。

2. 土地的可持续利用

土地可持续利用是指能持续满足当代人和后代人生存与发展需要的土地开发、利用、保护、治理、修复和管理的综合利用方式。土地的可持续利用是指在土地配置时数量上具有均衡性、在质量上具有级差性、在时间上具有长期性、在空间上具有全局性，分别体现在经济、生态和社会三个维度。

从经济维度来看，土地可持续性包含土地生产性和经济可行性两个方面：土地生产性指的是土地利用应该有利于保持或提高土地的生产力以保证土地利用的效益；经济可行性指土地利用在经济上必须合理，要求土地资源利用方式在不会使土地退化的基础上产生的经济效益或报酬应该超过成本。从生态维度来看，土地可持续性包括资源保护性和土地安全性或稳定性两方面：其中，资源保护性指土地资源利用应该在不破坏水土资源或者有利于保护土地资源潜力的情况下进行；土地安全性或稳定性指土地利用方式应该与主要环境条件实现协调，以降低生产风险，侧重土地利用的后期外部性生态效果。从社会维度来看，土地可持续性指社会可接受性，即土地资源的持续利用应该促进人民生活质量和社会文明程度的提高，满足人民的物质文化需求。

3. 土地可持续利用评价

1）土地综合承载力评价

土地综合承载力是指在一定空间区域内，一定的社会、经济、资源、生态和环境条件约束下，区域土地资源所能支撑的最大国土开发规模和强度。土地综合承载力评价是国家出台土地调控政策的重要依据，也是编制各级土地利用总体规划、国土规划等空间规划的必要基础性工作，可为规划方案的形成及合理性评判提供重要支撑。

2）资源环境承载能力评价

资源环境承载能力是指一定国土空间内自然资源、环境容量和生态服务功能对人类活动的综合支撑水平。其本质是对自然资源禀赋和生态环境本底的综合评价，其目的是确定国土空间在生态保护、农业生产、城镇建设等功能指向下的承载能力等级。评价方法包括单项评价和集成评价两个步骤。首先，单项评价是指第一步按照评价对象（生态、农业、城镇）和尺度差异（国家、省、市县）必选评价指标，分别开展土地资源、水资源、海洋资源（仅滨海地区）、生态、环境和灾害等要素的单项评价。在此基础上，进行集成评价，集成评价是指基于资源环境要素单项评价结果，开展生态保护、农业生产、城镇建设不同功能指向下的集成评价，根据集成评价结果将相应的资源环境承载能力（生态保护等级）等级依次划分为高、较高、一般、较低和低 5 个等级。

3）国土空间开发适宜性评价

国土空间开发适宜性指国土空间对生态保护、农业生产、城镇建设等不同开发保护利用方式的适宜程度。国土空间开发适宜性评价分为全域适宜性评价与适宜性潜力评价及其综合分析。国土空间开发全域适宜性评价是基于生态保护、农业生产、城镇建设功能指向的资源环境承载能力集成评价结果，将全域空间分别划分为生态保护极重要区、重要区、一般区，农业生产适宜区、一般适宜区、不适宜区，城镇建设适宜区、一般适宜区、不适宜区。适宜性潜力评价是指基于适宜性分区结果分别识别农业生产与城镇建设用地的剩余可用空间。综合分析包括空间格局特征分析、问题和风险识别和潜力分析。

  4）土地可持续利用综合评价

  土地可持续利用综合评价是指通过构建合理的土地可持续利用综合评价指标体系，选择合适的评价方法，对特定区域土地利用系统的可持续利用状态和潜力进行评价。土地资源的持续利用应该促进人民生活质量和社会文明程度的提高，满足人民的物质文化需求。目前尚未形成系统完整的、具有普适性和广泛可接受的土地可持续利用综合评价指标体系和评价方法。

7.3.4 土地规划利用

  有预谋有计划地对土地的使用进行筹划和安排，是土地本身的特性决定的，也是人类利用土地达到特定目标的必然途径和过程。由于土地资源的稀缺性、土地使用的外部性、土地质量的差异性和位置固定性、土地提供公共物品和服务，土地规划利用有着必要性。

1. 中国土地规划的编制

  规划编制体系是规划体系的核心。科学的规划编制体系，纵向上需要合理划分规划层级，上级规划注重战略性和政策性，下级规划注重实施性和可操作性，突出规划之间的递进与传导；横向上需要有合理清晰的规划职能，突出规划之间的互补与分工。从横向看，我国国土空间规划分为总体规划、专项规划和详细规划三种类型。

  总体规划是对一定区域国土空间保护、开发利用、整治修复、治理等在空间和时间上做出的总体安排，是详细规划的依据、相关专项规划的基础。专项规划是对资源利用、生态修复、环境治理、国家公园、基础设施建设等涉及空间利用的专门安排，是总体规划在特定领域、特定区域的延伸和补充，具有针对性、专一性和从属性。详细规划是对具体地块用途和开发建设强度等做出的实施性安排，是开展国土空间开发保护活动、实施国土空间用途管制、核发城乡建设项目规划许可、进行各项建设等的法定依据。

2. 新时期规划主要任务

  新时期国土空间规划以提高空间治理水平和治理能力为目标。国土空间规划任务可以从空间分工、空间保护、空间保障、空间品质、空间流动五个方面展开。其中，空间分工的任务是确定不同空间尺度的工作重点，明确不同类型规划的关注重点，重点划分生产、生活、生态三类主导功能；空间保护的任务是摸清基本家底，开展资源环境承载能力和国土空间开发适宜性评价，并保证生态安全、粮食安全、资源能源安全、公共安全；空间保障的任务是保障集约高效城镇空间和美丽宜居乡村空间；空间品质是指提高宜居宜业、景观风貌品质并改善生态功能、传承与保护历史文化格局；空间流动的任务从区域层面来说是加快形成网络城市群格局，促进大中小城市协调发展，从城乡层面，加快推进城乡融合发展，促进城乡人口对流，并降低要素流通成本。空间治理的任务包含：一是系统性治理，即通过统一的规划实施实现自然资源全生命周期管理；二是分级治理，即科学划分中央与地方的规划管理实施的权责关系；三是综合性治理，即空间治理要坚持整体推进。

3. 中国土地规划管理

中国土地规划管理包括基础调查、确权登记、用途管制、国土整治与生态修复、监测评估预警五个方面。其中，基础调查即自然资源调查，既是为开展国土空间编制提供了基础数据，也是各级规划确定与下达目标任务的基本依据，还是对国土空间规划实施情况进行监测、评估、预警的直接依据。确权登记是国土空间规划编制必须参考的依据，可以保障规划编制充分尊重产权、保护产权，统筹多元利益关系。用途管制是指土地使用者必须按照国家规定的土地用途、土地使用条件使用土地的制度，国土空间用途管制应该采取差异化的管理方式，综合运用"分区＋用途＋指标＋名录"四种手段，实现从单一用途管制向多手段综合管控转变。国土综合整治与生态修复是指通过实施国土综合整治、土地整理复垦、矿山地质环境恢复治理等，实现对山水林田湖草的系统治理。监测评估预警是指利用数字化工具与手段，对国土空间开发利用和保护情况进行监测、评估和预警，掌握国土空间规划各项指标执行情况和动态实施情况，为执法督察、绩效考核和政策制定提供参考依据。

7.4 产业用地提质的政策干预

7.4.1 土地集约利用

1. 逐步建立完善的土地要素流转制度

作为全民所有土地所有者的国家,按照民法和市场规则,引入市场机制配置土地资源,实行国有土地有偿使用制度,从源头上抑制浪费土地和粗放低效用地的行为。在公开、公平、公正的土地市场上,政府作为供地主体,遵循价值规律、竞争规律和供求规律,通过招标、拍卖、挂牌等方式,向市场主体出让土地使用权。在市场机制的调节下,国家履行土地所有者职责,实现国有土地保值增值,而土地使用者则按照利润最大化原则使用土地。按照国家政策导向,下一步将健全城乡统一的土地市场,完善全国统一的建设用地使用权转让、出租、抵押二级市场。

2. 个体理性行为矫正政策

由于市场主体追逐利润最大化,个体理性用地行为并不总表现为社会利益的最大化,因此政府必须以"看得见的手"对偏离社会利益最大化的个体行为予以矫正。该方向的土地节约集约利用政策具体包括城镇低效用地再开发、闲置土地处置、"增存挂钩"等,目的均是在市场主体取得土地使用权之后,通过经济、行政和法律等外部手段的介入,引导市场主体尽量按社会利益最大化原则节约集约用地[1]。

3. 用地控制标准和节地技术规范

国家基于土地所有者和土地管理者的双重身份,在区域、城市和项目三个尺度上,根据经济社会发展状况,制定并严格实施用地控制标准,全方位、多层次地推动地方政府和市场主体节约集约用地。如,通过探索制定区域单位国内生产总值建设用地下降率,制定实施城市人均城镇建设用地、城市土地平均容积率、建筑密度、单位土地投资强度等控制标准,制定执行工程建设项目用地控制指标、工业项目建设用地控制指标、房地产开发用地宗地规模和容积率等建设项目用地控制标准,制定实施禁止、限制用地项目目录等。

---

1. 靳相木,钱定伟,王冬. 中国特色的土地节约集约利用范式谱系[J]. 中国土地,2022(6):9-12.

节约集约用地的建造技术和利用模式的推广应用，处于政府和市场的交汇点，无法单靠市场机制完成。因此，可在用地取得、供地方式、土地价格等方面，政府制定配套优惠政策，形成全社会推广应用节地技术的激励约束机制[1]。

4. 优化空间格局的规划政策

优化国土空间格局是新时代我国土地节约集约利用的核心目标。该领域以国土空间用途管制为主要机制，以地方政府为主要行动主体，以形成节地型国土空间开发保护格局为具体目标，通过建立和实施"五级三类"国土空间规划体系，引导工业向开发区集中、人口向城镇集中、住宅向社区集中，推动乡村人口向中心村、中心镇集聚，产业向功能区集中，农田向适度规模经营集中。

该方向采用的政策工具主要包括三大类：一是永久基本农田、生态保护红线、城镇开发边界三条控制线；二是中央下达的耕地保有量、永久基本农田保护面积、林地保有量、森林覆盖率、城乡建设用地规模、建设用地总面积等规划控制指标；三是农用地转用审批、规划条件设置、建设用地规划许可、建设工程规划许可、乡村建设规划许可等国土空间用途管制工具。

5. 指标跨区域交易调剂政策

由于集体土地所有权无法交易，农村人口城镇化后的原低效闲置集体建设用地该如何处置，已成为当前我国城乡建设用地空间布局优化的重大难题。城乡建设用地增减挂钩政策的关键，在于将"虚拟市场"机制引入村庄布局规划实施中，即：乡村地区按照规划收缩发展空间，将农村建设用地复垦为耕地；而城镇扩展地区则可增加占用相同面积的耕地，并由政府给予乡村集体经济组织及其成员相应的经济补偿。城乡建设用地增减挂钩可突破县域尺度，而在省域范围或有条件地跨省域实施，已成为促进存量建设用地在城乡之间合理流动、推动乡村建设用地减量化和内部布局优化的重要政策工具。

6. 评价考核督察制度

国家对土地节约集约利用评价组织的考核督察，可在区域、城市、开发区和项目等不同空间尺度上展开。考核督查对象既包括地方政府（含开发区等功能区块的

---

1. 靳相木，钱定伟，王冬.中国特色的土地节约集约利用范式谱系[J].中国土地，2022（6）：9-12.

管理机构），也包括项目尺度的市场主体；运用手段包括经济、行政和法律三类。鉴于土地节约集约利用评价考核督察的政策多变性、阶段时效性、内容广覆盖性、范式多样性，在实务操作中常受到诟病[1]。

7.4.2 土地规模利用

1. 基于资源环境承载能力评价的土地规模约束

伴随城镇化与工业化的快速推进，大量耕地、生态空间受到侵占，应更多聚焦城乡建设用地规模控制，严格保护耕地和生态用地，满足多目标协同的国土空间治理需求。因此，应以"农业生产+城镇建设"为表征的承载能力，通过自然资源供给、环境容量等综合分析，来确定农业生产的承载规模和城镇建设的承载规模[2]。

2. 农业适度规模

实现农业土地适度规模经营的途径，是建立起合理有效的农地经营权流转制度，开放农地经营权流转市场，实现土地经营权的转移和集中。主要通过完善土地流转工作、实施新型农业经营主体示范带动工程、实施土地股份合作制经济组织提升工程、提高适度规模经营的设施化水平等措施实现土地提质利用。

3. 城市适度规模

引导城市用地适度规模发展，可通过严控城市规模、以产业集聚区为载体引导产业布局优化、集中建设服务配套设施三方面措施实现。

第一，严控城市规模。可通过"双评价"机制严格划定城市增长边界，加大城市内部空间重构的力度，并促使外部空间拓展从"发展需求决定新增建设用地供给"转变为"新增建设用地供给选择发展需求"并合理引导城市土地利用结构来实现城市适度规模集聚发展[3]。

第二，建立以产业集聚区为载体引导产业布局优化的土地调控机制。充分发挥国土空间规划和供地政策的调控作用，运用市场准入标准、经济杠杆和供地政策，调整优化城乡用地结构，引导并逐步实现工业向开发区（园区）集中、人口向城镇

---

1. 靳相木，钱定伟，王冬. 中国特色的土地节约集约利用范式谱系[J]. 中国土地，2022（6）：9-12.
2. 贾克敬，何鸿飞，张辉，等. 基于"双评价"的国土空间格局优化[J]. 中国土地科学，2020，34（5）：43-51.
3. 陈有川，范静. 严控新增建设用地规模对我国城市空间发展的影响[J]. 现代城市研究，2009，24（8）：50-53.

集中、住宅向社区集中，最大限度地发挥土地资源的集聚利用效应。

第三，鼓励各业态所需的配套服务设施集中建设。促进各类服务设施共享共用，提升综合服务水平；完善公共管理与公共服务等邻里中心综合设施，促进职住平衡。同时，各类开发区在统筹绿地规模和布局的基础上，鼓励集中建设、复合利用。

7.4.3 土地可持续利用

土地资源的稀缺性决定了耕地保护的重要性，可通过强化支农惠农倾斜政策促进耕地的可持续利用。在经济发展的同时，科学保护生态环境，创新生态补偿长效机制，促进城市可持续发展[1]。

1. 强化支农惠农倾斜政策

第一，建立耕地保护补偿机制。探索由市和县（市、区）从土地出让收入、新增建设用地土地有偿使用费等经费中筹集资金，建立耕地保护基金。通过财政补贴，直接增加耕地和基本农田保护重点地区的经济收入。

第二，鼓励推进绿色耕作方式。通过推行农业补贴政策、经济补偿、宣传教育等策略推行绿色耕种方式，实施种植多样化，积极施用有机肥和绿肥、严格限制化学农药的使用总量和施用时间等方式鼓励推进绿色耕作方式。

第三，全面保障农民合法权益。加大强农惠农政策力度，支持农产品主产区依托本地资源优势发展农产品加工业，优先在农产品主产区进行布局。推进产学研结合，加强农业教育，培育新型职业农民，通过国家奖励政策引导农学专业的大学毕业生深入农村实践。

2. 创新生态补偿长效机制

创新生态补偿长效机制可通过以下四个方面实现。

第一，完善自然保护区的生态补偿机制。提高自然保护区的规范化建设水平，通过政策引导自然保护区内及周边居民转变生产生活方式；全面评价各类建设项目对自然保护区生态环境的影响，根据评价结果逐步迁出区内及周边的建设项目。同时，建立和完善重要生态功能区的生态环境质量监测体系，研究建立重要生态功能

---

1. 邵永东. 辽宁沿海经济带土地可持续利用政策机制研究 [J]. 国土资源，2018（5）：42-43.

区生态补偿标准体系。

第二，加强流域水环境治理和保护。首先应当确保出界水质达到考核目标，确定横向补偿标准；搭建有助于建立流域生态补偿机制的政府管理平台，推动建立流域生态保护共建共享机制，并推动建立沿海经济带内跨行政区的流域水环境保护专项资金，实现流域生态治理和保护。

第三，创新海洋生态文明建设理念。应制定合理规划，有效引导和规范控制海洋资源开发，坚持开发和保护并重，污染防治和生态修复并举，科学合理开发利用海洋资源，维护海洋自然再生产能力，建设可持续沿海经济带。

3. 推进土地利用的绿色低碳转型发展

一方面，将绿色低碳目标要求融入土地利用政策体系的改革创新导向中，推动土地利用全面绿色转型，加快形成绿色的生产生活方式；另一方面，要持续关注优化重大基础设施、重大生产力和公共资源的空间布局，以构建有利于绿色低碳的国土空间开发保护新格局为改革目标，倒逼土地利用政策创新。

7.4.4　土地规划利用

可通过加强国土空间规划引领、区域统筹一体化利用、建立用地管控差别机制三方面政策，强化土地规划的实施与管理，从而实现土地合理高效利用。

1. 加强国土空间规划引领

国土空间规划是国家空间发展的指南、可持续发展的空间蓝图，同时也是各类用地开发保护和建设活动的基本依据。加强国土空间规划引领，首先要加强国土空间的指导和纲领性管控。在新时期国土空间规划背景下，要坚持多部门协作管理，充分发挥国土空间规划的顶层指导和约束作用，促进城乡协调发展，遵循城市经济发展规律，在合理利用国土资源基础上最大程度上提高土地利用的经济效率。加强国土空间规划引领，还需要落实详细规划指标管控。将国土空间规划的空间管制要求和规划控制性指标落实到土地要素配置上，明确土地利用效率提升、结构优化等目标。以详细规划作为实施国土空间用途管制、核发城乡建设项目规划许可、进行各项建设的法定依据，根据详细规划提出地块的容积率等规划条件，并在后续方案审查和规划许可阶段落实。

2. 区域统筹一体化利用

促进区域统筹一体化，实现金融、信息等各项要素跨区域发展成本最小化，促进区域协调高效发展，从而实现土地利用提质。区域统筹一体化利用可通过以下三方面实现：

第一，建立统一的建设用地指标管理机制，制订区域年度用地计划和定存量土地盘活工作方案，建立建设用地收储和出让统一管理机制、用地指标市场化调剂和有偿使用平台，以促进项目建设用地指标跨区域调剂。

第二，构建区域统一的"总体规划—单元规划—详细规划"三级国土空间规划体系。通过各省（市）共同组织编制、报批并联合印发一体化区域的国土空间规划和各类专项规划，做到统一基础底板和用地分类，统一规划目标和核心指标。制定细化可操作的国土空间用途管制规则，实施分级分类用途管制，逐步建立覆盖全域的"四线"管控体系。

第三，用好跨区域补充耕地国家统筹机制。统一指标标准和建立一体化平台的基础上，按照国家统筹、地方分担的原则，优先保障跨区域重大基础设施项目、生态环境工程项目所涉及新增建设用地和占补平衡指标[1]。

3. 建立用地管控差别机制

一方面，探索以主体功能区为载体的差别化用地管控机制。在划分土地利用区时，按照统筹兼顾、保证重点、区别对待的原则，在明确区域土地资源利用方向和重点的基础上，根据土地资源和环境承载能力，土地利用现状和开发潜力，系统研究人口分布、经济发展、产业布局及土地开发格局，以形成主体功能区，从而制定并实行差别化的用地管控政策。另一方面，创新以土地利用功能分区为载体的差别化用地管控机制。科学划分国土整治战略中具有空间属性的土地利用功能区域，建立符合实际的差别化用地管控体系，从空间上协调生产力布局和土地资源配置，统筹各类各区域用地，创新土地利用高效模式，突出重点区域、重点产业、重点项目用地，构建科学发展用地保障新机制。

---

1. 王梅. 区域发展中土地利用政策再探讨 [J]. 资源与人居环境，2021（4）：21–23.

关键术语

土地利用、土地利用效益、农业土地分区利用、城市土地分区利用、土地集约利用、土地规模利用、土地可持续利用、土地规划利用

思考题

1. 城乡建设用地"增减挂钩"制度在促进土地集约利用、规模利用中发挥了什么作用，以及还存在哪些问题？
2. 我国的各类开发区面临着怎样的土地利用效率问题？需采取怎样的政策干预？

参考文献

[1] 陈有川，范静. 严控新增建设用地规模对我国城市空间发展的影响 [J]. 现代城市研究，2009，24（8）：50-53.
[2] 陈哲. 南京城市用地的空间变动研究 [D]. 南京：南京师范大学，2007.
[3] 贾克敬，何鸿飞，张辉，等. 基于"双评价"的国土空间格局优化 [J]. 中国土地科学，2020，34（5）：43-51.
[4] 靳相木，钱定伟，王冬. 中国特色的土地节约集约利用范式谱系 [J]. 中国土地，2022（6）：9-12.
[5] 邵永东. 辽宁沿海经济带土地可持续利用政策机制研究 [J]. 国土资源，2018（5）：42-43.
[6] 王朗玲，魏枫. 中国农地制度变革对农业生产力及其布局的影响 [J]. 求是学刊，2003（1）：53-60.
[7] 王梅. 区域发展中土地利用政策再探讨 [J]. 资源与人居环境，2021（4）：21-23.
[8] 毕宝德. 土地经济学（第八版）[M]. 北京：中国人民大学出版社，2020.
[9] 何芳. 土地经济与利用 [M]. 3 版. 上海：同济大学出版社，2020.
[10] 黄贤金，陈志刚，钟太洋. 土地经济学 [M]. 3 版. 北京：科学出版社，2009.
[11] 王克强，王洪卫，刘红梅. 土地经济学 [M]. 上海：上海财经大学出版社，2014.
[12] 王万茂，王群. 土地利用规划学 [M]. 北京：科学出版社，2010.

下篇
规划原理与实务

第 8 章　　国土空间规划体系中的产业专项规划

第 9 章　　省域国土空间产业规划

第 10 章　　市县域国土空间产业规划

第 11 章　　乡镇国土空间产业规划

第 12 章　　重点片区产业规划

第 13 章　　乡村产业规划

第 8 章
国土空间规划体系中的产业专项规划

■ **导语**

产业规划在国土空间规划体系中的角色和作用是什么？回答这个问题，首先需要从国际视野和历史视野看待产业规划的类型和实践历程，以及产业规划在城市和区域经济发展中的作用。进一步地，本章将探讨当前国土空间规划体系中的产业专项规划内涵重构和产业专项规划在各个层级国土空间规划体系中的作用。

8.1 产业规划的国内外研究

8.1.1 国际视野下的产业规划

很多国家并未明确定义"产业规划"，国外关于这方面的理论研究也相对较少，它常被当作政府干预产业发展的一种方式。在市场经济国家，市场是经济运作的主导力量，而政府具有辅助的调节功能，政府对产业经济发展的规划、计划均是通过一系列产业政策来实现，因此产业规划与产业政策密不可分。在日本、法国等资本主义计划式国家，指导产业发展的经济计划实际上就是产业结构政策、产业技术政策和产业布局政策的总和。西方国家政府的理念和行为经历了保护主义—自由主义—新干涉主义几个阶段，对产业政策的态度也随之多次转向。事实上，规划是宏观层面的战略步骤和方案，而政策是具体准则和指南，是规划的实施途径和手段，两者不可分割。

1. 美国的经济与产业发展规划

美国的产业发展主要依靠市场机制，但并不意味着政府无所作为。事实上，美国推行的是一种比较隐蔽却卓有成效的战略指引与政策集成，是一系列形式各异、涉及广泛、手段多样的产业政策[1]。从独立建国到现在，美国政府各种类型的产业政策一直以不同形式存在着，多以政府部门战略计划、咨询报告、发展战略、政策评估等形式发布，并由美国立法机构、行政机构和司法机构共同实施，在美国经济社会发展中发挥着重要作用。从目前看，产业政策体系由产业技术政策、区域政策和其他改善经济环境、促进就业等方面的政策组成，由多个实施机构联合开展和推广。美国产业战略的总体目标是实现美国在全球先进制造业的领导地位，确保制造业供应链的安全，为军事工业和全球军事行动能力提供技术、物资和供应保障。美国的产业政策对美国产业转型发展与经济增长具有重要推动力量，综观这些产业政策，具有以下基本特征[2]：

创新性。美国政府通过出台一系列创新法案，在战略部署上逐渐将政策重点聚焦为发展先进制造业，形成了以提升产业核心竞争力为主要目的，以创新政策为核心的现代化产业政策体系。比如，奥巴马政府先后出台《美国创新战略：推动可持续增长和高品质就业》（"A Strategy for American Innovation: Driving Towards Sustainable Growth and Quality Jobs"，2009）、《美国创新战略：确保经济增长与繁荣》（"A Strategy for American Innovation: Securing Our Economic Growth and Prosperity"，2011）、《美国创新法案》（"Innovation Act"，2014）、《美国创新战略》（"A Strategy for American Innovation"，2015）等产业政策，将产业政策视为美国创新驱动经济发展的纲领性行动计划，旨在抢占全球科技制高点，保证美国经济发展的繁荣昌盛与安全稳定。经过多年发展，美国已拥有较为成熟的创新制度环境，形成富有活力的产学研协同创新模式，孕育了谷歌、苹果等世界知名企业。

前瞻性。美国政府富有前瞻性地将人工智能、量子通信、新材料、生物技术作为下一阶段发展的关键行业，不断增加其研发投资。美国产业政策的前瞻性主要体现在的先进制造产业发展规划。比如2019年2月，美国白宫网站发布了题为《美国主导未来产业》（"America Will Dominate the Industries of the Future"）的一项发

---

1. 顾强，王瑞妍，董瑞青，等. 美国到底有没有产业政策？——从《美国先进制造业领导战略》说起[J]. 产业经济评论，2019（3）：113-124.
2. 邓洲，叶云岭. 产业竞争力报告8：美国产业政策调整及其全球影响[EB/OL]. （2022-02-10）[2024-02-28]. https://www.thepaper.cn/newsDetail_forward_16597258.

展战略，涵盖人工智能（AI）、先进制造业、量子信息科学和5G技术四项关键技术，其坚持两个原则：一是能够促进美国繁荣，二是能够改善国土安全。

间接性。 由于美国的经济发展奉行新自由主义，因此建立了一套具有间接性特点的"隐蔽"产业政策。其主要特点是在美国独特的市场机制下，政府出台的产业政策往往作为一种兼具服务性和功能性的工具作用，鼓励高校、企业、科研机构、中小企业的研究成果在市场机制的导向下，在更大程度上得以扩散，并筛选有潜力与竞争力的技术推行产业化，并主导多边和双边贸易协定，以投资、商业贸易、产品分工占据并瓜分市场。

系统性。 目前美国产业政策体系主要由产业技术政策、产业组织政策以及其他产业政策组成，此三者在美国产业政策体系中长期存在，持续贯穿指导着美国成为制造业强国的发展道路。此外，美国的产业政策涉及多部门联合执行，国防部、国立卫生研究院、能源部、国家航空航天局、国家科学基金、农业部、商务部等机构推行产业技术政策，联邦贸易委员会、司法部以及各级司法机构实施产业组织政策，联邦小企业管理局、经济发展局等机构实行其他产业政策。

2. 德国的经济与产业发展规划

20世纪50年代，在秩序自由主义的指导下，联邦德国政府制定了"社会市场经济"模式，又称为"莱茵模式"，首要目标是在战后德国经济实践中引入竞争机制，鼓励企业家精神和促进市场自由化。社会市场经济包含社会和市场两个概念，其基本原理是把市场自由与社会平衡结合起来，强调经济政策须遵循经济理性与社会福利相结合的原则，借助市场竞争提高人民福祉，导向社会公正。在德国社会市场经济体制的实践中，国家干预所扮演的角色经历了摇摆过程。尤其是2008年金融危机以后，德国政府采取了国有化、经济复苏政策和金融市场规制等手段，呈现出"国家回归"的趋势。因此，较之信奉自由主义的美国，它的产业规划更多地强调组织化的指令性推进。德国的产业规划可分为国家层面的产业战略和为了实现战略目标而制定的保障性计划和政策。

国家产业战略。 以2019年为分界点，学者们将近些年德国政府角色转变分为两个阶段[1]。第一阶段：2019年之前，德国政府经济角色处于以维护市场和企业发展框架条件为准则的"大市场，小政府"阶段。第二阶段：2019年至今，德国政府

---

1. 李青，韩永辉，张双钰. 德国政府经济角色转变的表现特征、动因分析和对中德关系的影响——以《德国工业战略2030》为线索[J]. 东方论坛，2022（3）：70-86.

经济角色进入"大市场、大政府"阶段。这一阶段的德国政府角色特征表现为"直接干预经济"型、"主动革新战略"型、"局部贸易保护"型和"双向联动欧盟"型，即"大市场、大政府"。这一阶段政府指导经济的力度显著增强，但企业和市场的决策机制并未明显削弱。

保障性产业计划和政策。为保证以上产业战略的顺利实施，德国提出并实施了一系列保障措施。为促进区域平衡，德国制定了《创新地区计划》（"InnoRegio"）等保障性计划政策并对东部投入大量研究资助款，旨在平衡东西部经济发展以及助力经济情况稍有逊色的东德地区顺利实施制造业创新政策[1]。此外，德国政府还在人才培养引进、金融领域、税收补贴等方面进行了制度创新和改革。

3. 日本的经济与产业发展规划

日本是第二次世界大战后产业结构调整最为迅速和成功的国家之一。尽管其并没有直接提出产业规划一词，而是以产业路线或是产业政策的形式发布。20世纪末日本面临资产泡沫，经济增速渐缓，日本政府提出了"新技术立国"和"科学技术立国"的方针，重点发展创造性知识密集型产业，也取得了巨大的成功。日本是一个中央集权国家，政府根据每个时期经济发展的需要和有关产业的地位及其作用来确定各个时期适应世界经济潮流的重点产业，并通过各种倾斜手段加以扶持，以促成整个产业结构的合理化和高度化。近年来日本的产业战略和政策，具有代表性的有全国层面的战略性技术路线图和区域层面的产业集群规划。

国家产业战略性技术路线图。日本经济产业省（METI）于2005年3月首次公布《技术战略图》（"Strategic Technology Roadmap"），共确定了20项战略重点技术，保持每年更新，不断扩展和丰富其内容。这并非日本首创，而是日本经产省借鉴美英等国技术路线图有关经验，研制的一种用于政府实施产业科技创新管理的战略工具。战略性技术路线图是包括主体报告、产业应用指南、科研路线图以及提高公众认知的情景描绘在内的一整套产业技术创新战略管理解决方案，并不只是单纯的一份年度发布的路线图研究报告。它是编制年度预算方案的重要依据，是各个领域产业研发项目立项决策的重要支撑，促进产学研各方围绕路线图制定和实施更详细的计划，同时通过情景描绘让国民了解国家科研投资的用途[2]。

产业集群规划。"培育具全球竞争力的区域产业集群"是日本政府2001年形

---

1. 底晶. 德国创新产业政策演进及对中国的启示[J]. 上海经济，2017（1）：64-79.
2. 李万，吴颖颖，汤琦，等. 日本战略性技术路线图的编制对我国的经验启示[J]. 创新科技，2013（1）：8-11.

成的产业发展战略。日本产业集群规划以地域特性为基础，通过不同发展模式和策略促进形成不同的产业集群，支撑区域经济和部署世界级新型商业活动为目标，致力于构筑和加强区域范围内的"产业—政府—研究机构"合作。日本试图通过产业集群规划的实施，实现创新的产业链式效应，带动知识和信息的循环聚变，增强对经济环境风险的抵抗能力，加强区域品牌建设和加速创造国际型产业集群。日本第六次国土综合规划（国土形成规划）提出建设广域综合体，即创新空间和产业管理模式，强调国土平衡开发和发展需求。通过整体范围的分区域国土综合开发，鼓励各区域根据自身需求选择适宜的国土发展道路。日本产业集群规划作为国土综合规划的延伸，促进了产业合理布局和附属职能提升，与广域综合体建设相互配合[1]。

8.1.2 我国产业规划的类型

1. 概况

我国的产业规划历史悠久，尤其是在新中国成立初期，产业规划在整个国民经济发展中起到了重要作用，这种干预的"传统"沿袭至今。长期以来，与产业相关的规划一般依附于国民经济和社会发展规划或区域规划、城市规划而存在[2]，可能是其中某一个或几个章节，也可能是一个专题研究。"产业规划"一词不指代某种规划，而是与产业相关的所有规划合集的含义，主要包含产业发展规划、产业发展研究、产业布局规划和产业用地政策四个方面。

从全流程的视角，产业规划一般分三步走，强调"产业主导、空间支持、政策支撑"。首先，由某级政府或发改部门牵头，经信、农业、科技、商务、交通等行业主管部门分头或共同研究制定产业发展规划或产业发展研究。产业发展规划及研究是国民经济和社会发展规划的重要内容，对国家、省、市整体或某一产业发展的内容做出指引性的调控导向，提出产业发展的战略目标，但在空间落位上并未有准确指引。其次，由规划部门通过产业布局规划在空间上进行落实。产业布局规划是针对于产业用地空间布局的规划，解决的是产业与用地匹配的问题[3]，具有较强的协调性。最后，由政府部门制定和颁布产业用地政策来实施以上两个步骤的产业规

---

1. 朱惠斌. 日本产业集群规划的特征及启示 [J]. 世界地理研究，2014，23（1）：93-102.
2. 杨宇民，左苏华，焦胜，等. 工业用地专项规划核心问题的探讨——以长沙市为例 [J]. 南方建筑，2022（9）：26-33.
3. 贺传皎，王旭，邹兵. 由"产城互促"到"产城融合"——深圳市产业布局规划的思路与方法 [J]. 城市规划学刊，2012（5）：30-36.

划。产业用地政策是针对产业用地空间管控实施的规定，解决规划实施的问题，具有较强的落地性。

2. 产业发展规划

我国的产业发展规划属于产业经济学领域，主要是指发改部门牵头编制的国民经济和社会发展五年规划中的产业发展相关内容，以及据此编制的各级各类产业发展规划。

国民经济和社会发展规划为国家重大建设项目、生产力布局和国民经济重要比例关系规定发展目标和方向，是统筹安排和指导全国或某一地区的社会、经济、文化建设工作，并阐明国家战略意图、明确政府工作重点、引导规范市场主体行为的战略规划。反过来理解，产业发展规划也是国民经济发展规划和区域经济发展规划的核心内容，是政府科学有效干预市场的核心公共政策，是推进经济转型升级的重要手段，对于优化生产力布局、构建现代产业体系、提升经济综合竞争力具有重大意义[1]。

产业发展规划可分为区域产业发展规划和专项产业发展规划两类。区域产业发展规划是指特定区域为促进产业持续健康发展而进行的明确产业发展定位、构建产业体系、统筹产业空间布局、谋划重大产业项目、营造产业发展环境的总体战略部署和全面安排。专项产业发展规划是针对特定产业的规划，例如高新技术产业、生产性服务业、文化创意产业、旅游产业、现代农业等，在把握产业发展趋势和立足区域发展条件的基础上，提出具有战略性、前瞻性、方向性的发展思路，并就重点领域发展策略、重点项目以及产业促进措施等方面进行具体部署和安排。

值得注意的是，产业发展规划多强调产业发展的指导思想和思路，规划内容主要为产业选择、产业发展规模评价、产业布局合理化，其空间布局内容一般是粗线条、大轮廓的示意图。

3. 产业发展研究

产业发展研究往往由某一级政府牵头，依据当前形势和需求，对支柱产业或新兴产业提出长期发展目标及发展设想。例如：2015年由国务院发布的《中国制造2025》，是我国实施制造强国战略第一个十年的行动纲领；2018年山东省人民政府

---

1. 丁洁芳，汪鑫. 我国城市产业规划研究进展与展望[C]// 中国城市规划学会. 共享与品质：2018中国城市规划年会论文集，2018.

印发《山东省新能源产业发展规划（2018—2028年）》，提出新能源产业的发展形势、发展思路、重点任务和保障措施。这一类产业发展研究更偏重长期目标，是在研究产业发展形势的基础上，形成产业发展思路和配套保障政策，为五年发展规划提供指导。在城乡规划领域，尤其是宏观层面的城市发展战略规划或总体规划中，也可能存在产业发展研究，一般以专题研究的形式存在，往往与产业布局规划结合较为紧密。

4. 产业布局规划

产业布局规划是对一定地域范围内的某种产业的建设与发展进行总体部署、管理和控制。规划的范围可大可小，上至国家级、大区级，下至园区级；规划对象可以是某一类产业，也可以是若干类产业；它必须落实在一定的时间段落（即规划期限）和空间区位上。

我国的产业布局规划（也称"产业空间规划"）一般认为属于城乡规划学领域，常见的编制方式是在市级总体规划中作为产业专项研究出现；也有一些地方以"生产力布局规划"为名，由发改部门或其行业主管部门编制，或与规划管理部门联合编制。

产业布局规划的主要编制内容为：①分析评价地区资源和建设条件，预测产业分布格局和地区发展方向；②合理布局产业空间，对已有不合理产业空间进行调整改造，对产业项目进行选址选点，产业园区/集群的土地利用规划；③与其他相关用地合理组合，例如城镇居民点用地和其他相关配套产业服务用地；④合理规划和衔接交通等基础设施。

有时，产业布局规划的编制内容会与产业发展规划有重复之处，例如产业现状分析、产业结构调整、产业发展趋势判断等内容。一般来说产业布局规划应遵循上位或同级的产业发展规划中的相关内容，可进行一定程度的细化和优化。

5. 产业用地政策

产业用地政策是指国务院、国务院办公厅及自然资源部等部门的规范性文件中规定的适用于特定行业的用地政策（上述特定行业不包括房地产业）。根据《产业用地政策实施工作指引（2019年版）》（自然资办发〔2019〕31号），目前我国国务院和有关部委颁发的、仍在有效期内的产业用地政策文件有90项。

产业用地政策包括特定行业涉及的国土空间规划、土地用途管制、土地利用计划安排、土地供应、土地利用、不动产登记等各类政策，含义非常广泛。一些城市会出台临时的规范性文件作为本市某区域、某类产业适用的特殊用地政策，例如近几年新型产业用地政策是一个热点，南京、深圳、上海、杭州、温州、福州等十几个城市出台政策文件，明确新业态、新产业用地类型，运用多种方式供应新产业用地，采取差别化用地政策支持新业态发展[1]。

产业用地政策是产业发展规划和产业布局规划得以实施的基础保障。在我国，一般不认为产业用地政策属于产业规划，因此产业规划与产业用地政策之间存在较为明显的衔接错位、互相适应性差的问题。

8.1.3 我国产业规划的实践历程

新中国成立后，我国的产业规划大体上可分为计划经济时期和改革开放以来两大阶段。

1. 计划经济时期

从 20 世纪 50 年代开始，中国学习和实施了苏联的计划经济制度。计划部门在拟订经济发展战略和发展规划、制定产业政策和价格政策、监测和调节国民经济运行、搞好经济总量平衡、优化重大经济结构、安排国家重大建设项目等方面做了大量工作[2]。在国家层面，国民经济和社会发展五年规划（计划）是国家规划体系中发展最早、结构最完整、影响最大的规划，长期以来作为国家和地方社会经济发展的纲领性、战略性文件，也是各层面产业规划的主要依据。

区域产业发展规划。这 30 年间，高度集中的指令性"五年计划"成为勾画我国工业产业发展和空间宏观布局蓝图的基本手段。"五年计划"的最主要特点是"抓两头"：一头是抓宏观布局的重点地区和整体结构，另一头是抓事关整体结构的重大项目。在计划内容上，产业关系的调整是重要内容，"工业化"是计划的主线，重工业是计划的核心，而城镇化没有被纳入计划视野。在发展时序上，五年计划之间具有明显的扩张期和收缩期交替的特点，一个"扩张型"五年计划伴随着下一个"收缩型"五年计划，这是计划经济、高度集中体制的发展特点决定的。在决策流程上，一般来说是由政治决策主导计划编制。

---

1. 刘力兵，岳隽，陈小祥，等. 新型产业用地政策调控机理研究 [J]. 规划师，2020，36（20）：27-31.
2. 王利. 中国市县"五年规划"中的空间布局规划：理论、方法、实例 [D]. 大连：辽宁师范大学，2008.

第一个五年计划（1953—1957年）：恢复经济秩序，补齐产业短板；"二五"到"四五"（1958—1975年）：经济曲折波动，产业大起大落；第五个五年计划（1976—1980年）：在过渡中酝酿改革。

城镇产业布局规划。 1949年后，明确了社会主义城市"生产性"的属性，并确立了重工业优先的工业化战略，工业布局成为城市规划最重要的内容和先导因素。依据资源、交通条件、风向、水流等确定工业布局，再由工业布局决定居住布局，逐步完善周边配套的"单位大院"模式成为城市规划的主流思路。这一时期，在城市总体规划层面结合工业建设实践、苏联经验和技术标准等探索，形成了相对固定的城市总体规划中的工业区布局内容和原则，其中一些经验做法延续至今。例如南京、上海、西安、广州等城市总体规划，新工业区一般在历史城区外围，同时通过生活区有机衔接，体现产城结合的理念；为解决产业工人居住问题，配合工业布局开展"服务于工业区"的工人新村规划建设。而1964年启动的"三线建设"，显著特征是工业布局远离城市而且分散布局，城市建设弱化为工业建设的附属工程，例如攀枝花、六盘水、十堰等城市，工业企业的布局规划在一定意义上取代或者包含了城市规划。

2. 改革开放以来

十一届三中全会召开以后，社会主义市场经济体制、土地有偿使用制度建立、对外开放和设立特区等一系列改革背景下，市场机制和价值规律在经济发展、产业布局中的作用逐步体现，产业规划也呈现出完全不同于以往的特点和作用。产业规划不再单一作为计划的延伸和落实，"以地招商"发展模式下的产业规划成为"空间生产"的重要手段。宏观层面，产业规划由产业项目的区域布局向行业布局和产业政策的区域化转化；中观层面，产业空间的布局规划向区位价值选择和产城空间联系转化；微观层面，产业规划成为空间营销和布局引导的双重依据。

改革开放以来，国家层面的产业布局规划突破了计划经济时期以"五年计划"为主的单一形式，具有多重表达方式和规划途径，主要包括：国家顶层设计的一系列政治决策中事关产业布局的安排；国家"五年计划（规划）和十年规划"中的产业规划；专门的产业规划或产业政策对产业的空间部署；有关重要区域、次区域规划中对产业布局的安排。在城镇产业布局规划层面，主要包括：法定城镇总体规划中的产业布局规划，以及各类产业功能区（特殊产业政策区）的详细规划。

国家顶层设计中的产业规划。 作为单一制的社会主义国家，中央层面的重要决策，无论是空间性的还是非空间性的，对产业发展和空间布局在一定程度上发挥着

"元规划"的重要作用。以国家对外开放的部署为例，我国的对外开放在地域空间上呈现出明显的层次推进，从沿海向内陆递进，由中心城市向一般城市扩散的特点。例如1980年确定四个经济特区，1984年确定对外开放14个沿海开放城市并建设首批国家级经济技术开发区，是顶层设计对产业空间最为直接的规划决策。除此之外，其他有关领域的改革安排，如行政体制改革、分配体制改革、所有制改革等，或直接或间接地对产业布局产生影响，也可以视为"体制改革的准空间规划效应"。

国家综合性五年计划与规划中的产业规划。改革开放后，五年计划的模式在改革中得到继承和发展，并成为促进、引导和服务于改革开放部署的重要工具；五年计划的核心内容依然是对产业发展及其布局的宏观部署和引导，1980年至今经历了"六五"至"十四五"总共九轮"五年计划（规划）"，其与产业规划有关的核心内容包括：第六个五年计划（1981—1985年），扭转产业结构，产业均衡发展；"七五"到"九五"（1986—2000年），以直接干预为主的产业政策成型期；第十个五年计划（2001—2005年），吸取危机经验与产业国际化；"十一五"到"十二五"规划（2006—2015年），从间接干预向引导发展转型；"十三五"到"十四五"规划（2016年至今），双循环与统一大市场。

重要区域、次区域的产业规划和产业政策。在国家和区域层面，还有一系列相关的区域规划与政策，也对产业发展及其空间布局提出了具体规划或者发挥了引导作用。例如全国城镇体系规划纲要，与西部大开发、东北振兴、中部崛起等区域总体发展战略对应的区域规划和主体功能区规划等，以及诸多国家级区域规划，如沿海地区发展规划、陕甘宁老区振兴规划、长三角地区区域规划等，以及近几年出台的各大城市群、都市圈等次区域规划，均有对产业发展的布局安排。除此之外，为应对金融危机而专门出台的十大产业振兴规划、战略性新兴产业规划等，以及专门的部门性产业规划，均对我国各区域和城市的产业发展和布局产生了重要影响。

城市产业布局规划。20世纪八九十年代，在全面借鉴外国理论、总结我国工业布局实践经验的基础上，我国工业地理学和生产力布局学研究形成了丰硕的成果，成为指导工业布局规划的重要理论基础。城市产业布局规划既可以独立存在，即以市县为单元编制专门的产业或工业布局规划，也可以作为法定城市总体规划中的专题或专篇存在。这两种形式的编制内容相似，都包括对市域市区的产业发展、产业空间布局和产业用地规模进行系统规划；编制出发点略有差异，前者注重对辖区内的产业园区和用地进行整合整理，后者从全市域角度系统谋划产业发展与结构性的布局规划，以支撑城镇体系规划；当前两者有逐渐融合的趋势。近十年，二产以外的其他产业布局规划逐渐得到重视，包括农业、生产性服务业、旅游业等产业专项规划编制逐渐增多。

各类产业功能区规划。改革开放以来城镇工业发展布局的重点就是各级各类产业功能区,即"由政府批准设立,有明确的地域空间界限,并被赋予了一定优惠政策和具有特殊管理体制的开放开发地区",包括经开区、高新区、海关特殊监管区域、边境/跨境经济合作区、其他类型开发区等,以及一系列新型开发区,如国家级新区、自主创新示范区、自由贸易试验区等。这些区域及其扩大范围,一般均编制了功能区总体规划及详细规划,甚至相应的管理机构被赋予了规划制定和审批权限。功能区的政策范畴比较具有时效性和灵活性,可基于政府决策而赋予或改变;而功能区的产业空间、配套设施等空间要素的布局和配置则具有持续性,即使政策退出后也仍然是产业集聚区。因而功能区的空间规划不仅要满足园区自身的特定功能要求,更要遵循城市空间发展的一般规律[1]。

8.2 国土空间规划体系中的产业专项规划内涵重构

8.2.1 专项规划在规划体系中的定位和作用

为深入推进规划体系改革,中共中央、国务院先后印发了《关于统一规划体系更好发挥国家发展规划战略导向作用的意见》(中发〔2018〕44号,以下简称44号文)和《关于建立国土空间规划体系并监督实施的若干意见》(中发〔2019〕18号,以下简称18号文),明确了规划体系的基本框架。

专项规划是发展规划体系和国土空间规划体系的重要支撑。44号文明确"建立以国家发展规划为统领,以空间规划为基础,以专项规划、区域规划为支撑,由国家、省、市县各级规划共同组成,定位准确、边界清晰、功能互补、统一衔接的国家规划体系",并对国家级专项规划的功能定位、编制主体、编制对象、编制程序等提出了要求;18号文明确提出,"国土空间规划是对一定区域国土空间开发保护在空间和时间上作出的安排,包括总体规划、详细规划和相关专项规划",并对相关专项规划的内涵、类型、编制主体、规划编制和审批要求等做出了规定。专项规划作

---

1. 赵民,王启轩. 我国"开发区"的缘起、演进及新时代的治理策略探讨 [J]. 城市规划学刊,2021(6):28-36.

为发展规划体系和国土空间规划体系中都存在的重要规划类型，按照体系从属要求，应同时遵循 44 号文和 18 号文的有关要求，充分发挥对两个规划体系的支撑作用。

专项规划是优化资源要素配置的重要工具。 政府虽不是资源配置的主体，但可通过某一类专项规划引导资源向国家战略指明的方向配置。比如：基础设施短缺时，通过编制基础设施专项规划，引导资源向基础设施领域配置；对于需要提供公共产品的公益性领域，同样也需要政府主导编制专项规划加以配置。尤其是产业专项规划，是政府调控资源配置的重要规划类型。此外，专项规划应发挥专业性优势，重点研究所涉特定领域的发展趋势和分布规律，提早预留空间，制定完善政策，为市场指明方向[1]。

8.2.2　产业专项规划的局限和不足

产业规划基础理论体系指导作用有限。 产业规划的基础理论主要有：发展阶段理论、产业结构理论、主导产业理论、劳动地域分工论、比较优势理论、产业集群理论，各种不均衡发展理论如区位论、中心地理论、增长极理论、梯度转移理论等。这些基础理论适用范围大都过于宏观、长期，对于范围较小的城市，或者需要给出近中期实践方案时，指导作用并不大[2]。并且因为忽视了信息、地域文化、企业组织、人口流动等重要因素，对当今信息化社会的适用性不强。另一些理论如全球化理论，对普通的中小城市并不适用，但我国有上百个城市提出了参与全球竞争的计划，很大程度上产业规划是在套用既有理论，且并未加以选择和检验[3]。总之，目前产业规划基础理论体系不完善、针对性不强、未经必要选择、难以适应新阶段，使产业规划面临严峻挑战。

产业规划实践环节在方法上较为滞后。 过去的产业布局规划，在内容上侧重第二产业布局，侧重未来五年的空间安排；在规划思路上，以增量规划、解决新增产能用地为导向；在规划方法上，以传统的工业区位论及线性模型预测分析为主[4]。产业空间是城镇开发边界的重要组成内容，在新的国土空间体系下其规划方法研究较为滞后[5]。相对于发达国家成熟的地域功能规划与治理体系，以及完善地域功能理论体系的研究需求，目前中国现代地域功能理论在基础研究、综合功能区划方法

---

1. 王昆，胡飞，杨昔. 规划体系改革中专项规划的编制思路 [J]. 中国土地，2020（9）：24-26.
2. 孙明芳，王红扬. 产业规划的理论困境及其突破 [J]. 河南科学，2006（1）：149-152.
3. 吴扬，王振波，徐建刚. 我国产业规划的研究进展与展望 [J]. 现代城市研究，2008（1）：6-13.
4. 高喆，梅琳. 多重转型下产业布局规划方法探索 [J]. 现代城市研究，2018（6）：67-71+112.
5. 潘晶，古海波. 城市产业空间资源配置策略探讨——以深圳市坪山区为例 [J]. 规划师，2021，37（21）：44-50.

及实践方面还存在着薄弱环节,在产业空间配置方面主要表现在"拍脑袋式"的空间定性判断较多而定量判断不足、对本底空间的基础性功能缺乏研究、园区等产业集聚空间缺乏统筹规划等。

8.2.3　产业专项规划的思路转变

在我国,从计划经济以来一直对物质空间有强干预的传统。原先城市规划范畴内的产业布局规划,主要是将工业用地分级布局,并框定用地规模,更多关注是否符合规范、符合理论,而较少顾及规划方案对后续产业引入的弹性与适应性。国土空间规划时代,我们需要跳出产业布局规划的传统思路,统筹考虑三次产业的发展路径,充分尊重市场配置资源的基础作用和企业的主体地位,考虑产业空间需求的多样化,从产业需求侧与空间供给侧两个角度出发,提出产业专项规划的思路转变[1]。

立足角度:从单一的空间视角转向产业与空间互动的双重视角。传统产业布局规划往往由规划部门主导,由于专业结构和部门事权所限,往往仅关注空间本身,忽视其所承载的产业主体,这会导致产业定位模糊、空间发展路径不清晰、土地效益低下、空间布局无序等一系列后续问题。空间规划服务于城市发展,而产业是城市发展的核心引擎,因此,产业专项规划必须转向立足于产业与空间的互动,将产业发展、空间资源最优利用、空间价值最大化等多要素、多情景目标统筹考虑,将产业发展的各种诉求在空间上予以落实,侧重于如何通过空间布局安排,满足产业自我更新迭代需要。

产业门类:从关注第二产业布局转向统筹安排三次产业。传统产业布局规划往往注重工业用地布局,或者二三产结合。新发展阶段,产业规划应以三次产业竞相发展为目标,在"实行最严格的生态环境保护制度"前提下,探索"全面建立资源高效利用制度"和"土地要素市场化配置"。产业布局应统筹"三区三线"和三次产业,以产业布局引导实现国土空间格局的优化[2]。生态红线内应严格限制人类活动,生态空间内允许布局生态型旅游业;永久基本农田内仅允许布局农业,农业空间内允许布局第一产业、涉农旅游业和少量农产品加工业;城镇开发边界内优先布局第二产业、第三产业。

关注重点:从空间安排转向政策设计。随着城市发展模式转向以存量更新为主,

---

1. 赵琨,周琳."工业 4.0 时代"产业空间规划的思路变革[J].中国土地,2019(11):37-39.
2. 周琳,段文婷,于连莉,等.基于综合承载力评价的市域产业布局规划方法探索——以"十四五"时期青岛市产业布局规划为例[J].现代城市研究,2021(8):31-38.

产业布局规划在空间安排上可以发挥的余地变小，更需要以政策设计的方式提供操作依据。因此，产业专项规划应逐步向政策机制引导转变，以刚性的政策机制来保障弹性空间安排的有效落实。其核心是在底线约束下，以控制线方式框定产业用地规模、区位等，以通则形式做好用地比例和产业类型管控，在宏观层次上统筹把握产业落位及与其他功能的协调，即留足空间弹性。同时，为了避免放得太宽，须设计产业准入和退出机制，以及产业土地整备、出让、复合兼容等相关政策。

规划方法：从主观安排转向基于科学评估的理性判断。传统产业布局规划通常针对现状产业布局情况，以定性和主观的方式对未来产业布局做出判断。国土空间规划体系中的产业专项规划应首先进行科学客观的评估工作。首先，土地空间特征仍然是前期评估的重点，包括空间区位、交通区位、地形地势地质、可用土地规模、基础建设情况、资源条件、环境制约、潜在变化等。其次，产业空间需求特征是评估的关键。不同类型产业的空间需求不同，通常依据产业形态、产品形式、运输方式、人力需求、成本敏感性、研发环境需要、特殊区位需求、产业链空间相关性等要素，可获取一定的规律。此外，考虑到产业发展的可变性，亦需要对产业发展趋势与路径做出合理判断，为后续的空间预留、土地整备提供依据。

产城关系：从割裂转向融合。在城市普遍的"退二进三"进程中，产业用地日渐萎缩，新产业难以在服务较完善的区域寻觅到低成本空间；外围产业新城培育过程中，过分让位于产业，服务配套不足。随着产业研发环节重要性的提升、人机结合的柔性化生产线普遍运用，人的作用更为突出。体现到空间上，应缩短人与生产、研发环节的空间距离，强化城与产之间的有机融合。鉴于未来产业空间格局将呈现更为明显的网络化特性，需要真正多中心的城市结构。一方面，规划应密切关注由产业结构调整、产业转移、人口迁移等因素引发的人口分布变动，将公共配套设施、交通网络向产业集聚区域适度倾斜；另一方面，内城在更新过程中，应避免对产业空间的显性或隐性挤压，预留更多低成本的产业发展空间。

空间利用方式：从单一功能转向多元混合利用。信息密集型产业在布局时表现出极大的灵活性和分散性，用地需求更复合多元。在这一背景下，糅合城市功能和产业的中间载体 M0 用地应运而生，它体现了产业用地政策的转型，反映出产业空间利用方式的转变。其中，最重要的是从原先的单一功能转向了多元混合土地利用。相较于传统工业用地的建设规定，新的产业空间利用方式能克服一些弊端，如工业地价过低、工业占地面积过大导致土地利用效率不高，用地性质泾渭分明造成只生产不生活的园区、土地资产难以流通等。

空间开发模式：从低效增量扩张转向高效存量更新。传统工业空间开发采用的是低密度、低强度、粗放扩张的模式。这使得工业空间以惊人的速度蔓延，但相关配套并未及时跟上，引发一系列城市结构问题。高质量发展时代，定制化生产、创新创业浪潮的兴起，导致对大规模和标准化生产空间的需求降低，而对交往空间的需求增加，因此空间设计和功能组织应以人的尺度而非大型机械尺度来构建。制造业服务化趋势决定了工业空间不再适合继续向城市外围扩张，而应转向城市中心区域的存量用地更新。

8.2.4 产业专项规划嵌入空间规划体系的路径

产业专项规划在国土空间规划体系中的作用。 其他专项规划一般是在同级或上级总体规划的指导约束下编制，落实相关约束性指标，再反馈到详细规划。但产业专项规划有其特殊性。产业是城镇空间发展的先导因素，产业发展与经济建设是贯穿国土空间规划与区域发展的重要议题；同时产业体系是一个复杂系统，没有固定模式和标准，产业空间与城镇空间有复杂的互动关系。产业专项规划可以横向串联主体功能格局、保护开发格局、基础支撑体系等多个规划板块的重要内容，因此需要多层级、多方位嵌入国土空间总体规划和详细规划。

产业专项规划嵌入空间规划的技术框架。 从分类（Classification）、统筹（Coordination）、协作（Collaboration）三个方面，产业专项规划嵌入空间规划体系的技术框架（图8-1）[1]。

分类是前提，旨在识别不同产业类型需求、不同空间本底特征以及不同尺度规划的影响，依据产业类型和空间特征将城市产业空间规划为不同的类型。统筹是核心环节，旨在通过分类的规划管控规则的制定，提高从宏观产业发展导向到具体空间保障以及精准化用地措施之间的一致性。统筹包括目标统筹、空间统筹和规则统筹。①产业发展目标的统筹：包括不同类型的产业用地分别对应不同的产业发展目标，以及从总规到详规的不同尺度的目标统筹。②空间统筹：城镇开发边界内与边界外产业空间的统筹，以及城镇开发边界与永久基本农田保护红线和生态保护红线之间的空间统筹。③规则统筹：包括总体规划层面的战略、规模、结构，以及详细规划层面的具体地块的产业要求、土地要求、环保要求。协作则强调产业专项规划相关主体的利益协调。

---

1. 谷晓坤,吴沅箐,代兵.国土空间规划体系下大城市产业空间规划:技术框架与适应性治理[J].经济地理,2021,41(4):233-240.

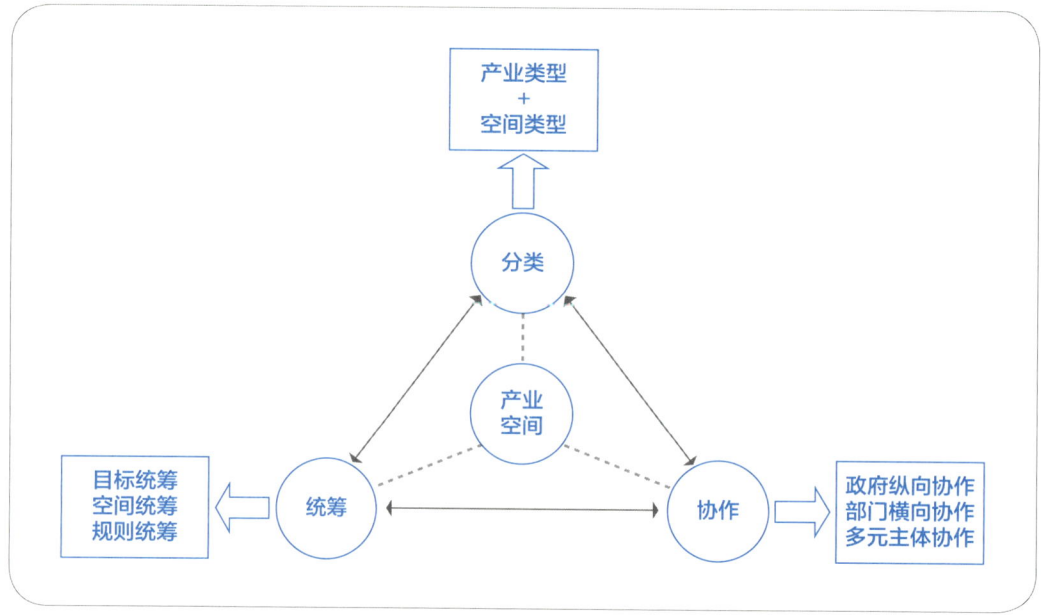

图 8-1 产业空间规划的"分类—统筹—协作"技术框架
资料来源：谷晓坤，吴沅箐，代兵. 国土空间规划体系下大城市产业空间规划：技术框架与适应性治理 [J]. 经济地理，2021，41（4）：233-240.

8.3 产业专项规划在各级国土空间规划体系中的内容与传导

8.3.1 各级产业专项规划的编制重点与传导机制

国土空间规划体系框架为"五级三类"，纵向层级上，从国家级至乡镇级空间规划，均应有相应的产业规划内容，而随着编制层级从高到低，产业专项规划中的产业发展属性逐渐减少，产业空间属性逐渐增加。

国家级产业规划实际上就是我国的国家发展规划（即国民经济和社会发展五年规划）及国家级专项规划中的各类产业发展规划与研究。这些直接由中共中央、国务院制定发布，并对所有区域规划、省市县乡级发展规划和空间规划具有指导作用。以下介绍省级、市/县和乡镇级国土空间规划中产业规划的内容。

1. 省域国土空间层面的产业规划

1）省级国土空间规划的作用和重点内容

省级国土空间规划是从空间上落实国家发展战略和主体功能区战略的重要载

体，是对一定时期内省域空间发展保护格局的统筹部署，是促进本地区城镇化健康发展和城乡区域协调发展的重要手段，是规范省域内各项开发建设活动秩序、实施国土空间用途管制和编制市县等下层次国土空间规划的基本依据，具有战略性、综合性和协调性。省级国土空间规划在国家五级国土空间规划体系中具有承上启下的作用，是推进省级空间治理体系和治理能力现代化的重要抓手。

2）省级国土空间规划中的产业规划主要内容

省级国土空间产业规划需要解决的核心问题是区域生产力布局的问题，具体来说是在协调好土地开发、生态保护、民生问题、基础设施建设等各方面关系的基础上，重点落实国家产业发展指引总纲，建立省域产业发展目标体系，明确省域产业发展战略、产业体系、产业空间格局、产业发展定位和产业用地规模，并对重点／特色产业发展与布局进行统筹引导，提出各个次区域及地级市单元的产业用地规模和产业空间准入要求，明确各市县和各类开发区的产业发展方向和空间利用模式。

2. 市／县域国土空间层面的产业规划

1）市县级国土空间规划的作用和重点内容

市县级国土空间规划体现综合性、战略性、协调性、基础性和约束性，落实和深化上位规划要求，为编制下位国土空间总体规划、详细规划、相关专项规划和开展各类开发保护建设活动、实施国土空间用途管制提供基本依据。相应地，市县级国土空间规划中的产业规划，其作用也在于两个方面，一是分解省域单元产业发展目标，落实省域到市县域的产业发展战略；二是落实产业空间属性，构筑产城融合互动的空间格局，这一层级是从产业发展到产业空间布局的关键环节。

2）市县级国土空间规划中的产业规划主要内容

市／县域国土空间产业规划是产业规划在高级次区域的总体规划中的一项专业规划，强调产业规划在空间上的落实。市／县域国土产业规划制定完成后，要将国土空间产业规划的发展思路、发展战略、重点项目和政策导向等的空间落实的核心内容与高级次区域的总体规划相契合。

制定产业战略规划。产业战略规划的制定关系到产业未来发展的走向，应当与高级次区域中的发展战略相一致，产业战略应当以促进产业集群为核心理念，以促进产业的集聚发展和产业的协同发展为核心目标。战略的制定应当由发展改革局（委员会）进行牵头，联合招商局、税务局、自然资源局等各个部门共同确定主导产业、产业发展方向等。

落实产业空间布局。空间作为产业发展的物理载体，应当保证产业发展的特征与空间的内外属性保持一致,包括地形地质、空间区位、空间规模、空间交通设施配套、基础建设与能源供给等。不同产业甚至相同产业的不同发展阶段对应的产业空间需求不尽相同,应当因时因地地进行空间发展考虑。总的来说,管理国土资源与建设的部门应当联合产业发展的相关部门可以从产业空间开发、产业空间管控、产业空间引导三个方面进行空间管理控制。

实施产业项目策划。市、县的招商部门应该作为制定产业项目策划的重点部门,包括制定产业项目、优惠政策等。招商部门在制定产业项目策划时,应当以产业发展战略为基础,引进适宜地方产业发展中的项目类型。

促进产业政策引导。产业发展规划在制定产业发展目标和产业发展重点的同时,也提出了包括空间布局引导、资金补助、税收减免、土地优惠、项目奖励、人才引进奖励等相关产业的扶持政策和建议,要将其直接转化为地方政府相关部门制定产业配套政策的依据。

3. 乡镇国土空间层面的产业规划

1)乡镇级国土空间规划的作用和重点内容

乡镇是五级国土空间规划中最低层级的地域,是高层级国土空间规划传导与落实的最终目的地,需要协调城乡二元制度下的不同特征和属性,有效衔接总体规划与详细规划,其难度并不低于高层级及其他国土空间规划。国土空间规划体系中的乡镇国土空间总体规划,是生态优先导向下对于乡镇国土空间开发、保护、利用和治理格局的整体谋划,兼具底线管控与发展引导。对应我国乡镇事权特征和改革趋向,乡镇国土空间总体规划中的重点内容应包括各类自然资源保护、国土综合利用管控、乡镇域空间格局统筹、镇区空间弹性规划和村庄建设底线管控等[1]。

2)乡镇级国土空间规划中的产业规划主要内容

乡镇层面的国土空间产业规划要基于解决"三农"问题、坚持市场导向、发挥区域优势、突出地方特色的思路,根据自身所处的地理位置和拥有的环境资源条件,对自身的优势和劣势进行科学的分析,科学选择乡镇的主导产业,并建立区域乡镇产业协调发展体系。

对于以农业为主导或第二、三产业发展明显受限的乡镇,应形成乡镇农业空间与产业的一体化模式,包括农业产业的转型升级和农业空间的斑块集聚。在农业空

---

1. 彭震伟,张立,董舒婷,等. 乡镇级国土空间总体规划的必要性、定位与重点内容 [J]. 城市规划学刊,2020(1):31-36.

间规划中进行农业空间规划，应对产业与空间一体化实现在更大范围内和更高层次上的农业资源优化配置和生产要素的重新组合，不断提升农业科技水平，规划形成各具特色的农产品生产基地，促进产业结构调整，实现城乡优势互补，加速现代农业发展进程，并在有条件的地区大力推进农旅融合发展。

对于工贸带动型乡镇地区，应着重进行工业空间治理。梳理镇内现有工业资源及用地，评估现状规模以上企业效益及发展适宜性，确定保留支撑企业及引入目标企业名录，治理手段主要为填平补齐工业集聚区和撤销换挡生态红线地，规划工业用地分级、分类、分期管控发展，比如填平补齐手段下的聚力发展型产业园区和用地置换手段下的换挡转型的产业转型发展。

对于旅游与商贸服务发达的乡镇，考虑融入全域旅游体系，对接城镇全域旅游规划，构建乡镇旅游服务体系，同时完善旅游产业基础设施。旅游产业开发片区应注意解决与居民生活空间关系组织，合理配置生产、生活资源，并明确旅游产业开发及责任主体。对于具备特色文化资源的乡镇，可根据保护要求进行文化激活，根据资源禀赋将文化空间与产业空间结合，纳入全域旅游体系节点。

乡镇产业规划应该由全县统一编制。县自然资源局与乡镇共同作为规划编制的主体。乡镇在该过程中参与，并且根据自身产业发展痛点和需求提出要求。由于广大乡镇地区的管理精细程度不足，经济发展门槛不高，且乡镇企业往往具有充分灵活性，因此，乡镇的国土空间产业规划应留出足够弹性和空间。

4. 省级—市县级—乡镇级产业规划的传导机制

产业专项规划的传导应把握总体统筹与分类传导，在传导规则上，主要从结构传导、指标传导、位置传导、名录传导4个方面落实。

结构传导。产业专项规划需协调国土空间总体规划中提出的空间结构、城镇体系等，并形成产业发展轴带结构，从省级向市县级、乡镇级进行结构传导，保障总体层面产业发展目标的实现。

指标传导。产业专项规划需与同级国土空间总体规划一同，落实产业方面定量的指标目标，包括规划约束性指标与预期性指标、用地总数和结构、相关建设标准等。尤其是从市县级向乡镇级传导，是经过计算后较为精确的用地指标和能耗指标。

位置传导。产业专项规划与同级总体规划协同划定产业园区、产业集聚区的位置和范围，以及相关控制线要求，细化形成地理坐标和管控规则。例如上海工业用地控制线的划定，分为产业基地、产业社区、零星工业用地三级划定工业用地控制线进行线位管控和传导。

名录传导。即上级产业专项规划提出需要重点发展和建设的产业类别、产业项目名录，下位专项规划需对产业门类进行基于本地优势的细化，对名录的具体范围、边界管控要求等进行细化落实。

最终，产业专项规划需要通过详细规划/村庄规划进行空间上的落实落地，通过具体的产业政策和全生命周期管理制度进行产业细分方向、环保标准、能耗、投资强度等管控引导。

8.3.2　产业专项规划与其他专项规划的关系

1. 产业规划与国民经济和社会发展规划的关系

国民经济和社会发展规划属于国家发展规划体系，是社会主义现代化战略在一定的规划期内进行的阶段性部署和安排，主要是阐明国家战略意图、明确政府工作重点、引导规范市场主体行为，是经济社会发展的蓝图和行动纲领，是政府履行经济调节、市场监管、社会管理、公共服务、生态环境保护职能的重要依据。

国家发展规划由国务院组织编制，经全国人民代表大会审查批准，它居于规划体系最上位，是其他各级各类规划的总遵循。该规划统筹重大战略和重大举措时空安排功能，明确空间战略格局、空间结构优化方向以及重大生产力布局安排。它涉及的内容十分广泛，从生产、流通、分配、消费到积累，从发展指标到基建投资，从部门比例到地区比例，从资源分配到产业布局，从人口发展、就业到社会福利和环境保护等，一应俱全。但它更侧重经济社会发展的主要比例关系、规模、速度和综合平衡等重大问题，其中关于人口分布、城乡建设、产业布局和环境保护等内容与地区产业规划关系最为密切，但它对地区产业布局仅作粗线条、大轮廓的描述，需要通过区域、地方产业专项规划将这些描述细化落实，以促进地区经济发展。

因此，产业规划是对国民经济和社会发展规划的具体化和补充，是实现其规划目标的有效路径，产业规划的制定必须以国民经济和社会发展规划为指导纲领，同时也为其提供反馈信息。

2. 产业规划与生态环境保护规划的关系

我国的环境保护规划自1973年开始，从局部进行到全面，尤其是随着可持续发展战略的提出和逐步落实，到"十三五"规划时期国家环境保护规划改名为"生态环境保护规划"，加强"生态文明建设"写入宪法，生态文明的制度体系正在逐步完善。生态环境保护规划包括大气、水、土壤污染治理、污染排放、生态保护修复等内容。产业发展是人类经济活动的核心内容和基础，产业发展到工业化阶段产生了严重的污染和资源破坏问题，而这些问题又进一步制约了产业的发展，对人类社会的生存造成负面影响。因此，产业规划必须与生态环境保护规划相结合是客观要求。

产业规划应受到生态环境保护规划的管控和制约，体现在两个方面。一方面，资源承载能力和环境容量是限制城市和产业发展的重要因素，土地、水资源、大气容量等都是有限的，能源和资源限制了产业发展，要求产业集聚、提高单位产出、合理布局；另一方面，生态红线划定后，生态极敏感地区、水源地等保护控制区域需设置严格的准入清单，原先的不合理产业用地也应建立退出机制。因此，产业规划应接受生态环境保护规划的刚性管控，并通过指标、位置、名录等方式进行有效衔接，实现产业发展与生态环境资源的最优利用，确保"不突破资源利用上线、环境质量底线、生态保护红线，严格遵守生态环境准入清单"。

3. 产业规划与土地整治规划的关系

我国土地整治规划从1987年开始，其概念和内涵也不断在改变升级，从"土地整理"到"土地开发与整理"，2008年至今则定义为"土地整治"。经过几十年的演变，土地整治的内容及意义不断升级，对我国耕地的保护和国家粮食安全的保障起到了至关重要的作用。

土地整治规划是国土空间规划的重要组成部分，是进行国土空间综合整治的重要手段，其规划的目的在于提高国土资源利用效率及效益。当前土地整治的要求：①大力加速耕地的保护，推进高标准基本农田的建设；②建设美丽的乡村环境，改善提高农村人民的居住环境；③落实集约节约用地，调整城镇用地布局；④绿色发展，加强生态资源环境的保护。

产业规划与土地整治规划是相互制约、相互促进、互为依托的关系。一方面，产业规划为土地整治规划指明方向和路径，例如第一产业的产业选择和发展规划，将对土地整治规划提供指引，调整优化基本农田结构布局，建成规模成片的高标准农田。另一方面，土地整治规划也会制约并促进产业规划进行调整，通过调整优化城乡建设用地结构布局，促进土地要素在城乡间有序流转，助推一二三产业融合发展，例如通过对存量土地的整合治理提高土地的节约集约利用水平。二者应在编制过程中进行充分和有效的衔接。

4. 产业规划与城市公共设施专项规划的关系

产业规划与城市其他各类专项规划都息息相关。城市公共设施主要包括两大类：城市中服务于社会大众的教育、医疗、文体、商业等社会性基础设施和能源系统、给排水系统、交通、通信、防灾等系统为主的城市市政基础设施。

城市基础设施的承载能力和服务水平直接影响产业规划。一方面，提升城市公共服务水平是促进区域产业升级的有效路径，城市基本公共服务水平提高可引发该区域的人口集聚、产业升级、低附加值产业向产业链高端攀升，尤其是对第二、第三产业升级具有显著的推动作用。另一方面，传统产业升级也会对城市基础设施提出新的要求。

城市公共设施专项规划对产业规划起到重要的支撑作用，尤其是城市重大基础设施的选点布局，对特定门类的产业布局起到决定性作用。相应地，城市公共设施专项规划也应随产业规划的目标进行调适，根据具体的产业需求、产业发展规律、产业区域分工，尤其是新兴产业的新需求，增补和升级既有的公共设施。因此，两者在编制过程中应紧密结合、同步编制、同步调整、高度协作、充分对接。

关键术语

产业发展规划、产业发展研究、产业布局规划、产业用地政策、国土空间产业规划

思考题

1. 国土空间规划体系中的产业专项规划编制，与传统产业布局规划编制相比，在编制方法和编制内容上有哪些不同？

2. 请详细了解当前多个城市出台的新型产业用地政策，并思考此类政策如何顺应了产业规划的新要求，以及还有哪些不足。

参考文献

[1] 邓洲, 叶云岭. 产业竞争力报告8: 美国产业政策调整及其全球影响 [EB/OL]. (2022-02-10) [2024-02-28]. https://www.thepaper.cn/newsDetail_forward_16597258

[2] 底晶. 德国创新产业政策演进及对中国的启示 [J]. 上海经济, 2017(1): 64-79.

[3] 丁洁芳, 汪鑫. 我国城市产业规划研究进展与展望 [C]// 中国城市规划学会. 共享与品质: 2018中国城市规划年会论文集, 2018.

[4] 高喆, 梅琳. 多重转型下产业布局规划方法探索 [J]. 现代城市研究, 2018(6): 67-71+112.

[5] 顾强, 王瑞妍, 董瑞青, 等. 美国到底有没有产业政策?——从《美国先进制造业领导战略》说起 [J]. 产业经济评论, 2019(3): 113-124.

[6] 谷晓坤, 吴沅箐, 代兵. 国土空间规划体系下大城市产业空间规划: 技术框架与适应性治理 [J]. 经济地理, 2021, 41(4): 233-240.

[7] 贺传皎, 王旭, 邹兵. 由"产城互促"到"产城融合"——深圳市产业布局规划的思路与方法 [J]. 城市规划学刊, 2012(5): 30-36.

[8] 李青, 韩永辉, 张双钰. 德国政府经济角色转变的表现特征、动因分析和对中德关系的影响——以《德国工业战略2030》为线索 [J]. 东方论坛, 2022(3): 70-86.

[9] 李万, 吴颖颖, 汤琦, 等. 日本战略性技术路线图的编制对我国的经验启示 [J]. 创新科技, 2013(1): 8-11.

[10] 刘力兵, 岳隽, 陈小祥, 等. 新型产业用地政策调控机理研究 [J]. 规划师, 2020, 36(20): 27-31.

[11] 彭震伟, 张立, 董舒婷, 等. 乡镇级国土空间总体规划的必要性、定位与重点内容 [J]. 城市规划学刊, 2020(1): 31-36.

[12] 孙明芳, 王红扬. 产业规划的理论困境及其突破 [J]. 河南科学, 2006(1): 149-152.

[13] 王昆, 胡飞, 杨昔. 规划体系改革中专项规划的编制思路 [J]. 中国土地, 2020(9): 24-26.

[14] 王利. 中国市县"五年规划"中的空间布局规划: 理论、方法、实例 [D]. 大连: 辽宁师范大学, 2008.

[15] 吴扬, 王振波, 徐建刚. 我国产业规划的研究进展与展望 [J]. 现代城市研究, 2008(1): 6-13.

[16] 杨宇民, 左苏华, 焦胜, 等. 工业用地专项规划核心问题的探讨——以长沙市为例 [J]. 南方建筑, 2022(9): 26-33.

[17] 赵琨, 周琳. "工业4.0时代"产业空间规划的思路变革 [J]. 中国土地, 2019(11): 37-39.

[18] 赵民, 王启轩. 我国"开发区"的缘起、演进及新时代的治理策略探讨 [J]. 城市规划学刊, 2021(6): 28-36.

[19] 周琳, 段文婷, 于连莉, 等. 基于综合承载力评价的市域产业布局规划方法探索——以"十四五"时期青岛市产业布局规划为例 [J]. 现代城市研究, 2021(8): 31-38.

[20] 朱惠斌. 日本产业集群规划的特征及启示 [J]. 世界地理研究, 2014, 23(1) 93-102.

[21] 王兴平, 石峰, 赵立元. 中国近现代产业空间规划设计史 [M]. 南京: 东南大学出版社, 2014.

[22] 李晓鹏, 张国彪. 中国的产业政策 [M]. 北京: 中国发展出版社, 2017.

[23] 李晓鹏, 张国彪. 中国的产业规划 [M]. 北京: 中国发展出版社, 2018.

第 9 章

省域国土空间产业规划

■ 导语

　　本章将从实务角度详细介绍省域国土空间规划中的产业规划如何编制。首先概述省域国土空间产业规划的作用、目标、原则、内容构成及逻辑框架；然后通过理论叠加案例，示范如何进行省域国土空间产业发展战略及定位、产业选择与体系构建、省域国土空间产业布局优化、建立实施保障体系。

9.1 省域国土空间产业规划概述

9.1.1 省域国土空间产业规划的作用

1. 推动从国家到地方的产业发展战略传导

　　落实国家经济发展宏观战略。规划是一个复杂而层级明确的系统，省级国土空间规划是对全国国土空间规划的落实，指导市县国土空间规划编制。而产业发展是经济发展的前提和基础，因此省域国土空间产业规划的层级维度和专业领域决定，其应落实好国家和省级经济总体发展战略的宏观方向，指导市县经济发展的重点方向。

　　传导具体产业发展重点战略。以国家战略性新兴产业为典型的具体产业发展战略需要各地区的顺势选择和传导落实。省域国土空间规划通过产业发展背景和趋势等分析，优化整体产业结构，明确全域及各单元产业发展的重点和限制，通过制定产业类型准入、产业功能分区等方式，落实并传导国家和省域产业发展层面的宏观战略。

深化国土空间专项发展战略。省域国土空间产业规划是省级国土空间总体规划的专项规划，通过空间资源和条件分析，布局全域生产力，加强省域国土整体和各层级的产业专项开发利用效率，进一步支撑落实省级国土空间总体规划中经济建设目标和主体功能分区的发展战略，并对地市层级国土空间总体规划形成上位专项指导。

2. 推动省域生产力布局优化

生产力布局是指地区范围内所有生产要素在一定空间范围内的分布和组合，即其在一定地域存在和发展的生产力诸要素的空间组合形式，生产力布局的合理与否直接影响整个地区生产系统的功能发挥和资源配置效率[1]。

优化生产力布局通过引导生产要素的集中集聚，推动生产要素的合理配置和集约利用，同时兼顾集聚和分散，做到产业的专业化和多元化均衡发展，进而能够从整体上提升生产要素的使用效率，是省域国土空间产业规划的重要职能。

指导省域产业转型升级方向。发挥省域特色和各地区比较优势，规划省域生产力要素及结构，促进产业结构高级化，通过省域生产力布局优化进一步打造区域经济新增长极和新亮点。

提高省域国土空间生产效率。充分利用省域国土空间资源，结合自然空间要素和区位背景等基础条件，优化生产要素组合配置，减少资源空间错配，并扩大既有产业发展基础优势，因地制宜提高国土空间生产效率。

促进省域产业经济协调发展。统筹省域所有生产力要素，发挥区位、空间、资源等比较优势，加快提升规模经济和范围经济效应，引导各地区形成产业特色和经济发展关键竞争力，完善区域产业链，促进生产要素相互协调和可持续发展。

9.1.2 省域国土空间产业规划的目标

1. 形成科学高效的省域生产力格局

构建科学系统的省域产业体系。省域经济发展主要以产业结构优化为方向，通过产业综合定位和产业选择配置，特别是制造业和服务业方面，发挥规模等优势，强化对接周边省域的产业链、供应链能力，构建面向未来、前景广阔的现代产业体系。

规划高效协同的省域生产力空间格局。国土空间是产业发展关键载体，合理布

---

1. 国务院发展研究中心"区域协调发展和优化全国生产力布局"课题组. 生产力布局的内涵及我国生产力布局存在的问题[J]. 发展研究，2014（12）：4-7.

局土地、劳动力、资本、技术、交通等各生产力要素，发挥各类国土空间单元的可持续生产效率，并通过全生产要素的空间统筹，加强与周边生产和经济活动的关联协同。

确定跨行政区的重大生产力战略布局。传统上，重大生产力主要是指工业力，尤其是能源、冶金、化工、机械等基础性经济部门及其运输体系。新的发展时期，保障国家战略竞争安全的高科技产业和保障民生安全的相关产业也是未来重大生产力的重要组成部分[1]，通过布局重大生产力引导全域形成若干具有分工协同又相对独立的创新型地域经济综合体。

2. 推动区域协调的经济高质量发展

经济高质量发展是创新高效节能环保等高附加值的增长方式。经济高质量发展是智慧经济为主导、高附加值为核心、质量主导数量的发展模式，需要推动产业不断升级，推动经济建设、政治建设、文化建设、社会建设、生态文明建设"五位一体"全面可持续发展。创新性、再生性、生态性、精细性、高效益，是经济高质量发展的本质特征。

实现省域产业经济高质量发展，要求基于比较优势推动省域协调发展，基于优势资源条件和优势产业基础不断创新改革形成众多创新型地域经济综合体，不仅能够促进地区经济发展，更是能够实现区域联动的发展机制，从而提高国家和地区经济发展质量[2]。

省域协调发展涉及效率、公平和可持续性三个要素：效率，主要是指资源和要素在空间上实现优化配置；公平，主要是指各地居民享有大体等值的生活和基本公共服务水平；可持续性，主要是指各地人类和经济活动在其资源环境承载力允许的范围内，生态环境不因区域经济发展而遭受破坏且始终处于良好状态。

促进省域产业经济协调发展。立足省域产业空间整体格局，关注省域内不同发展单元的城际产业协作及其空间协调，形成一个分工合理、特色明显、优势互补的省域产业结构，通过推动各个地区的共同发展来进行，对欠发达地区和产业发展困难地区进行分步骤的产业扶持，提高省域生产效率、公平和生态环境的可持续性。

---

1. 李佳洺，张文忠，余建辉. 我国重大生产力布局的历史沿革与"十四五"时期优化策略 [J]. 中国科学院院刊，2020，35（7）：825-834.
2. 颜银根. 区域比较优势视角下的生产力布局优化 [J]. 中共南京市委党校学报，2019（2）：62-68.

9.1.3 省域国土空间产业规划的原则

1. 区域协调性原则

一是应与省域国土空间总体规划相关内容保持协调一致，如在主体功能分区、重大产业空间布局、土地利用等方面保持协调；二是应促使全省各地市产业发展的协调，充分利用地理区位和空间资源条件，形成互促互补产业链，促进区域产业协调和高质量发展。

2. 区域整体性原则

应保证全域空间、全产业类型的整体性统筹，全域空间指应考虑各类空间及其资源要素，如城市空间、农业空间、生态空间的产业发展，以及所有地市级单元空间的产业整体统筹；全产业类型是指包括所有不同产业类型，如一二三产业结构及分布；主导产业、支柱产业、战略性新兴产业的整体选择和体系构建。

9.1.4 省域国土空间产业规划的内容构成及逻辑框架

省域国土空间产业规划一般分为现状研究、战略定位、体系构建、空间布局、保障建议等内容，其逻辑框架如图 9-1 所示。

产业现状和发展特征。研究了解省域产业发展的宏观现状，总结特点及问题，为后续产业规划的具体内容编制奠定坚实基础。主要内容包括省域经济与产业发展概况、产业结构和三次产业发展情况、产业空间分布特征、产业发展与布局现状问题。

产业发展的战略思路和目标定位。研究国内外产业背景、把握产业发展趋势，结合省域产业发展的现状问题及优势，形成战略思路和目标定位，从而指导产业体系构建和产业空间布局。主要内容包括产业发展背景、区域地位与发展比较、整体定位、战略思路、关键指标测算。

产业选择和体系构建。研究产业发展的比较优势和演变特征，结合明确的战略和定位，选择并确定省域主导产业、支柱产业等具体构成，分别关注一二三产业的重要组成，建立省域现代产业体系。主要内容包括产业比较优势分析、产业体系演变、重要产业体系构建。

产业分工与空间布局。研究省域产业布局的影响条件，如区位特点、环境承载力等客观条件，结合产业发展的战略思路和产业选择，综合确定省域产业布局空间结构、分区，以及各级地市和集聚区的产业发展方向。主要内容包括产业布局条件

图9-1 省域国土空间产业规划逻辑框架
资料来源：自绘

综合分析、产业空间总体结构、重要产业集群布局引导、各地市产业布局引导、布局支撑体系等。

实施保障体系。该部分为省域国土空间产业规划进一步实施的重要支撑，保障规划内容的科学落实，精准施策以促进省域产业发展。主要内容包括产业相关部门的机制体制改革、国土空间规划衔接、分类产业政策建议、重点产业园区政策建议等。

9.2 省域国土空间产业发展定位与战略

9.2.1 产业发展背景趋势

1. 国际经济发展背景环境

在数十年经济全球化发展以后，全球经济已经进入了"后全球化"的时代，国际发展环境中的诸多不确定因素，如贸易摩擦、竞争合作、经济联盟、国际产业分工、国际共识、政治因素等外部环境条件的变化，无疑会对日益融入世界市场的中国经济产生重要而深远的影响，从而进一步影响省域单元的战略发展定位，因此国际经济环境是影响省域产业发展的重要因素之一。

以贸易摩擦为代表的国际竞争，促进产业链完备发展与自主安全。完备的产业链能抵御外部压力，而化解贸易安全风险在一定程度上需要提高产业发展的自主可控程度，同时能促进提升创新能力以在国际竞争环境中掌握主动权。

以区域经济联盟为代表的国际合作，促进国际产业分工。经济全球化加速了生产要素在全球范围的自由流动和优化配置，产业甚至产品级分工成为国际贸易合作的重要形式，明确的分工进一步影响地方单元的主导产业或支柱方向。

以低碳经济为代表的国际共识，促进产业转型发展。为应对全球气候变化的挑战，形成绿色低碳的全球未来发展主基调，将推动国家和地区的产业适度超前部署和改造升级，从而引导地方产业的转型发展。

以科技革命为代表的国际创新环境，促进产业高级化。全球科技创新进入空前密集活跃时期，新一轮科技革命将重塑全球经济结构，为提高经济质量效益和核心竞争力，国家和地区将不断推动产业高级化和产业现代化。

2. 国家经济战略和区域战略

国家经济发展战略为地方产业发展战略指明方向。国家经济发展战略对地区产业经济的发展格局起着不可估量的作用，特别是对战略性新兴产业布局、关键产业链构建、产业跨越发展等战略方向起到引领性作用。通过解读以国内大循环为主体的双循环发展战略，分析双循环经济格局和产业布局，以及原材料、传统制造、先进制造、科技研发等各个环节在全国尺度的空间统筹，可更为准确地制定省域产业发展的战略方向。

国家区域战略对地方产业发展提出明确要求和引导。对地区发展的功能定位、发展原则、产业选择、生态建设以及相关改革等方面做出了明确部署，并承担着促进区域产业发展、结构优化的功能。解读长三角一体化、西部大开发、粤港澳大湾区、长江经济带、东北振兴、中部崛起等当前国家区域发展战略，对于指导对应区域的省域单元产业发展战略定位具有重要意义。

3. 省域发展战略和相关规划

解析省域国民经济与社会发展规划中经济发展战略。制定省域产业发展战略应该分析全省的总体发展战略，进一步落实产业经济相关的引导方向和发展路径。

"十四五"期间全省主要经济指标年均增速高于全国平均水平，经济总量再迈上两个新的大台阶；创新体系更加完善，研究与试验发展经费投入强度增幅高于全国平均水平，科技创新、产业创新走在中西部前列；内需潜力充分释放，连通境内外、辐射东中西的物流通道枢纽优势更加彰显，营商环境显著优化，高标准市场体系基本建成。

——摘自《河南省国民经济和社会发展
第十四个五年规划和二〇三五年远景目标的建议》

充分了解对产业发展战略具有影响的已有相关规划。 主要涉及省级重大专项规划，如省级层面的战略性新兴产业规划、科技创新发展规划等，全面把握各领域发展在近期和中远期的战略方向，从而为产业发展战略制定提供宏观进步的方向和思路。

9.2.2 区域地位与发展比较

1. 区域地位研判

分析研判省份在全国区域发展格局中的地位和职能。 省域地区产业经济要实现又好又快发展，就必须审时度势，找准自身在全国区域格局中的定位，将省份的核心定位及区域分工与产业发展战略思路充分结合起来，确保战略定位的可行性和可持续性。

2. 区域中心城市发展比较

比较区域中各大中心城市的地区实力和产业结构。 区域中心城市一般代表着该省产业发展体系和空间结构的重要核心，比较全国及城市群区域中的重要中心城市，以便于在产业规划中扬长避短地制定战略思路，发挥省域中心城市的带动效应。具体比较：中心城市GDP总量和增速、工业和服务业增加值及其增速、中心城市经济首位度、中心城市产业结构高级化程度、产业结构偏离度系数、中心城市高新技术企业等。

专栏 9.1 省域国土空间产业发展战略及定位

经济首位度：一般是指在一个省域范围内，第一大城市经济指标占全省的比重。经济首位度代表一个城市在所属区域的实力和地位。

产业结构高级化程度：产业结构在合理、协调的基础上，其素质和效益向更高层次进化程度，反映了产业结构由低级到高级、由简单到复杂、由小规模到大规模、由刚性结构到柔性结构的发展程度。

度量方法归纳为以下三类：一是静态直观比较方法，即将所考察经济的产业比例关系与发达国家的产业结构或者所谓的"标准结构"的产业比例关系做比较；二是动态比较判别方法，这一方法通过构建某些特定的量化指标，用另一个经济的产业结构系统作为参照系与所考察经济的产业结构高级化水平进行判别，包括结构相似系数法、相关系数法及距离判别法等；三是指标法，即通过构建一种或多种指标判定一个经济的产业结构高度，如构建包含比例关系和劳动生产率两个部分的指标度量产业结构高级化水平[1]。

产业结构偏离度：指某一产业的就业比重与增加值比重之差，是反映就业结构与产值结构偏离程度的指标之一。偏离度绝对值越大，就业结构与产业结构越不平衡，产业结构的经济效益越低。结构偏离度就是产业比较劳动生产率减1。计算公式为：

$$P_i = \frac{G_i}{L_i} - 1 \qquad （式9-1）$$

式中，P_i 为第 i 产业结构偏离度；G_i 为某产业计算期 GDP 比重；L_i 为同期该产业从业人员比重；$i=1,2,3$。

产业结构偏离度大于 0，就业比重大于产值比重，劳动生产率较低，存在劳动力转出的推力；产业结构偏离度小于 0，就业比重小于产值比重，劳动生产率较高，存在劳动力转入的引力[2]。

---
1. 高远东，张卫国，阳琴. 中国产业结构高级化的影响因素研究 [J]. 经济地理，2015，35（6）：96-101+108.
2. 段禄峰. 我国产业结构偏离度研究 [J]. 统计与决策，2016（6）：122-125.

3. 省域地市发展比较

比较省域地市的经济社会发展现状和资源条件。 全面分析和比较省域所有地市发展情况和资源条件，以便于通过利用资源优势、区位优势、要素导入等方式，取长补短制定省域整体产业发展战略，促进全省产业经济均衡化和特色化发展。具体比较：地级城市人口特点，主要从人口数量、人口素质、人口结构、城市化水平等方面分析；产业特点，主要从经济总量、产业结构、主导产业等方面分析；交通区位条件，主要从交通运输的主要方式、交通运输网（如铁路、公路、航道）和重要枢纽分布（如港口、铁路枢纽站、航空港）进行分析。

9.2.3 整体定位与战略思路

1. 产业发展整体定位

把握省份在国家经济战略中的关键地位。 产业发展是经济发展的重要支撑，省级尺度的产业发展整体定位要把握其能在国家经济发展战略中发挥的重要作用，确保国家经济目标的有效传递和落实。

确定省份在国家地理区位中的优势引领。 区位是地区发展定位中的重要背景和关键承载。省级尺度的产业发展整体定位要把握其在全国区域格局中的发展地位，充分发挥其相关前沿发展要素的优势引领。

最终制定的省级产业发展整体定位是宏观的、有高度的，如河南案例中的整体定位：

（1）内循环战略支点和双循环的重要支点；
（2）开放的内陆要素流通枢纽；
（3）中西部科技创新发展的高地；
（4）中部地区高质量发展的引领。

——摘自《河南省国土空间规划（2020—2035年）产业发展与产业空间布局优化研究专题》

2. 产业发展战略思路

利用好宏观环境和区域变化中的机会。 在"后全球化"时代，国内外宏观环境发生深刻变化。从国际看，如全球低碳、新一代科技革命、全球产业分工、新的贸易规则等变化；从国内看，如高铁网络建设、区域发展规划、经济发展战略等战略变化，均有可能影响国家地区产业经济的未来发展趋势，省域产业发展战略应把握变化中的发展机会，推动区域产业格局深度变革与优化。

基于各城市发展阶段来谋划产业发展。 地区产业发展的竞争合作需要全域空间各城市的参与，必须要充分考虑省域各个城市的现实情况。其次，城市的不同发展阶段对于未来一段时间产业发展需求是不同的，要顺应城市发展规律，正确认识和谋划各城市经济发展和产业结构应发生的变化方向。

提升要素共享与融合推动产业发展。 新一代技术革命推动产业变革，生产要素流动的时空成本降低，数字经济、智能经济、平台经济为代表的新经济发展迅猛，呈现跨界融合、场景化等特征。省域产业发展战略要有促进区域各类发展要素共享融合的前瞻性，推动全域产业发展。

河南案例中的战略思路：

1. 三级跳跃，积极融入"国内国际双循环"战略

一跳：导入长三角、京津冀、粤港澳以及海外的技术、人才、资金、服务等创新要素，增强郑州、洛阳双心动能，首先带动西北区域成为创新高位势。

二跳：创新要素从双核心引领区域分类向东南、西南区域输入，促进东南产品高质量、西南资源高价值。

三跳：向全国及海外输出高质量农产品，向周边省市及西部地区输出高端工业制造产品，向沿海都市圈及海外输出核心生产要素和稀缺型资源。

2. 开放创新，双轮驱动产业跨越式发展

一是郑州和洛阳作为省内双核心，结合自贸试验区、自主创新区高位开放，引入创新要素，全面向创新阶段和服务功能阶段发展。

二是以郑州—洛阳双核心带动周边都市圈内城市，沿边具有交通优势和发展潜力的城市与外部跨区域合作，如商丘、周口、安阳等沿边城市可与长三角、京津冀城市群跨区域合作。

三是南阳、信阳、三门峡这类生态功能城市，以郑州—洛阳双核心内自贸试验区和自主创新区为窗口，将优质资源与科技创新多方位结合，促进在生态保育环境下跨越式发展。

——摘自《河南省国土空间规划（2020—2035年）产业发展与产业空间布局优化研究专题》

9.3 省域国土空间产业选择与产业体系构建

9.3.1 产业选择的基本原理

产业选择主要包括区域的主导产业、支柱产业、战略性新兴产业等类型中具体产业的选择，总的来说是基于区域基础、优势条件、时代机遇、融入区域、地区特色等发展战略或发展趋势的背景下，在未来一段时间对于某些产业优先发展的选择。

省域层面产业选择更注重宏观方向性，且更关注于第二产业和第三产业中重要产业的选择引导，对市县层面的产业选择具有较大的指导作用。

1. 产业选择原则

比较优势原则。从地区实际出发，着重发挥那些本地拥有竞争优势和资源优势的支柱产业和主导产业，形成能够体现本地优势和特色以及城市竞争力的区域产业结构。另外后发比较优势也是产业选择需要关注的，其具有较好的成长性和潜在比较优势或比较优势呈上升趋势。

关联强度原则。选择优先发展的产业，应能通过与相关产业的关联来组织、带动其他产业的发展。当关联强度大的产业得到发展时，通过产业关联而产生一系列带动、支撑与推动作用，并使其派生出对其他产业的进一步导向拉动和促进作用，从而推动和促进整个区域产业经济的发展。

技术进步原则。应具有较快的技术进步机制和吸纳先进技术的潜力，才能推动区域内产业整体技术进步的速度，从而提高产业的劳动生产率，增加产品的技术附加值，在市场竞争中具有优势。

2. 产业比较优势分析

比较优势理论认为，不同国家地区生产不同产品存在劳动生产率或成本的差异，应分工生产本地区具有相对优势的产品，各个国家地区按照比较利益原则加入分工，从而取得比较利益，提高产业发展和升级效率。通过各类产业的比较优势进行地区产业选择，是遵循市场规律的体现。比较优势的量化对比可通过产业集中度、区位熵等指标进行计算分析。

专栏 9.2　反映产业比较优势的相关指标

产业集中度是指市场上的某种行业内少数企业的生产量、销售量、资产总额等方面对某一行业的支配程度，它一般是用这几家企业的某一指标（大多数情况下用销售额指标）占该行业总量的百分比来表示。

区位熵是指一个地区特定部门的产值在地区工业总产值中所占的比重与全国该部门产值在全国工业总产值中所占比重之间的比值。区位熵大于1，可以认为该产业是地区的专业化部门；区位熵越大，专业化水平越高；如果区位熵小于或等于1，则认为该产业是自给性部门。一个地区某专业化水平的具体计算，是以该部门可以用于输出部分的产值与该部门总产值之比来衡量。

3. 产业关联度测度

产业关联度是指产业与产业之间通过产品供需而形成的互相关联、互为存在前提条件的内在联系，可以利用投入产出表计算产业影响力系数和产业感应度系数。

专栏 9.3　反映产业关联度的相关指标

产业影响力系数：反映产业的后向联系程度，当某一区域的某一产业增加一个单位的最终产品时，对各区域所有产业所产生的全部生产需求的影响；指某产业的生产发生变化使其他产业的生产发生相应变化的系数。

如果某产业的影响力系数大于1，说明该产业的影响力较强，对其他产业的发展起较大的推动作用。

产业感应度系数：反映产业的前向联系程度，是指其他产业的生产发生变化使某产业的生产也发生相应变化的系数。

如果某产业的感应度系数大于1，说明该产业感应程度高，容易受各产业部门影响的程度较大。在经济快速增长时，感应度系数较高的产业其发展速度一般都比较快。

9.3.2 产业体系构建的基本原理

产业体系指地区国民经济中因各种相互关系而构成的各类产业整体。构建产业体系，结合产业选择和实际发展条件，在各产业之间保持一定的比例关系和合作联系，是避免产业发展失衡，并在产业转型升级中争取区域优势的关键规划抉择。

省域层面的产业体系构建同样是宏观方向性的，首先面向未来发展要重点关注战略性产业体系，其次要把握制造业的高质量发展和现代服务业的培育，重视发展型产业体系，从而构建面向省域未来经济发展的现代化产业体系。

1. 产业体系构建原则

坚持创新驱动。 把创新摆在产业发展的核心位置，把增强技术实力作为构建产业体系的战略支点，积极谋划战略性新兴产业，走创新驱动的产业发展道路，构建起具有更强创新力、更高附加值、更安全可靠的产业基础能力，推动各产业领域的融通创新和平台协作支撑。

坚持融合渗透。 产业之间互相融合可以共享各自的比较优势，通过技术扩散、知识溢出等效应来推动产业结构演进和高级化发展，进而提高经济增长的质量。主要体现在信息技术对服务业、工业和农业的渗透、服务业对农业和工业的融合渗透、各个产业部门内部行业间的融合渗透。

强化链条建设。 提升产业链供应链现代化水平，将推进产业结构优化升级，为加快构建新发展格局、实现高质量发展提供有力支撑。在省域产业体系构建中，积极延链、补链、强链、拓链，对加快构建现代化产业体系具有积极的推动作用。

2. 构建发展型制造业产业体系

省域制造业体系构建的目标是什么？ 制造业是立国之本、强国之基，是支撑省域经济社会发展的原动力，也是各地区建设科技强省创新强省的主要战场和载体。构建省域制造业体系的目标就是要确保全域各类制造业产业的进一步升级和增长，促进整体产业经济实现赶超式发展，并通过制造强省缔造世界制造强国，促使国家整体制造水平处于国际先进水平。

省域制造业产业体系内部结构的发展趋势是什么？ 在各国工业化过程中，工业部门是国家经济发展的主导部门，整个工业化进程依次会出现重工业化、高加工度化、技术集约化三个阶段。全省制造业高质量发展的逻辑趋势：聚焦产业链稳链、补链、强链、控链、延链，全面提升产业链供应链的自主可控能力。重点制造业应在全省进行产业链布局的链条节点画像，明确各地市所处的链条定位及其主攻方向，充分发掘各地在相关产业链中的优势。

驱动省域制造业产业发展的动力（可利用的工具）有哪些？ 制造业高质量发展的动力机制可分为创新动力、改革动力、开放动力、要素支持力、需求拉动力和人才支撑力六个方面。其中，创新动力、改革动力和人才支撑力是推动制造业高质量发展的内生性核心动力，属于内源动力机制；开放动力、要素支持力和需求拉动力是外部支撑动力，属于外源动力机制[1]。

省域制造业体系构建特点。响应国家制造强国战略发展方向和需要。坚持自主可控、安全高效，推进产业基础高级化、产业链现代化，保持制造业比重基本稳定，增强制造业竞争优势。立足省域经济总量规模和产业发展阶段。避免过于盲目追求制造业占比和高新技术制造业占比，应确定保持与城市发展阶段和其高质量发展相适应的制造业比重。

3. 构建发展型服务业产业体系

省域服务业产业发展的目标是什么？ 发展服务业是国家产业结构优化升级的战略重点。加快发展现代服务业，是满足产业转型升级需求和人民美好生活需要的内在要求，是推动区域经济社会高质量发展的强力支撑。通过省域服务业体系的构建，建设现代服务业强省，使其形成国家经济高质量发展的重要增长极。

服务业产业内部的结构是什么？ 服务业结构演变同样具有规律性。一般来讲，在初级产品生产阶段，以发展住宿、餐饮等个人和家庭服务等传统生活性服务业为主。在工业化社会，与商品生产有关的生产性服务迅速发展。全省服务业高质量发展需要考虑不同地市所处发展阶段类型，通常可采用波特理论的城市社会发展阶段与工业化阶段。尚处于生产要素导向阶段的城市，加强生产性服务业升级，以服务先进制造业发展为导向，让工业生产效率更高、效益更好；处于投资导向阶段的城市，重点推进商贸服务业，让交通物流成本更低，投资业务更广；处于创新导向阶段的城市，强调教育、科研等知识性服务业建设；处于富裕导向阶段的城市，则更注重旅游、娱乐、金融等生活性服务业的发展和高端化升级。

驱动服务业发展的动力（可利用的工具）有哪些？ 创新是服务业增强产业升级支撑能力的根本途径。服务业特别是生产性服务业的核心功能在于保持产业生产过程连续、稳定，促进产业技术进步、产业升级和效率提升。城市化对现代服务业的推动作用主要表现在需求方面。城市人口变化直接影响需求总量、需求种类和需求

---

1. 余东华.制造业高质量发展的内涵、路径与动力机制[J].产业经济评论，2020（1）：13-32.

结构。城市化进程带来的需求变化是现代服务业演化发展的原动力。专业化分工对现代服务业演化发展的驱动作用主要表现在两方面：产业间分工细化使得中间服务和产品层次增多，为服务业的演化发展提供了更多的需求规模；产业内分工细化促进了服务业产业专业技术与知识的积累，表现为产业内部技术水平的不断发展[1]。

省域服务业产业体系构建特点。以服务先进制造业发展和提升人民生活便利度为导向。切实增强服务业对现代产业体系的驱动能力，保证生产性服务业与生活性服务业协调。注重整体与局部平衡。立足各地资源禀赋、区位优势和产业特征，注重区域服务业平衡，优先扶持具备发展条件的欠发达地区，同时兼顾省域范围内文化旅游等方面的地方特色服务业。

4. 构建发展型农业产业体系

省域农业产业发展的目标是什么？落实和保障国家粮食安全。农业是国民经济的基础，关系到国计民生和长治久安。积极构建各大省域农业产业体系，促进全国农业发展方式转变，推进全国农业现代化进程。推进农业大省向农业强省跨越，为全国乃至国际市场提供更丰富、更具竞争优势的农产品[2]。全域推进乡村产业振兴。突出乡村农业产业发展，从根本上解决农业农村农民问题，以产业振兴筑牢全面建成小康社会的坚实基础。

农业产业内部的结构是什么？农业产业内部结构的演进趋势规律如下：①在农业产业结构中畜牧业所占比重逐步增大。②种植业中饲料生产所占比重逐步增大。③种植业中经济作物所占比重逐步增大。④农业区域专业化与产业集聚。⑤粮食生产的基础性地位受到国家政策的保护。⑥农业产业结构发展演变中林业受到国家保护支持力度最大[3]。全省农业高质量发展要求各地市要转变发展理念，用全产业链思维统领全省现代化农业建设。发展方式要从"传统种养"向"链式融合"转变，围绕产品质量，健全现代农业全产业链标准体系，充分发挥不同地市农业资源优势、工业优势、区位优势等形成地域特色农产品的生产、初加工、深加工、贸易运输、品牌建设等全产业链条。

驱动农业产业发展的动力（可利用的工具）有哪些？农业产业发展最重要的驱动力包括：土地制度创新、技术进步、市场改革和农业投入[4]。土地制度创新显著

---

1. 崔日明，李丹. 我国现代服务业演化发展的动力机制及对策研究 [J]. 经济学动态，2011（12）：37-41.
2. 张克俊，张泽梅. 农业大省加快构建现代农业产业体系的研究 [J]. 华中农业大学学报（社会科学版），2015 (2): 25-32.
3. 李秉龙，薛兴利. 农业经济学 [M]. 3 版. 北京：中国农业大学出版社，2015.
4. 黄季焜. 中国农业发展最重要的四大驱动力 [J]. 农村工作通讯，2018（1）：61.

提高了生产效益和资源配置效益。农业技术进步使得传统生产方式到机械化、自动化、智能化的现代生产方式，实现了从人畜力为主向机械作业为主的历史性跨越。农产品市场发展和改革，提高了资源的配置效益，提高了农民农产品销售价格，是中国农业保持较快增长的重要驱动力。对农业生产发挥最重要作用的是农业基础设施建设和科技投入，对提高土地生产力起到重要的作用。

省域农业产业体系构建特点。以稳粮增畜等重要农产品有效供给为重点稳定农业基础产业。坚持国家粮食安全战略，建立全方位的粮食安全保障机制。以发展多地域农业产业融合为依托纵向延长农业产业链条。立足资源优势打造各具特色的农业全产业链，建立健全农民分享产业链增值收益机制，形成有竞争力的产业集群，推动农村一二三产业融合发展。

9.4 省域国土空间产业布局优化

产业布局是指产业在地区范围内的空间分布和组合的经济现象，是指形成产业的各部门、各要素、各链环在空间上的分布态势和地域上的组合，其合理与否影响到地区经济的发展速度。产业空间布局优化研究一般步骤如下：首先进行产业布局的影响因素分析；在此基础上，结合产业动能转换思路以及产业区位分析得到可以发展的产业重点集群，并以环境承载力为衡量标准获得分区域产业负面清单；基于以上分析，最终确定产业布局空间结构、产业功能分区以及各地级市和集聚区的产业发展方向。

9.4.1 产业布局条件分析

1. 产业布局影响因素分析

从经济建设基础、人流/物流条件、生产基本要素、现有产业基础、科技创新能力、环境承载力、特殊功能区等方面叠加综合分析省域产业布局条件。

经济建设基础。一般可通过综合人均GDP、城镇化率、固定资产投资等指标的综合量化分析地区经济建设情况。

人和物的流通条件。人的流通条件可通过民用机场分布、高铁、高速公路等建设及规划情况来分析，物的流通条件则一般通过港口、通用机场分布、航运、铁路货运、公路等建设及规划情况来评估。省域内部地理区位差异较大，除了交通设施的分布特征，还要特别关注不同城市对于人和物流动的空间辐射特征以及与国家关键经济区域的流通效率的差异性。

基本生产要素。常见的生产要素有劳动、资本、土地等。其中土地不仅包括本身，还包括地上地下的自然资源，城市建设用地、产业集聚用地等具有产业布局潜力的土地区域。对于产业布局的具体影响评估可以重点关注全省各市的产业集聚区用地、城市建设用地、矿产资源、就业人口数量等分布规模以及其效率、潜力、质量等延伸指标。

现有产业基础。识别各地产业基础的客观实际，遵循产业发展规律，扬长避短、取长补短地优化产业空间分布也是经济发展和产业布局所需考虑的重点。产业基础可通过各市三次产业情况、优势产业集群等进行定量评估。

科技创新能力。科技创新是产业转移的前提和原动力，是吸引产业转移的关键因素。科技创新能力也是影响营商环境质量的关键因素，而营商环境是企业投资最为看重的因素，从而间接影响产业布局。科技创新能力一般可从全省各市的研发投入、科研机构数量、研发人员数量、成果转化数、万人专利数等指标来进行分析评估。

环境承载力。环境承载力是人类度量可持续发展和管理决策的重要依据，为产业空间布局提供了一个良好的定量化评价手段。基于环境承载力的产业空间布局，对区域产业空间布局具有重要的现实意义，形成有利于生态良性循环的发展模式。具体的评估维度包括土壤环境、水资源、环境容量、生态容量、地质条件等方面。

特殊功能叠加区。享有政策红利的功能叠加区，对产业的集聚和发展有正向作用，如保税港区、综合保税区、出口加工区、自由贸易区、经济技术开发、国家级新区等。

2. 产业布局条件综合分析

通过以上几个维度的分析评估，相对全面地了解全省产业发展条件情况，并基于不同产业发展类型对全省各市产业发展做出一定的综合性评价，如资本密集型产业发展适宜度、劳动密集型产业发展适宜度、技术密集型产业发展适宜度等，有助于在产业布局中科学合理地细化分区域的产业发展方向、产业集聚区、负面清单等。

9.4.2 地市联系与产业分工

1. 各地市联系分析

从省域层面看,其组成地市不是内部孤立的个体,都与外界有着千丝万缕的联系。而产业的生产过程涉及原材料的采集、生产设备的引进、产品的市场销售等,都需要与外界产生直接或间接的联系。人口和经济在区域间的流动和联系会使经济发展水平较高的地区吸引更多要素资源的集聚,从而对产业布局有一定的指导作用。

人口联系一般需要分析省内各地市间的联系,其次还要考虑各地市人口向国家中心城市流动的情况;经济联系则主要研究省内各地市间的联系。

专栏9.4 地市间人口和经济联系的常见测度方法

城市间的人口联系度:

(1) **手机信令**。能够较为连续地记录手机用户活动连接的基站位置信息,具有城乡之间全覆盖、连续记录用户空间位置的特点,能够直接反映城市之间的人流联系。

(2) **交通班次**。主要以获取航空、铁路、公路等客运班次数量来估算或对比城市之间的人流联系强度及差异。

(3) **迁移大数据**。百度、高德、腾讯等地图和网络平台掌握大量用户的位置数据,通过其迁徙平台中的历史迁徙和实时迁徙数据反映城市间的人流联系强度。

城市间的经济联系度:

(1) **引力模型**。由万有引力定律引申而来,即城市之间的经济联系强度与两个城市的社会经济规模成正比,与两城市间的距离平方成反比。

(2) **企业组织途径**。主要运用企业总部与分支的关联数据间接代表城市间的经济联系。

2. 各地市产业分工

产业水平分工。随着城市化的不断发展,城市愈加密集分布,依托于地理位置的邻近性,城市间逐渐产生产业的分工与协作。战略性新兴产业在全国大力发展背景下,产业由垂直分工向水平分工变换。通过产业链集群最大限度降低运输成本,缩短物流时间，提高物流调度效率，通过集群化极大地强化了产业链的抗风险能力。因此，结合产业从垂直分工向水平分工的转变，重点发展专业生产与专业服务，形成省内垂直分工细分领域和水平分工各环节相互联动的产业集群。

都市圈产业协同。以推动省内各城市间专业化分工协作为导向，推动中心城市产业高端化发展，推动中小城市依托多层次基础设施网络增强吸纳中心城市产业转移的承接能力，推动创新链和产业链融合发展，促进城市功能互补、产业错位布局和特色化发展。

9.4.3 产业空间结构与功能分区

1. 产业空间结构构成要素

产业空间结构，是经济地域的主要物质内容在地域空间上的相互关系和组合形式，包括各种经济活动在地域范围内的分布状态、组合形式、形成机制、演进规律等，以及反映这种关系的客体和现象的空间集聚规模和集聚形态。

产业集聚点。由于资源、交通条件、区位等要素的作用，产业在某些特点位置集中而形成的产业空间分布形态，形成不同规模和类型的产业集聚点。

产业发展轴线。各类产业在地理空间上依托水陆交通干线呈线状分布的空间形态，形成对大区域开发具有促进作用的产业发展轴线。

产业集聚区。产业依托一个或若干个特大城市形成的面状分布形态，通常是具有大区域意义的产业密集地区，也是区域性的经济核心区和最具活力与竞争力的地区。

产业发展连接网络。随着区域之间人流、物流和信息流的加强，产业集聚点、产业发展轴线和产业集聚区之间形成相互联系和相互作用的网络。

2. 省域产业空间结构特点

落实省域产业经济相关发展战略，基于省域产业体系、产业布局条件、地市联系及分工构建省域产业空间结构，其主要可形成以下结构性要素：具有辐射带动的核心城市都市圈、重要产业发展节点城市、区域产业创新廊道、高端制造业或服务业廊道、产业聚集或提升片区、关键要素流通廊道等。

3. 产业功能分区设置原则

因地制宜原则。产业功能区的界定需要根据当地产业禀赋，确定不同地域单元的产业功能类型，划分与之相适应的经济区域。

平衡发展原则。产业功能分区的划定不能仅偏好产业发达地区，也要兼顾产业欠发达地区的产业需求，从当地优势产业和资源禀赋出发，积极谋划适宜的产业分区。

非重叠性原则。产业功能分区结果是不相互交叉重叠的，即要求每一个经济区域只符合一类与之相对应的主导产业功能区，不存在一个经济区域同时属于两类产业功能区的情况。

4. 省域产业功能分区特点

落实省域主体功能区战略，进一步深化城镇化地区、农产品主产区、生态功能区三大空间格局。结合产业空间结构规划，以具有相似产业分工、主导产业或战略性新兴产业聚集为依据，以一个或多个相邻地市为载体，划为同一类产业功能分区。进一步分类出全省城市化地区的第二产业和第三产业功能特色，同时推动区域性的农业生产形成粮食生产功能区、重要农产品生产保护区和特色农产品优势集聚区。

9.4.4 重要产业集群布局引导

产业集群是指同一或相似产业领域的众多企业及相关机构在一定地理空间内的集聚体；主体主要包括生产型企业、知识型服务机构、高校或科研机构以及其他提供制度支持的公共机构。产业集群是产业现代化发展的主要形态，其合理布局引导是提升区域经济竞争力的内在要求，也是地区生产力布局的主要内容。

1. 构建战略性新兴产业集群

战略性新兴产业是培育发展新动能、获取未来竞争新优势的关键领域，正朝着科技与产业深度融合、数字与实体加快融合、制造与服务全面融合的态势发展。立足各省产业基础优势，以产业集群机制为主线，在省级层面形成因地制宜、布局合理的战略性新兴产业集群。

专栏 9.5 国家战略性新兴产业集群主要类型、构成及布局选择

绿色低碳产业集群。构成包括节能技术和装备、节能产品、先进环保技术和

装备、混合动力车、其他[1]新能源汽车等内容。布局选择在经济发达地区或重化工业多的高能耗高污染地区。

新一代信息产业集群。构成包括下一代通信网络、物联网、高性能集成电路和高端软件。布局选择在高水平大学集中的区域，或在信息技术国家重点学科和实验室支撑的区域。

生物产业集群。构成包括制药、生物技术、医疗设备、诊断。布局选择在重要医药业制造基地。

新能源产业集群。构成包括太阳能、地热能、风能、海洋能、生物质能及核聚变。布局选择在水资源丰富、日光照射强度大或风力资源丰富的地区。

高端装备制造业集群。构成包括航空装备、卫星及应用装备、轨道交通装备、航洋工程装备、智能制造装备。布局选择在重工业集中且具有雄厚工业基础的区域。

新材料产业集群。构成包括复合新材料、超导材料、能源材料、智能材料、磁性材料、纳米材料等。布局通常选择在矿产资源丰富的区域或资源枯竭型城市地区。

数字创意产业集群。构成包括VR/AR产业、数字内容生成和创新设计软件、文化资源转化、数字创新设计。布局适宜选在具有智慧城市建设基础和数字化先行的经济发达地区。

2. 协调布局产业园区集群

部分区域或省内各地市由于产业园区的数量多、密度大，形成了产业园区集群，也常由于区位、产业、要素等的邻近性、同构性和相似性等，以及行政主体考核激励机制的驱动，导致基于短期利益的非合作博弈，过度竞争关系取代了良性的竞合关系，催生和加剧了区域产业发展和城市之间的恶性竞争[2]。因此，省域产业布局需要协调区域产业园区集群，优化、引导和管控重大产业园集群的竞合关系，促进区域产业园区群的良性发展。

---

1. 朱海燕.产业集群研究述评：研究脉络、趋势与焦点[J].研究与发展管理,2010,22（6）：47-56.
2. 王兴平，赵立元，赵铁政，等.区域产业园区群统筹整合规划方法探索[J].规划师，2017, 33（8）：64-71.

9.4.5 各地市产业布局引导

1. 建立产业引导清单

根据产业空间布局综合体条件分析和产业集群布局分析,对各地市进行产业布局引导,确定各地市重点发展产业,特别是先进制造业与现代服务业,形成明确的产业布局正面清单,以及结合环境承载力、生产要素等产业布局条件形成产业负面清单。

2. 分类产业集聚引导

根据全省产业水平分工将各地市分为创新型城市、专业化生产城市、规模化生产城市和特色化生产等不同产业发展态势的城市。在此基础上,分析地市产业集聚区空间绩效和可拓展空间等情况,以符合发展趋势、具有高成长性的一些产业为突破口,提高各地市产业集中度、形成全省各区域的产业发展特色。

9.4.6 空间支撑体系规划

省域层面产业布局的空间支撑强调对于产业聚集区的空间基础设施的规划保障,主要分为综合交通网络、能源保障网络、高速信息网络、水资源综合利用网络等。

1. 综合交通网络

交通是产业经济发展的命脉。充分考虑全省产业发展需要,加强联系密切的产业集聚区之间的跨区域交通连线建设,完善集聚区内部运输通道和综合枢纽布局。打造以高速公路为主干的公路网,通过干线公路、区内外联公路、运输铁路、高速铁路、骨干航道等建设,推进综合交通联运。加快谋划有条件地市的机场和港口建设,为未来产业发展奠定坚实基础。

2. 能源保障网络

结合全省产业集聚区各功能区的能源需求差异,优化能源资源配置和项目布局,建立安全、可靠、清洁、高效的能源保障体系。稳步发展清洁能源,促进风能、太阳能、生物质能利用;构筑电网、气网、油网三大能源网络,完善能源资源储备设施。鼓励产业集聚区打造依靠再生能源、新能源、可替代能源的新产业发展空间,建设具有示范效应的新能源产业基地、综合可再生能源产业基地。

3. 高速信息网络

新一代信息技术正深刻重塑产业的发展和竞争新格局。建设大容量、高速率、高质量、安全可靠、相互融合的骨干传输网支撑全省产业布局优化，建设与全球信息高速公路接轨的信息基础设施体系。完善5G、千兆光纤、物联网、工业互联网等通信网络基础设施布局，建设高速信息网络和重要信息数据枢纽，保证产业经济与生产等相关信息要素流动效率。

4. 水资源综合利用网络

加强全省产业集聚区水利基础设施建设，提高防洪抗旱能力，优化水资源配置，改善水环境。根据各产业集聚区的地理条件，实施区域防洪排涝骨干工程，提高区域防洪排涝标准。结合全省水资源时空分布特征及产业集聚区开发对水资源的需求情况，合理布局一批水资源调蓄和配置的骨干工程，加快形成跨区域网络化引调水框架，提高水资源在时间和空间上的调控能力，配套支撑全省产业布局优化。

9.5 实施保障体系

9.5.1 规划实施保障

1. 国土空间规划体系关联衔接

充分发挥国土空间规划"五级三类"体系的联动。在总体规划层面，细化落实发展规划关于产业发展的战略引导和政策指导。在专业规划层面，与发展规划的区域规划、专项规划相对应，为其提供产业发展空间支撑和政策保障。在详细规划层面，细化落实总体规划、衔接专业规划的产业规模和空间布局，指导具体产业项目落地，对具体地块用途和开发建设强度等做出实施性安排，提高产业用地的综合利用效益。

科学编制市县级国土空间总体规划和产业专项规划。主动衔接省域国土空间产业规划，统筹土地利用规划和产业发展的协调，进一步深化细化产业园区布局，合理划定工业用地控制线，严格限制工业用地改变土地用途，稳定工业用地市场预期，促进全省产业集聚发展。

2. 组织与管理实施保障

组织制度保障。 省发展改革部门牵头做好规划实施的协调落实工作，省直有关部门负责研究制定各相关产业发展措施，制定年度产业工作计划，确定目标，明确任务，落实责任。各地也要成立相应的组织协调机构。加大省级协调力度，统筹解决有关地区之间的产业项目落地、基础设施布局、生态环境保护与改善以及利益分配等问题。

项目管理保障。 省直有关部门应加强对重大产业项目储备和分类指导，建立动态管理的产业重大项目储备库。优化重点项目审批程序，对重点项目手续办理容缺受理、并联审批。完善重大项目监管平台和项目分级分类协调推进体系，引导和保障产业规划落地实施。

9.5.2　政策支撑

土地供给政策。 鼓励使用城乡建设用地增减挂钩节余指标，优先处置批而未供、供而未用土地，保障园区建设用地。鼓励工业项目采取长期租赁、先租后让、租让结合、弹性年期出让等方式供地。在符合国土空间规划和管控要求的基础上，提高标准厂房用地的开发强度。在符合规划、不改变用途的前提下，对提高土地利用和单位产值的，减收或免收城市基础设施配套费用等政策。

人才供给政策。 建立校企园联合培养人才新机制，支持省内院校、科研院所优化学科结构，为战略性新兴产业、高新技术企业"订单式"培养人才。遴选高成长性企业高管和省级及以上人才计划入选者到知名高等院校、世界500强企业、行业龙头企业等交流培训。

融资供给政策。 加强信贷政策与财税政策、间接融资与直接融资的协同作用，充分发挥银行等金融机构在间接融资中的主渠道功能，积极鼓励和引导金融机构加大对产业集聚区建设的支持；推动银行业金融机构加大金融创新力度，充分利用银团贷款等方式，提高产业集聚区建设资金供给的稳定性。

科技创新政策。 省市共同支持创新型产业集群发展，鼓励集群内企业牵头组建创新联合体，按照创新链支撑产业链组织实施重大科技专项，省级财政对重大科技专项给予支持，加快形成全省产业持续发展强劲动能。重视引育高新技术企业，支持开展省高新技术企业培育认定，对外省迁入的高新技术企业以及进入高新技术企业培育库的企业给予对应资金补助。

关键术语

省域国土空间产业规划、省域产业发展战略及定位、省域产业选择与体系构建、省域产业布局优化、省域产业实施保障体系

思考题

1. 请详细阅读某一省份的"十四五"国民经济和社会发展规划和省级国土空间规划中的产业规划内容，简述两者区别。

2. 选择你熟悉的一个省份，阅读省级国土空间规划中的产业发展整体定位，并对此定位的合理性作出评述。

参考文献

[1] 崔日明，李丹. 我国现代服务业演化发展的动力机制及对策研究 [J]. 经济学动态，2011（12）：37-41.
[2] 段禄峰. 我国产业结构偏离度研究 [J]. 统计与决策，2016（6）：122-125.
[3] 高远东，张卫国，阳琴. 中国产业结构高级化的影响因素研究 [J]. 经济地理，2015，35（6）：96-101+108.
[4] 国务院发展研究中心"区域协调发展和优化全国生产力布局"课题组. 生产力布局的内涵及我国生产力布局存在的问题 [J]. 发展研究，2014（12）：4-7.
[5] 黄季焜. 中国农业发展最重要的四大驱动力 [J]. 农村工作通讯，2018（1）：61.
[6] 李秉龙，薛兴利. 农业经济学 [M]. 3版. 北京：中国农业大学出版社，2015.
[7] 李佳洺，张文忠，余建辉. 我国重大生产力布局的历史沿革与"十四五"时期优化策略 [J]. 中国科学院刊，2020，35（7）：825-834.
[8] 王兴平，赵立元，赵铁政，等. 区域产业园区群统筹整合规划方法探索 [J]. 规划师，2017，33（8）：64-71.
[9] 颜银根. 区域比较优势视角下的生产力布局优化 [J]. 中共南京市委党校学报，2019（2）：62-68.
[10] 余东华. 制造业高质量发展的内涵、路径与动力机制 [J]. 产业经济评论，2020（1）：13-32.
[11] 张克俊，张泽梅. 农业大省加快构建现代农业产业体系的研究 [J]. 华中农业大学学报（社会科学版），2015（2）：25-32.
[12] 朱海燕. 产业集群研究述评：研究脉络、趋势与焦点 [J]. 研究与发展管理，2010，22（6）：47-56.
[13] 苏东水. 产业经济学 [M]. 3版. 北京：高等教育出版社，2010.

第 10 章

市县域国土空间产业规划

■ 导语

本章以塑造可持续发展的"产城融合互动关系"为核心,从实务角度详细介绍市县层级的国土空间产业规划如何编制。在明确市县域国土空间产业规划的基本作用和基本原则的基础上,提出规划的基础内容构成和逻辑框架,并对产业发展定位与战略、产业选择与产业体系构建、国土空间产业布局、实施保障体系建设四个主要环节展开详细介绍。

10.1 市县域国土空间产业规划概述

10.1.1 市县域国土空间产业规划的作用

1. 落实省域到市县域的产业发展战略传导

市县作为地方经济社会发展的实际主体,其产业发展关系着区域的综合竞争实力乃至城市的兴衰。而随着全球化城市网络体系的形成,区域之间的竞争也越来越体现为城市之间的竞争[1]。市县域国土空间产业规划是对该层级产业活动进行时间、空间上的安排,是产业发展规划的关键层级,其兼具战略性和实施性,既承接落实区域层级产业发展相关的战略规划(有些关键城市甚至要从国家战略角度考虑),也要对下一层级的区、县、乡镇的产业发展做出方向性的指引。

---

1. 杨春志. 城市产业战略的若干理论及应用——以上海市嘉定区产业定位为例 [J]. 城市问题, 2005 (6): 51-57.

市级单元需分解省域单元产业发展目标体系, 贯彻省域产业发展导向及空间准入要求;明确市域产业体系、产业空间结构、产业发展定位、产业用地规模及开发强度,建构市域产业布局体系;统筹区县产业发展的分工竞合关系、城区与园区的协调关系,细化明确下辖各个县级单元的分类指引和各类园区产业体系构建、产业用地供给和配置模式等。

县级单元分解上位规划的产业发展目标, 落实市域单元的产业发展导向、分类指引要求;明确本单元全域产业体系、重点/特色产业发展定位、产业用地规模及开发强度、产业空间结构、划定各类产业用地边界和产业配套支撑体系;确定中心城区、各个乡镇和园区的产业发展与布局[1]。

2. 塑造可持续发展的"产城融合互动关系"

市县域国土空间产业规划重点在于形成良好的"产城融合"的互动关系。 直接来看,城市空间拓展的重点内容就是落实产业经济发展,而产业经济的优化将对城市的经济发展效能、空间优化产生直接影响,城市的阶段性发展对产业经济发展规模也起到决定性作用[2]。

市县域国土空间产业规划要通过产业发展提升城市竞争力。 新时期新背景下,地方要谋求提升城市自身竞争力提升和高质量发展,产业的发展及其空间布局是重要抓手和重要支撑。

市县域国土空间产业规划要通过城市发展形成对产业发展的人才、资本、技术、服务等多元支撑。 产业的发展升级存在一定的普遍规律性,需要地方提供必要的生产要素和空间环境。不同产业自身对生产要素依赖程度存在一定差异,可划分为劳动密集型、资本密集型和技术密集型产业。城市层面的产业发展的影响因素也涉及颇多,如政府政策、人口、科学技术、投资变化、能源供应、人们消费和收入预期、市场供需变化等,这需要城市整体的发展战略和空间支撑。

10.1.2 新时期市县域国土空间产业规划的目标和原则

当下我国经济由高速增长转向高质量发展阶段,产业发展作为经济社会发展的

---

1. 王兴平,朱凯. 浅论省级产业国土空间规划的技术框架 [EB/OL]. (2020-03-05) [2024-02-28]. https://mp.weixin.qq.com/s/24GhEbi0TPfymBE_I2A5Rw.
2. 尚晓瑞. 产业经济在城市发展过程中的作用分析 [J]. 现代商贸工业,2019,40(32):13-14.

物质基础，也需从传统的要素驱动转变为创新驱动，走高质量发展道路。新时期的产业规划应充分挖掘地区发展的能动性，抓住新一轮科技和产业革命的机遇，构建面向高质量发展的现代化产业发展体系。

1. 坚持"区域性"原则，制定产业总体发展定位

与区域整体协调发展，从区域角度定位城市产业，提升城市竞争力。 从城市产生和发展的本质来说，为区域提供服务是城市的基本活动，是城市存在和发展的经济基础[1]。故城市产业发展要从区域角度出发，落实上一层级的国土空间规划的产业发展目标，对接本层级总体规划的产业导向，制定本层级的产业整体发展定位和管控要求。

整合区域内部发展资源，统筹各发展单元的产业分工，引导地区经济社会协调发展。 面向存量发展时代，应摒弃传统蔓延式发展，存量挖潜区域内部要素，依据市县域各层级的发展基础和资源禀赋，因势利导，对内部各个产业发展单元做统筹安排。

2. 坚持"发展性"原则，谋划发展型的产业体系

顺应产业发展趋势，明确市县全域产业体系发展导向，推动城市产业转型升级。 新时期城市产业结构不断升级，应把握经济宏观发展趋势，紧跟产业发展变革。一般来说，以知识经济型和知识密集型为主的高科技工业、生产性服务业等成为发展前沿[2]，农业现代化转型加快，应主动将城市产业由过去更多依赖资源、能源、土地、环境和劳动力等有形要素投入模式转向加强科技、管理和创新等无形要素投入模式。

依托本地特色资源要素，积极承接产业转移，谋划本地重点产业和特色产业，形成合理的产业发展序列。 产业序列指某一时期内，不同产业按照其经济地位和作用，形成一定的序列组合，如主导产业、支柱产业、先导产业、战略性新兴产业等。产业政策的制定者实际上是沿着产业序列的思路、按照优先程度不同列出各自需要支持、引导或淘汰的产业清单[3]，实现对城市产业发展的主导权的把握。其中主导产业是产业规划的重点。

---

1. 许学强，周一星，等. 城市地理学 [M]. 北京：高等教育出版社，1997：98-99.
2. 潘晶，古海波. 城市产业空间资源配置策略探讨——以深圳市坪山区为例 [J]. 规划师，2021，37（21）：44-50.
3. 陈勇. 产业序列：形成机制及影响因素的经济学分析 [J]. 江苏社会科学，2011（4）：52-57.

3. 坚持"可持续"原则，构建产业空间高质量发展格局

以人与自然环境的和谐共生为空间发展导向，科学测算产业用地规模及开发强度，合理布局三次产业结构。落实区域经济协同战略及农业现代化等各项产业发展战略，立足区域特色发展产业，综合人口、环境、资源、国家政策等因素，优化三次产业布局，实现合理利用市县内的各类产业用地，促使区域内形成可持续发展的国土空间利用格局。

加快新旧动能转换，强化产业空间治理，协调生态空间保护与产业发展的适宜性，在产业空间供给上向优势产业、新兴产业和特色产业倾斜。通过划定各类产业用地边界和用途分区管制及产业配套支撑体系，维护空间秩序，保障产业发展要素，支撑城市高质量发展。

10.1.3 市县域国土空间产业规划的内容构成及逻辑框架

市县域的国土空间产业规划应基于全域产业发展的整体通盘考虑，细化落实经

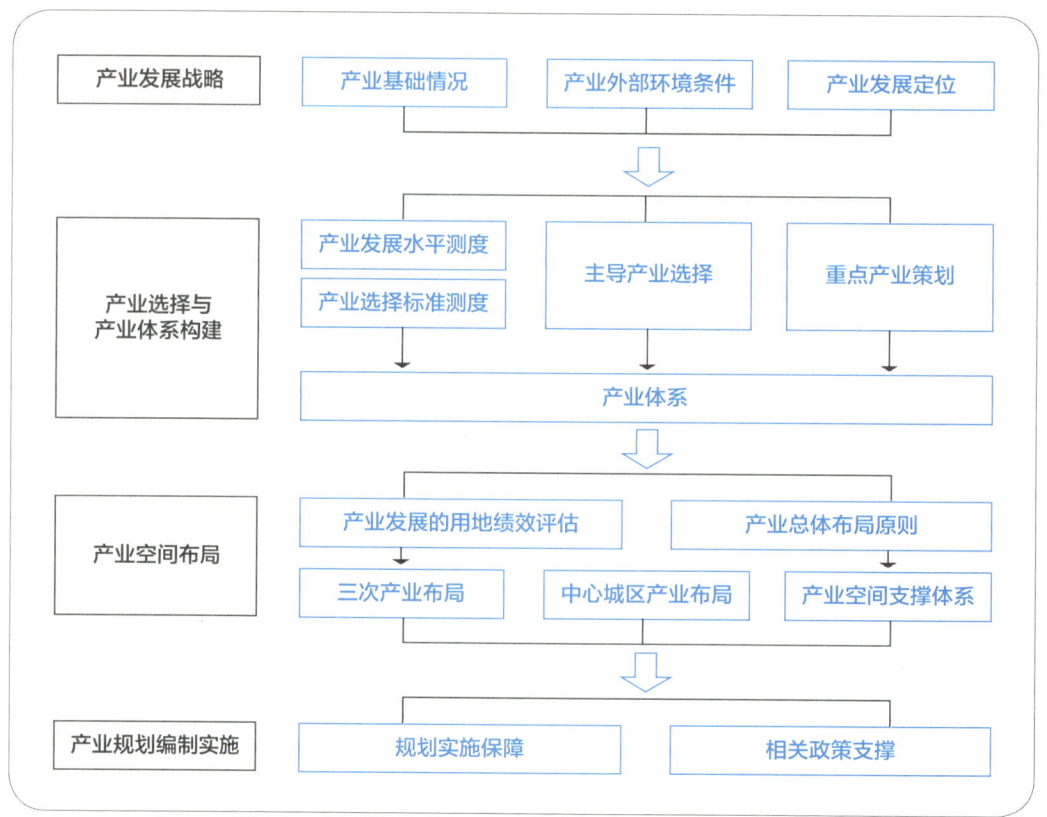

图 10-1 市县域国土空间产业规划的内容构成及其逻辑框架

济社会发展规划关于产业发展的战略引导和政策指导，着力于构建全域现代产业结构体系和产业空间布局，对市县各区（各乡镇）的产业发展职能定位、空间用地等提出关键性引导。具体来说包括四个阶段（图10-1）：

总体产业发展战略研究。通过综合分析产业发展基础、产业发展环境研判与产业空间绩效评估，制定产业发展的总体战略定位。

主导产业选择与产业体系构建。参照产业发展战略定位，按照一定的产业选择标准，确定主导产业和产业体系，对重点产业发展提出发展路径，并对全域和中心城区的产业发展定位和发展路径提出指引。

产业空间布局优化。以产业空间发展实际需求为基础，整体制定三次产业布局结构，提出产业空间提质策略，并完善产业空间支撑体系，为产业发展提供保障。

产业规划的编制实施。制定产业发展配套政策，产业空间用地政策等相关配套政策，做好与国土空间规划体系中的其他规划的衔接，编制部门行动清单确保产业规划的有效落实。

10.2 市县域国土空间产业发展定位与战略

10.2.1 产业发展的基本情况与基础条件

1. 产业发展的基本情况

认识产业发展的基本情况是开展规划行动的前提，具体包括产业总体发展情况和产业发展的关键特征两个层次。

产业发展的总体情况可从纵向和横向两个维度展开。纵向上从时间维度对市县产业的发展演变历程分析，把握市县产业发展的长期趋势，为研判未来产业发展阶段的总体基调奠定基础。横向则从市县的经济社会发展水平入手，分析市县的经济规模、工业化阶段、城镇化水平、人均收入水平等特征，并与所在上一层次区域进行比较，找准自身产业经济特点，把握未来市县经济产业发展趋势，为科学选择产业发展模式提供依据。

产业发展的关键特征包含对现有产业体系梳理后对产业发展变迁有重要影响的方面。现有产业体系分析包括主导产业分析、特色产业与重点产业、主导产业链条及相关产业等。产业发展的关键特征一般包括市县的产业结构和规模、中心城区产业发展情况、重点产业项目、重要规模企业经营情况、产业空间布局、区位或特色资源等关键产业影响因素分析等。在分析市县产业关键特征的基础上，应提炼总结当前时期产业发展的关键问题，识别出市县产业发展的重点领域和重要产业空间。

2. 产业发展的基础条件

摸清产业发展的基础条件是产业规划的首要步骤，应对市县区域内的自然条件、生产要素、基础设施、经济社会文化条件进行深入调查分析，以发掘地区产业发展的优势、劣势和核心要素。

自然资源条件： 自然条件分析主要是对地理方位、自然环境、自然资源等进行分析，弄清产业发展的自然基础与资源禀赋。地理方位，是指在某个地域内的相对空间关系。自然环境是指人类生存和发展所依赖的各种自然因素总和，一般主要包括地形、气候、降水、土壤、日光辐射等。自然资源指天然存在并有利用价值的自然物（不包括人类加工制造的原材料），如土地、矿藏、水利、生物、气候、海洋等资源。

生产要素条件： 生产要素是产业活动所需要的各种要素，传统的生产要素主要包括劳动力、土地、资本、企业家才能，随着科技的发展和知识产权制度的建立，技术、信息也作为相对独立的要素被提出来，并且所发挥的作用越来越大。评估区域各类生产要素的数量、质量及其要素流通、组合性能，以客观认识和评价区域产业要素的竞争力和产业发展承载力，从而为制定产业空间规划提供依据。

基础设施条件： 基础设施是产业发展的基本条件，主要通过影响企业综合成本，间接影响区域产业的竞争力，应对交通运输、供电供水、通信网络、环保设施等基础设施条件进行分析和评估。

经济社会文化条件： 对地区经济社会文化发展历史及状况进行分析，目的是了解产业发展与当地经济、社会、文化的渊源和共生关系。经济分析主要通过对地区经济发展总量、经济结构、收入与消费水平、财政收入、特色产业发展演变历史的分析，了解产业发展的经济基础。社会分析主要对与产业紧密相关的科技、教育、卫生、社保等状况进行分析，以发掘产业成长的科技、教育条件；文化分析主要从历史角度对产业相关的文化、传统与风俗进行研究。

10.2.2　产业发展的外部环境条件

1. 区域经济发展态势及市县发展的竞合关系研判

充分尊重区域发展是制定市、县域的产业规划的前提。市、县域区域产业发展趋势和演进路径，也代表规划区域产业未来发展的趋势和方向。因此，要科学预测高级次区域产业市场规模和结构、空间布局变化、产业发展重点转换等趋势，为掌握规划区域的产业发展机会和空间，寻求本地产业发展路径奠定基础。

区域竞合趋势可影响地区产业的空间发展方向，影响产业选址布局。在经济全球化不断发展演化和区域经济一体化条件下，产业间的竞争合作愈加频繁，区域内经济产业活动的空间不均衡必定会产生拉力与推力，促成区域产业的合作或竞争关系。应通过区域产业地理格局和经济联系格局，研判市县所在区域的竞合关系，并与区域多方共同谋划产业布局。另一方面，区域间产业合作须有相应的中介载体，例如重大合作项目、区域交通设施或上下游产业链等，分析区域间的竞合趋势也能为产业发展的相关基础设施提供规划依据。

> **专栏 10.1**　**区域经济联系格局分析方法**
>
> 根据区域经济联系格局相关研究，其定量分析方法分为静态的城市联系模型计算和动态的空间网络分析两类。城镇联系模型是基于牛顿引力模型的公式变形，动力学认为城市的经济联系强度与城市的规模乘数成正比，与城市间的距离平方成反比。动态的空间网络分析方法是通过各种空间流来直接测度城镇网络关系，通过迁入迁出流、物流、信息流、资金流等要素流的方向和强度来表征城镇之间的相互关系，进而识别区域城镇网络结构，常用的方法包括 OD 分析、网络连通度分析等。

2. 产业发展的政策环境评估

我国政府和政策对地方产业发展的干预强度显著高于西方国家，产业规划编制的政策环境评估涉及多个方面，包括国家、各省和各部委提出的重点扶持的产业名录，各级政府提出的产业发展负面清单，地方政府的总体发展战略、政府公文等。

10.2.3 产业发展定位与战略

1. 产业发展总体定位

在经济全球化不断发展演化的背景下,市、县级行政单位的产业发展必须要有效融入更广泛的都市圈、城市群范围,而产业发展总体定位的研究目的是通过挖掘市、县域在所在高级次区域的地位和价值,准确把握未来发展趋势,并根据资源环境的承载能力和发展潜力,探索市、县域所能够和应该承担的城市功能,促进形成各具特色的区域发展格局。

在设计区域功能定位时,要从外部区域影响和内部空间功能两个角度分析。一是注重对高级次区域发展战略研究。充分了解各级次区域功能定位和对规划区域的相关要求,合理确定本区域在其中所处的战略地位和作用,科学分析市、县域所承担的战略功能与城镇化功能。二是注重对高级次区域的产业战略研究。了解高级次区域的产业发展战略和重点,并结合市、县域实际,突出特色,错位发展,科学确定市、县域的产业战略和重点。

卓越的功能定位应该是顺应时代发展潮流的前提下对市、县域所处区位背景做深刻剖析,准确把握大区域的未来发展趋势,基于市、县域的综合发展条件,充分借势和造势,确立市、县域的价值和功能定位。

2. 产业发展战略

市、县域的产业发展战略是描绘市、县域从现状走向目标的发展路径,是基于区域高层次整体研判未来市县产业发展的方向和举措。市县的产业发展战略一般包括:

利用区域竞合关系,发挥比较优势,构建区域性的产业链布局。区域经济发展格局是地区发展的基础,应找准自身产业发展定位,利用区域竞合关系,错位发展、协同发展。同时注重发挥地区比较优势,立足地区产业基础、交通区位、生态环境、人口资源等生产要素情况,与区域整体经济发展相耦合,与区域整体的产业链布局相衔接,实现区域有序分工,最大化发挥产业集聚优势。

基于城市发展阶段谋划产业战略,做强主导产业,形成多元化的产业体系。不同市县的发展方式和水平往往差异较大,应根据市县的发展阶段和特点,制定合理的产业发展模式路径,基于地区的城镇化或工业化阶段,选择当前市县发展的着力点即主导产业,并基于地方特色资源禀赋和产业发展问题特征,改造传统产业,培育新兴产业,发展特色优质产业,形成多元化的产业体系。

产业发展的要素瓶颈，谋划生产要素供给的倾斜政策及其空间载体。随着市县的产业经济的转型发展，产业自身发展也面临新形势新要求，农文旅融合、工业升级转型、创意产业等不同产业发展对劳动力、技术、土地、资本等生产要素的需求有较大差异。应制定合理的产业政策，营造优良的产业经营环境，破除土地制度等生产要素瓶颈。同时注意发挥空间对产业要素的支撑作用，挖掘产业空间潜力，促进产业空间集约利用。

推动生态、文化、社会等多元系统共同支撑产业转型升级的新发展格局。市、县域产业的发展不仅要服从于经济发展的目标，而且要与社会发展目标相协调，有利于整个社会的稳定、进步和可持续发展。一般而言，产业发展应有利于国家安全稳定，应注意保护环境，防止污染，并重视文化教育、科学研究，卫生体育等的配套协调发展。

10.3 市县域国土空间产业选择与产业体系构建

10.3.1 产业发展水平

1. 产业结构

产业发展水平需要从产业结构和区域两个视角进行分析和判断。产业结构是指产业内部各生产要素之间、空间、产业之间、层次和时间的五维空间关系，现多理解为在国民经济中各个产业之间的比例关系，一般用三次产业产值占总产值的比例表示[1]，其意义在于了解地区产业的内部关系，了解国民经济的产业构成及相互联系变化和发展趋势，为制定产业结构政策提供依据。

2. 产业的区域比较

明确区域整体发展态势对市县自身产业发展的影响，比较市县产业发展在区域中的产业地位和分工，并找准自身产业优势特点，为科学选择未来市县产业发展模式提供依据，在主导产业的选择、产业集聚和产业空间布局中做到更加合理。其中，

---

1. 于新伟，单宝艳，陈艳秋，等. 山东省三次产业发展水平时空格局演变研究 [J]. 山东建筑大学学报，2022，37（1）：100-110.

具体的区域比较，应根据本地产业的市场影响，选择合理的高级次区域等级，既要关注全国、省域、县域的行政区域划分，也要注重在城市群、都市圈乃至全球全世界等一体化经济中的影响。

10.3.2 产业选择的基本逻辑：构建发展导向的产业体系

国土空间规划中的产业选择定位是对城乡全产业体系的统筹谋划，而非单一产业部门的专项规划。地区产业的发展不仅指单个产业自身指标的量变，更体现为多个产业部门之间合作、分化、更替、协调的质变过程。在产业选择定位过程中，围绕国家及区域产业发展导向，遵循产业发展规律，结合产业发展基础与国土空间资源的发展条件，对可能发展的产业进行筛选、择优、组合，使各个产业之间存在较高的聚合质量[1]。

1. 因地制宜，发挥竞争优势

我国不同区域经济社会地理差异明显，产业发展的基础条件相差较大，市县的实际发展也呈现不同的情况。特大城市或全球城市要参与面向全球竞争，增强自身的创新资源集聚能力，而一般中小城市可能作为一定区域发展的增长极，承担区域城镇化的主要载体等作用。大多数中国的县域经济以制造业为主，服务业为辅，也有大量的传统农业县。因此产业选择应因地制宜，结合地区发展的实际情况，并强调与区域的合作分工。

应基于自身竞争优势确定产业体系的方向选择。资源禀赋决定了产业的先天优势，是形成社会地域分工的自然基础，其在产业的产生形成阶段起到了最关键的作用。随着现代科学技术的进步、区域贸易协作的活跃，自然资源对产业发展的制约看似逐步削弱，但实际上仍有很强的约束力。特别是在生态功能重要的欠发达地区，在产业选择定位时应正确判断本土的资源禀赋，真正理解"绿水青山就是金山银山"。切实发挥产业的资源优势转换功能，充分利用系统内外的各种资源，提高资源的利用效率，将比较优势转化为竞争优势。

---

1. 林逸凡. 县级国土空间规划中产业布局的探索式空间分析方法研究[D]. 重庆：重庆大学，2020.

专栏 10.2 比较优势和竞争优势

比较优势主要是指一个国家或地区的资源禀赋优势，例如良好的自然条件、丰富的矿藏或廉价的劳动力使该国或该地区某些产品获得相对成本低廉的优势。竞争优势主要是指体制创新、技术创新、管理创新以及政府、企业的其他经济活动对提高国际竞争力的影响。比较优势和竞争优势相互区别又相互联系。具有比较优势的产业往往容易形成较强的竞争力，从而获得竞争优势。

2. 适应市场，优化产业结构

产业选择应匹配市场需求。在进行产业选择时，判断产业结构与市场需求结构的匹配适应度是一项重要内容，因为市场需求决定了产业应朝何种方向利用和转换资源。同时，市场需求的多变性导致了产业发展对市场的回应具有一定的滞后性，经济整体的发展态势也因此受到供需偏差程度波动的影响。因此，产业选择须关注产业的灵活性，对资源变化和外部环境作出及时反应。

产业选择应优化整体产业结构，并通过关联优势激发经济活力。经济增长建立在各产业协调发展的基础上，作为系统动力的产业不仅需要与当前的经济发展水平相匹配，还应具有一定的影响产业结构和经济系统向好的能力。同时，在产业选择中应评估不同产业的比重份额以及影响力和感应度，关注单个产业部门的发展对其他产业部门的影响或受其他部门波及的程度，使整体的产业结构能保持较高的效率，激发地区的经济活力。

3. 生态友好，助力绿色转型发展

产业选择应保证生态效益。以实现最大的经济效益为目标的产业选择往往是"反生态"的，为此付出了巨大的生态代价，频频引发能源危机和环境灾害。当下我国经济发展进入新常态，产业结构转型升级成为普遍趋势，我们不仅关注产业的经济效益，更要注重产业发展和空间环境的良性互动。可持续发展、绿色发展等新的发展理念逐渐取代了"趋利、逐利、独利"的发展目标，在此语境下，产业选择定位应追求生态—经济综合效益的最大化，不能仅关注其经济效益，也不能为了实现生态效益而完全放弃经济效益。因此，产业的能源消耗效率和生态安全保障能力也是生态文明背景下产业选择的重要参量。

10.3.3 主导产业的选择与产业体系的构建

主导产业的选择是产业选择中最普遍的切实需要。发展型产业体系构建以主导产业为重点，并结合地方发展实际特征，确定先导产业、战略性新兴产业等其他导向性产业，实现产业的升级优化。

区域主导产业具有两大产业功能。对区内，它是区域经济优势的综合体现，处于区域产业链的关键和核心，具有带动区域经济全局的发展的功能；在区外，它是全国或更高层次区域同类产业的主要专业化生产基地，标志着该区域在全国或更高层区域分工的地位，具有较强的输出功能。区域主导产业发挥主导作用的一个重要机制在于通过满足区外需求，带动区内产业发展和区域经济增长。

1. 主导产业选择的基础

根据自身发展类型、发展规模等实际特征合理确定主导产业。如特大城市关注产业创新功能及产业资源配置功能，以产业承载提升人口承载、经济发展与价值创造能力。城市群外围的中小型城市应加快承接大城市产业功能外溢，以产业链协同与产业功能协同提升大城市及城市群整体产业链水平。一般中小型城市注重特色产业支撑能力，充分发挥城市功能、产业基础和资源禀赋条件，推进特色产业转型升级和民生发展。对于资源型中小城市，应进一步加强统筹规划，在建设改造专业性资源开采、冶炼和深加工基地的同时，设置开发底线，建立市场化管理机制，保障资源安全与生态安全。对于资源枯竭型城市，应以延链、补链、固链为核心，加快培育一批具有当地特色的接续替代产业。对于老工业基地，应有效整合资源，主动调整城市经济结构，发展新技术新业态新模式，在有效保障民生的同时培育产业新增长点。对于地处边境的中小型城市，应在产业资源投入方面有所倾斜，形成一定的特色产业集聚，加强人口经济承载能力。

2. 主导产业选择的影响因素

影响主导产业选择的因素有很多，应分层次、分步骤地对涉及的产业发展要素进行评估和决策。一般包括地域自身的要素禀赋、区位条件、产业基础（产业规模、发展速度、产业比较优势等）、市场需求等客观因素，同时也包括国家战略引导、政府政策扶持等主观因素，还要善于利用重大事件等偶然因素和机遇。

在具体产业门类选择上，必须把握该产业在地区发展的实际趋势。战略性新兴产业一般是市县产业选择的重点，但并非可以直接作为主导产业。一要明确所选择的战略性新兴产业发展的方向、内容和重点领域；二要明确这些产业发展过程中存在哪些问题，制约其产业成长发展的关键环节是什么；三是在具体的项目或企业的选择上，应要求能够代表该产业发展方向，或掌握某些方面的核心技术，或在商业模式方面有重大突破。

3. 主导产业选择的分析方法

区域主导产业的选择需要考虑包括比较优势、关联度等在内的众多因素，定量分析产业水平和定性考察产业相关政策规划方法结合，确定区域主导产业。本章具体介绍三种方法：产业综合评估筛选法、行业区位熵分析法和行业发展潜力分析法。

产业综合评估筛选法。该方法对市县的主导制造产业和服务产业门类设定综合的评估体系，从行业吸引力和本地产业基础两个维度建立矩阵进行评估分析，综合考虑技术优势、产业基础等因素，制订产业具体发展细分领域方向。主要包括指标体系的筛选和指标权重的赋予。综合评价方法的种类很多，例如层次分析法（AHP）、主成分分析法（PCA）、灰色关联分析法（GRA）、灰色聚类评估法、偏离—份额分析法（SS）、数据包络分析法（DEA）等。

行业区位熵分析法。分析一个地区的优势行业，并不是简单地以该地区不同行业的比重来排定座次，而是要从地区工业结构的专业化角度来衡量，分析地区行业在区域专业分工基础上的相对优势，常用区位熵来测定。

行业发展潜力分析法。各行业的发展不仅要看其现状，更要关注其动态的变化规律。可借助管理学中波士顿矩阵分析等工具，分析市县工业的结构性变化，把握某一行业的发展前景。

10.3.4 重点产业发展策略和路径

面向新时期的产业发展，技术创新成为产业发展增长的直接动力和根本方式，绿色生态是实现转型增长的新动力，数字赋能促进产业发展增长，产业的核心动力、创新程度不同，所需的发展要素和空间选择亦有所不同。面向产业转型升级，按照生产制造过程中依赖研发创新技术的程度，城市产业大多可分为传统型、提升型、培育型、尖端型四种（表10-1）。具体产业的规划思路与方法应转向投放产业所需的核心要素、转变城市空间的支撑模式，最终实现产城融合的目标。

表 10-1　产业空间需求及空间配置建议

类型	产业特征及趋势说明	空间需求及空间分工建议
传统型	产业生产技术已经成熟，进入门槛低，在生产制造过程中无创新需求，仅需一般性研发工作，以求提升生产效率、降低成本或增加附加功效与价值的产业，如基础加工业等	对用地规模要求较高，多布局于传统产业园区、出口加工区等
提升型	产业生产技术新，研究过程所需技术层次高，进入门槛高，产品附加值高，产品切合当前市场需求且市场规模持续扩张的产业，如新一代信息技术产业等	对交通条件、产业分布、劳动力成本要求较高，多布局于科学园、商务园
培育型	产业所需技术要求高，进入门槛高，需要优良的研发人员及充足的研发资金投入，虽然目前产品市场需求小，但是预期将成为未来市场的趋势产品，市场需求成长快速的产业，如人工智能产业等	对生产性服务业、配套环境（产学研）的要求较高，多布局在邻近城市中心区的地方
尖端型	产业的技术原理、产品设计、市场需求多处于基础研究阶段，研究成果可作为产业技术升级的基础，其研发过程所面临的风险较高，如海洋产业、生化产业等	对专业服务、地方政策支持的要求较高，多布局于科学园、特色资源区、高校等

资料来源：潘晶，古海波. 城市产业空间资源配置策略探讨——以深圳市坪山区为例[J]. 规划师，2021，37（21）：44-50.

1. 要素投放

具体要素包括人才、科技、政策等，尤其是人才要素已成为企业和产业整体发展的关键要素。同时应注意与区域产业的分工协作，随着科技产业发展与区域经济网络重构，各地的发展与区域中心将产生直接性的联系，可在更大范围组织产业协作。

2. 空间支撑

创新驱动背景下产业对空间规模的需求不再一味求大，而是结合产业链环节提出与之匹配的多样化需求。知识型产业空间在选择上更关注空间环境质量，将综合考量生产力、成本、网络与产业集群、创新平台及政策环境等多重要素，往往向具有完整产业生态和足够创新密度的城市特定区域集中，易出现空间极化现象。

10.4　市县域国土空间产业布局优化

10.4.1　产业发展的用地绩效评估

产业发展的用地绩效评估是以提升土地利用质量和效益为目的，通过分析土地利用全要素和土地利用发展绩效等，对规划范围在规划期限内的土地利用状况全过程评估，涉及城市总体土地利用、各区县、乡镇、开发园区等多个层次维度。评估土地利用效率是产业空间组织的基础，产业空间密度过大会突破土地的边际效益造成过度开发的现象，而密度过小则会造成土地资源的闲置浪费，降低地均产能。

对产业发展用地绩效进行面上评估，识别产业空间问题和潜力。国土空间规划关注全域全要素的资源配置，调查产业空间潜力是进行空间资源配置的前提，基于"双评价"进一步摸清家底，由此识别未来城市产业发展的各类空间潜力，包括规划为非产业用地但符合"双评价"且极有可能作为产业用地的空间。

结合空间供给难度，科学划分产业空间潜力评估等级。考虑到存量发展时期土地的"释放"与"松绑"都变得更加困难，应具体分析各区县的产业发展用地绩效，科学划分空间潜力等级，作为未来产业分区布局的依据。

10.4.2　产业总体布局原则

1. "三生"协同，协调组织

产业布局首先应衔接"三区三线"。在生产空间、生活空间和生态空间的优化和布局中，生产空间无疑依然是重要的"自变量"而非"因变量"，要杜绝在生态文明时代的国土空间规划中无效建设、资源浪费和生态恶化，同时也要避免走向另外一个极端。因此，产业空间组织需要充分考虑资源承载和环境约束，保证不突破三条边界线的同时，承担三区的衔接功能，保持工业发展规模与社会经济发展水平相一致，建立能实现资源循环利用的良性产业空间体系，实现资源环境与经济社会的协调可持续发展。

2. 效率优先，集约利用

产业空间应注重空间发展效率，促成集约均衡的产业空间组织。顺应产业发展阶段需求，尊重资源使用效率，以增强产业需求与空间供给有效匹配，实现产城互促。用地集约是目前国土空间资源紧缺现状下的开发原则，集中组织产业空间可以综合利用土地资源，提高基础设施建设和利用的效率，发挥较大的规模经济效应。但同时应意识到物极必反，避免产生过度极化现象。因此国土空间规划中的产业空间组织应当把握好集约开发的尺度，兼顾增量布局与存量调整，通过识别低效产业用地来促使存量资源的流动和重组，改善和扭转过往的不合理开发布局，真正发挥出国土资源的应有价值。

3. 创新驱动，品质营造

创新驱动的产业转型带来了产业空间需求的转变。应注重空间环境质量与产业创新程度的匹配，产业空间布局将引导产城景融合，体现城市形象和空间品质。在产业空间布局优化过程中，一方面要延续城市风貌，使新开发的产业空间与城市已建成的产业格局、生活网络有机结合，体现城市历史记忆的传承；另一方面要体现产业空间的生态品质，在城市地区注重与绿地系统的衔接与融合，在外围地区注重对生态资源的退让与维护，打造产业、城市、景观有机融合，协调与特色兼具的高品质产业空间。

4. 规划协同，弹性引导

未来产城空间规划应留有余地。存量发展时期，产业空间供需问题突出，传统空间规划多解决土地供应与园区布局等问题，而新形势下需要以高质量发展为主线，与国土空间规划体系、城市发展规划、用地控制性详细规划衔接，实现产业空间的高效管理。顺应新时期发展要求，强调从空间布局管制向资源弹性配置的转变，积极应对各类空间资源供需矛盾，应适当产业空间留白，加强产业空间引导。

10.4.3 不同类型产业的空间布局要点

1. 制造业空间布局优化要点

制造业布局应顺应城市发展阶段要求，实现工业用地规模的有效利用。从国际城市产业结构发展趋势看，当城市的二产、三产结构比重达到 4∶6 时，工业用地占城市建设用地的 25%~30%；当城市的二产、三产结构比重达到 3∶7 时，工业用地占城市建设用地的 15%~20%；伴随生产力水平的进一步提高，工业用地规模将进一步缩小，应尽量稳定在城市建设用地的 10%~12%。

制造业空间布局优化的要点包括：**以底线思维倒逼产业转型，促进资源高效配置**。国土空间规划背景下的工业用地布局优化要遵循保护优先、底线管控的原则，严格落实空间管制分区。在产业结构调整的过程中，依据区域资源环境承载力和国土安全要求，明确重要资源的利用上限，特别是水、土地、电力等资源对产业发展的约束作用，按照国土资源数量和质量测算产业发展潜力和规模。通过制定负面清单引导产业转型，从根本上推动资源利用方式的转变，促进国土资源质效的提升。

集约利用空间资源，支撑工业高质量发展。根据地区资源分布特点和工业发展方向，合理布局工业产业类型，一类工业结合用地情况和基础设施分布相对集中；二、三类工业进园区，集中建设形成较好的产业集聚效益、规模效益和经济效益，并建立健全产业支撑体系，妥善解决工业聚集区的原材料供应、供水、供电、交通运输、环境影响及后勤服务设施的综合配套。同时，在城镇开发边界内挖掘存量潜力、盘活存量土地是未来提高工业用地利用效率、保障工业用地规模的关键，因此要注重城区内老旧工业园区的转型改造，充分挖掘其优势条件，加快传统产业提质增效，促进工业用地布局优化。

引导全域协调发展，助力国土空间格局优化。引导工业企业错位发展，构建功能互补、各具特色的产业集群。依据市域资源要素的分布情况划分各类产业的适宜发展区，合理确定各工业园区的产业定位和发展方向，制订差别化的产业发展策略，引导产业向适宜发展区集中，在城市中形成多个功能互补、特色鲜明的产业集群[1]。同时，应聚焦当前用地布局不合理造成的职住分离等城市问题，注重从改善人民生活品质和提高社会建设水平的角度，研究城市人口变化、产业发展和城市用地之间的有机联系，推动人、城、产、交通一体化发展，引导工业园区、城市新区中工业生产与城市服务功能适度融合，达到优化城市空间格局的目的。

2. 农业空间布局优化要点

农业空间布局对农业生产结构、农业供给能力和农业生产效率具有重要影响，主要包括农业生产布局和承载农业生产活动的农地（主要指耕地）布局两方面。农业空间格局一般优化思路为：①结合三调数据和国土空间双评价，确定农产生产适宜区和不适宜区；②以地方农业资源禀赋和发展基础，确定重点发展的农业种类；③对重点发展的农业种类选择适宜的区域种植并集约发展；④构建农业种植的总体空间优化思路，划分农业发展分区。

农业空间布局优化的要点包括：

确保国家粮食安全。抓好粮食和重要农产品供应保障是治国理政的头等大事。在厘清各地农产品生产能力、产品特点与未来发展潜力的基础上，制订农业空间格局优化方案，有侧重地进行优化调整。通过空间格局优化，全面提升国家农业安全风险管控能力，确保在全球粮食减产或供应链断裂等极端环境下国家粮食及其他重要农产品的供给安全。

保障国家生态安全。农业各要素自身便是生态系统中的重要组成部分，农业生

---

1. 黄征学，潘彪. 主体功能区规划实施进展、问题及建议 [J]. 中国国土资源经济，2020，33（4）：4-9.

产也具有重要的生态功能，其作用体现在保持生物多样性、分解二三产业排放物和改善生活环境等方面。对标国家生态安全战略和重大区域战略需求，有序将陡坡耕地退耕还林还草还湖，合理控制耕地规模与布局，调整农业生产方式。坚持保护优先和绿色发展，引导非适宜区逐步有序退出农业生产，减轻发展农业带来的生态压力。非适宜区突出农业生态功能建设，同时积极推进农业全产业链绿色化转型，实现农业可持续发展。

提升整体配置效率。 农业空间配置效率取决于农业产业与区域自然资源禀赋的匹配度，匹配度越高，资源配置效率就越高，产业发展成效越显著，反之则会阻碍农业产业发展[1]。在农业空间格局优化中，引导农业技术、装备、资本和企业等要素优先向具备更大比较优势的区域集中，打造农业主产区和重要农产品产业带，逐步形成区域分工合理、区域优势互补、与自然资源分布协调的现代农业空间格局，实现农业配置效率和市场竞争力的整体提升。

服务乡村振兴战略。 乡村振兴战略的目标是农业生产力水平达到较高水平，有能力供给丰富的优质农产品，实现农村地区全面发展。优化农业空间格局，须从科学视角合理确立耕地利用和作物种植结构，主产区巩固提升粮食综合生产能力，产销平衡区和主销区要保持应有的自给率。同时应加快培育区域特色优势产业，延伸和完善关联产业链，引导农产品加工业和仓储物流业向主产区集聚，提高产业链运行效率，实现农业就地加工增值增收，支撑地区乡村产业振兴。

3. 服务业空间布局优化要点

现代服务业一般包括生产性服务业和生活性服务业，以高技术含量、高附加值及高能耗为特点，已经成为衡量地区经济发展水平和现代化程度的重要标志。服务业布局优化的要点有：

分类引导，需明确服务业各行业发展重点。 如科技服务大力发展研发设计、技术转移、创业孵化、知识产权、科技咨询等细分业态，加快高水平研发机构、智库、众创空间等新型协同创新平台建设，推进产学研一体化发展。信息服务加大信息化基础设施投入，发展信息经济、平台经济和分享经济，推进企业实现智能化生产和管理。金融服务大力发展科技金融、普惠金融、消费金融、绿色金融等新兴金融业态，规范发展互联网金融服务，鼓励民营银行发展，提高服务实体经济的能力。文化、

---

1. 夏晓平，李秉龙，隋艳颖．中国肉羊产地移动的经济分析——从自然性布局向经济性布局转变．农业现代化研究，2011，32（1）：32-35．

体育和娱乐业重点依托风景名胜区、历史街区、工业遗址、古村落等特色文化空间，打造创意文化服务集聚区[1]。

促进服务业主导产业与其他产业融合发展。推进服务业主导产业与制造业双向融合，鼓励服务型企业开展批量定制服务，利用信息、营销渠道、创意等优势，向制造业拓展业务范围，实现产品服务化发展。鼓励制造龙头企业向资本运作、研发设计、品牌运营、售后服务产业链两端延伸，建立"产业+服务"营利新模式。促进服务业与农业融合，发展农业科技、农业信息、农产品电子商务、农业创客空间、休闲农业和乡村旅游等新业态。促进服务业内部融合，鼓励服务业多业态融合发展，鼓励"设计+""科技+""互联网+""文化+"等跨界融合发展，加快业态和模式创新。

加快服务业主导产业集聚区建设，优化空间布局。重点推进金融商务、科技服务、信息服务、文化创意、综合型生产性服务业等服务业集聚区建设，引导服务业企业集聚发展，发挥规模效应和辐射效应。可依托工业产业园区布局建设综合型生产性服务业集聚区；依托旅游景区和文化产业园区，布局文化创意集聚区；依托大学城高校资源，布局科技服务集聚区。同时鼓励结合老城区改造、工业企业退二进三和区域服务功能提升，利用存量土地和现有厂房，协同推进服务业集聚区建设。

10.4.4 中心城区产业布局

中心城区是市县的人口和服务集聚地，也是产业布局的重点。按照城市和产业发展的互动规律，可将中心城区分为城市核心区、城市核心扩散区、产业集聚开发区和特色资源区。城市核心区是城市政治、经济、文化等公共活动最集中的地区；城市核心扩散区指由于城市核心对周边地区发展的扩散效应形成集聚，有便捷的交通组织，现状居住功能和产业功能交织；产业集聚开发区主要指在市场或政府发展动力推动下，由特定的相关联产业综合布局[2]，如城市高新技术产业区、工业园区等，在发展过程中兼顾其成本要素和科技创新要素；特色资源区指利用特殊政策、生态资源、历史文化、交通设施等特殊资源形成的城市功能区，如历史文化街区、生态保育区、海关特殊监管区等。对中心城区不同地区的产业空间进行优化提升，实现

---

1. 曾春水，王灵恩，林明水，等．城市服务业主导产业选择及发展对策——以合肥市为例［J］．地域研究与开发，2019, 38（5）: 75-79.
2. 林允琦．中心城区产城空间关系特征研究——以扬州、宿迁、徐州、苏州为例［C］// 中国城市规划学会．面向高质量发展的空间治理：2021 中国城市规划年会论文集，2021.

经济社会的耦合。

城市核心区：引领高端、城市强核。核心区普遍是城市退二进三、提升服务业发展水平的重点区域，核心区产业应强调高端综合服务业功能的集聚与混合，引领城市在上一层次的区域中心体系中获得更高地位。

城市核心扩散区：融合发展、城市提质。这些地区普遍是城市早期的二产集聚区，伴随城市规模扩张，区位改善、土地升值，也面临产业调整。应结合城市更新，鼓励与居住功能相协调的产业如文化创意、互联网等发展，使产业与生活、服务功能高度融合。

产业集聚区：产城互动、转型发展。第二产业集聚区往往存在与城市功能割裂的现象，而产业对城市服务的需求日益提高。产业集聚区应加强与周边城市功能衔接、倡导产业与社区互动，促进产业链条延伸、基础设施共享、人才信息交流及社会服务参与，形成科技型、开放式企业城区。

特色资源区：强化优势、塑造特色。特色资源区是城市深度挖掘并利用特色资源、培育产业核心竞争力、彰显城市特色的重点区域。其中生态保护区是城市维护区域生态安全格局，促进城市生态功能改善的主要区域，应严格控制区内产业准入类型。

10.4.5 产业空间支撑体系

1. 产业要素体系

以空间为载体，吸引产业发展的各类生产要素。尤其是通过金融中心、科技中心、通信中心、信息中心、云计算中心、交通枢纽、物流中心、教育中心、文化中心以及总部经济等建设，持续吸引科研院所、科技创业企业等科技资源，各类型银行、基金等金融资本资源，企业家、科技人才、商业人才、专业人才等各级各类人才资源，以及大数据、信息等新型资源的高密度集聚，实现产业经济的高质量发展。

2. 产业基础体系

构建高质量产业基础体系。一是高质量的基础设施，应加强公路、高铁、航空、物流、通信、水利、生态环保等基础设施建设，特别是针对数字化、信息化、智能化的快速发展，应大力加强数字基础设施，信息基础设施与智能基础设施建设；二是高质量的市场基础，应提升市场规模和市场实力，对产业发展形成强大的市场引力，通过本地市场效应，形成和强化产业集聚效应；三是高质量的平台基础，以国家中心城市、金融中心、科技中心、总部经济中心、航运枢纽、自由贸易区、自由贸易港等建设为核心，以高水平金融平台、科技平台、贸易平台、投资平台、创业平台等建设为推动，构建现代产业体系的产业平台基础。

3. 项目策划

项目策划在产业发展中起着至关重要的作用，产业项目作为产业规划中最直接的落地成果之一，是区域功能定位、产业定位和功能布局等的重要承载者，一个重点项目的落地往往会促使该产业发生质的变化。项目策划以技术创新、机制创新、管理创新为动力，继续培育发展现有的优势支柱产业集聚，同时积极探索和发展新兴产业，推进产业集聚，形成新的支柱产业集群。

4. 产业发展空间管制

针对重要的生态和环境保护区、居住区、文物保护区、风景名胜区等区域或轴带，制定严格的产业发展和布局的限制政策，形成不同层次的产业管制区。根据产业管制区的类型特征，按照强制性、指导性、引导性等政策手段进行分类指导，促进产业发展与生态建设和环境保护的协调。例如，都市型工业园区的污染程度、建筑体量应形成强制性指标要求。

10.5 实施保障体系

10.5.1 规划实施保障

1. 增强与国土空间规划体系关联衔接

衔接国土空间规划的关键内容。在国土空间规划体系的背景下，产业布局是国土空间规划中可以横向串联主体功能格局、保护开发格局、基础支撑体系等多个规划板块的重要内容，是在"三区三线"划分基础上进一步明确地域功能、引导格局优化的重要步骤[1]。市县级单元是区域经济的最小单元，市县级国土空间规划作为

---

1. 余建辉，李佳洺，张文忠，等.国土空间规划：产业空间配置类单幅总图的研制[J].地理研究，2019, 38 (10): 2486–2495.

衔接战略要求与落地实施的"桥梁类"规划，承担产业对接和联动开发的重要作用，应积极发挥产业规划对市县级国土空间规划的有效支撑与联动开发作用[1]。

衔接国土空间规划的管控机制。 未来我国将以国土空间规划为基础，形成以统一用途管制为手段的国土空间开发保护制度。而产业活动是空间开发建设行为的主要方面，与资源利用、土地使用密切相关。市县域作为国土空间规划体系用途管制的重要层级，应注重产业空间布局与国土空间规划的管控机制相协调，统筹划定各类保护线，并与用途管制制度相衔接。

2. 与部门管理职能相衔接

实施市、县域国土空间产业规划，需要将国土空间产业规划内容分解落实到发展与改革、科技、招商、财政、自然资源、住建、税务、经贸、园区管委会等各个地方政府职能部门的行动计划中。同时，产业规划确定的目标也应该成为评价部门工作的重要标准，以此保障产业规划的有效落实。

制定产业战略规划。 产业战略规划的制定关系到产业未来发展的走向，应当与高级次区域中的发展战略相一致，产业战略应当以促进产业集群为核心理念，以促进产业的集聚发展和产业的协同发展为核心目标。战略的制定应当由发展改革部门进行牵头，联合招商、税务、自然资源等各个部门共同确定主导产业、产业发展方向等。

落实产业空间布局。 空间作为产业发展的物理载体，应当保证产业发展的特征与空间的内外属性保持一致，包括地形地质、空间区位、空间规模、空间交通设施配套、基础建设与能源供给等。应当联合产业发展的相关部门，从产业空间开发、产业空间管控、产业空间引导三个方面进行空间管理控制。

实施产业项目策划。 市、县的招商部门作为制定产业项目策划的重点部门，包括制定产业项目、优惠政策等。招商部门在制定产业项目策划时，应当以产业发展战略为基础，引进适宜地方产业发展中的项目类型。

促进产业政策引导。 产业发展规划在制定产业发展目标和产业发展重点的同时，也提出了包括空间布局引导、资金补助、税收减免、土地优惠、项目奖励、人才引进等相关产业的扶持政策和建议，要将其直接转化为地方政府相关部门制定产业配套政策的依据。

---

1. 林文祺. 加强联动 使产业规划成为市县国土空间规划的有力支撑 [EB/OL]. （2020-08-24）[2020-02-28]. https://mp.weixin.qq.com/s/dLPFVzooMSYr47PHU9Wr1w.

10.5.2 政策支持

在国土空间产业规划中,政策引导重点是在空间上避免因产业发展和空间布局造成地区土地、水、矿产等资源的浪费,减少产业发展对空间和环境的压力,形成产业空间配置相对平衡,促进地区经济发展的良好发展态势。产业布局政策的实现手段是包括政府、中介组织、企业和劳动者在内的所有主体为实现产业政策目标而采取的措施手段。规划实践中,很少出现宏观、笼统的产业政策,而是根据政策目标相机抉择,选取包括法律、经济、行政等方面的系列政策手段或组合政策,以达到有效调整和促进产业发展的目的。

统筹城乡,扶持农村产业发展。 从中国目前的现状来看,农村地区仍然有大量的剩余劳动力,应当鼓励和引导剩余劳动力向第二、第三产业进行转移。因此,应当加快户籍制度、土地流转制度等政策的改革步伐;同时还应加强基础设施和公共服务设施的投入,降低劳动力转移的门槛;此外,在财税、信贷等方面对农村地区进行扶持,鼓励农村中的小企业的发展,推动农业产业化以及农村地区的非农化发展。

促进产业分工,引导产业的合理布局。 对于大多数城市而言,由于城市的发展、用地的扩展,城市中心区出现不适宜的污染型工业,以及落后的传统产业。应当通过政策倾斜,改善城市中的产业环境,通过产业在地域上的重组和配置,构建市、县、镇三级产业分工体系,引导产业的合理布局。

科学施政,因产配置管控政策。 不同类型的产业,在空间上应当给予不同的政策来进行引导与管控。例如,农业空间在政策配置上采用底线思维,以管控为主,包括划定法定红线,控制指标总量等;产业园区在政策配置上采用效益最大化思维,以引导为主,包括通过减免税收、区域划定等政策扶持来促进产业集群。

关键术语

市县域国土空间产业规划、市县域产业发展定位与战略、市县域产业选择与产业体系构建、市县域产业布局优化、市县域产业设施保障体系

思考题

1. 选择你熟悉的一个市或县，阅读市县级国土空间规划中的产业规划相关内容，概括其产业总体布局、中心城区产业布局和产业空间支撑体系的编制内容。

2. 选择你熟悉的一个市或县，详细了解并简述其对产业布局作出的空间限制和管制政策。

参考文献

[1] 陈勇. 产业序列：形成机制及影响因素的经济学分析 [J]. 江苏社会科学，2011（4）：52-57.
[2] 黄征学，潘彪. 主体功能区规划实施进展、问题及建议 [J]. 中国国土资源经济，2020，33（4）：4-9.
[3] 林文祺，刘丽，高铭，等. 加强联动 使产业规划成为市县国土空间规划的有力支撑 [EB/OL]. (2020-08-24)[2024-02-28]. https://mp.weixin.qq.com/s/dLPFVzooMSYr47PHU9Wr1w.
[4] 林逸凡. 县级国土空间规划中产业布局的探索式空间分析方法研究 [D]. 重庆：重庆大学，2020.
[5] 林允琦. 中心城区产城空间关系特征研究——以扬州、宿迁、徐州、苏州为例 [C]// 中国城市规划学会. 面向高质量的城市治理：2021 中国城市规划年会论文集，2021.
[6] 潘晶，古海波. 城市产业空间资源配置策略探讨——以深圳市坪山区为例 [J]. 规划师，2021，37（21）：44-50.
[7] 尚晓瑞. 产业经济在城市发展过程中的作用分析 [J]. 现代商贸工业，2019，40（32）：13-14.
[8] 王兴平，朱凯. 浅论省级产业国土空间规划的技术框架 [EB/OL]. (2020-03-05)[2024-02-28]. https://mp.weixin.qq.com/s/24GhEbi0TPfymBE_I2A5Rw.
[9] 夏晓平，李秉龙，隋艳颖. 中国肉羊产地移动的经济分析——从自然性布局向经济性布局转变. 农业现代化研究，2011，32（1）：32-35.
[10] 许学强，周一星，宁越敏，等. 城市地理学 [M]. 北京：高等教育出版社，1997.
[11] 杨春志. 城市产业战略的若干理论及应用——以上海市嘉定区产业定位为例 [J]. 城市问题，2005（6）：51-57.
[12] 余建辉，李佳洺，张文忠，等. 国土空间规划：产业空间配置类单幅总图的研制 [J]. 地理研究，2019，38（10）：2486-2495.
[13] 于新伟，单宝艳，陈艳秋，等. 山东省三次产业发展水平时空格局演变研究 [J]. 山东建筑大学学报，2022，37（1）：100-110.
[14] 曾春水，王灵恩，林明水，等. 城市服务业主导产业选择及发展对策——以合肥市为例 [J]. 地域研究与开发，2019,38(5)：75-79.
[15] 蓝庆新. 区域产业规划方法与案例研究 [M]. 北京：知识产权出版社，2011.
[16] 李晓鹏，张国彪. 中国的产业规划 [M]. 北京：中国发展出版社，2018.

第 11 章

乡镇国土空间产业规划

■ **导语**

乡镇作为市县和乡村的过渡单元，兼具城市和乡村的双重特征，具有较强的地方根植性。乡镇国土空间产业发展以"由若干行政村组成的一个乡村区域的产业规模化发展和对接超地方市场"为核心问题，以及相关的产业用地集约化利用问题。本章从实务角度详细介绍乡镇层级的国土空间产业规划如何编制。乡镇层级的产业规划承担着市县与乡村两个层级产业规划的传导作用，在制定产业战略定位时应兼顾其现实发展基础和区域发展条件，依托其本土产业特色、区域产业分工以及潜力产业发展进行产业选择，并针对农业主导型、工贸主导型和旅游主导型乡镇进行特色化产业体系构建，从而优化其产业布局、落实土地整治。

11.1 乡镇国土空间产业规划概述

11.1.1 乡镇国土空间产业规划的作用

1. 从市县域到乡镇域的产业发展战略传导

乡镇处于市县和乡村的过渡单元，乡镇产业的构成往往与城和乡都有重要关联。因此，乡镇国土空间产业规划在市县、乡村两级规划之间起到传导作用，由战略布局转为实施层面，指导乡村产业规划实施，是实现乡村振兴战略的重要工具。

2. 推动乡镇地区产业用地的规模化和可持续利用

通过地区产业集聚，形成农业部门的市场中心、物流中心，工业部门的规模化发展，或乡村旅游业发展的集散中心等。乡镇国土空间产业规划将从发展战略、发展规模、发展布局、发展政策等方面对乡镇产业规模化发展与土地集聚利用给予引导，促进乡镇产业良性发展。

3. 促进乡村地区产业高质量发展

挖掘本土产业优势，促进产业、企业能够与乡村区域深入融合，带动乡村地区产业高质量发展。以产业布局优化及设施配置助力产业人才建设，以本土文化传承焕发产业活力，以生态理念推动新材料、新技术、新产业发展思路的运用，以完善的产业组织机制，并在党建引领、市场组织推动、社会机构参与的融合机制下，发挥各自的主体功能和价值。

11.1.2 乡镇国土空间产业规划的目标和原则

1. 乡镇国土空间产业发展的特殊性

乡镇产业的本地根植性。乡镇的产业发展相比于其他区域具有更强的本地根植性，形成以本地结网和根植性为特征的、既竞争又合作的中小型企业的综合体，通过长期分工合作，建立起相对稳定的、平等互惠的、根植于当地社会文化的正式或非正式关系。

以乡镇企业为基本单元的产业发展。乡镇企业是乡镇产业发展中最重要的基本单元，依托自身的自然资源和劳动力，紧密接入周边城市的价值链，振兴乡镇经济，增加农民收入，就地解决农村剩余劳动力有着直接作用。其空间选址有两个不同的发展方向。一种是在经济发达地区，原来位于村庄的企业在激烈的市场竞争中脱颖而出，将公司总部转移到大中城市（特别是区域中心城市）寻找发展空间。另一种是乡镇企业的社区属性决定了其与乡镇地区的集体土地有极强的关联性，基于综合成本，更倾向于在村庄投资办厂。在城乡二元土地制度下，在村庄兴办企业并不完全是行政干预的结果，而是追求利益最大化的理性经济人选择[1]。

产业布局的城乡双重属性。乡镇产业形成乡镇和周围农村地区的中心—外围结

---

1. 邹兵. 交易成本理论：一个研究乡镇企业空间布局的新视角 [J]. 城市规划汇刊，2001（4）：8–11.

构。外围地区是具有农业、矿业等自然资源优势或其他人文历史特色的腹地，中心地是直接利用优势资源进行生产的企业聚集地、与优势资源关联紧密的企业，以及为其服务的批发零售、住宿餐饮、金融、房地产、交通运输等产业[1]。与资源关联紧密的制造业会分布在靠近生产原料的地点。

2. 乡镇国土空间产业规划的目标

解决"三农"问题，实现乡村振兴。 乡镇产业的发展要始终以解决"三农"问题为根本出发点，要坚持有利于农村富余劳动力的转移，促进城乡经济协调发展。

促进乡镇地方特色产业的形成。 坚持发挥区域优势，突出地方特色。乡镇产业的发展要充分利用所处区域的自然资源、基础设施和市场条件等优势，吸纳周边地区的技术、资金和人才等，结合乡镇自身特点和产业发展需求，培育具有地方特色的小城镇优势产业，促进乡镇产业群的形成，提高产业竞争力。

注重产业质量和效益的提高。 要坚持外延扩张和内涵提高相结合，乡镇产业的发展既要注重数量的增加，更要注重质量的提高。当乡镇产业发展到一定规模后，必须由粗放式外延扩张向注重质量和效益的提高转变，依靠科技和人才，提高乡镇产业的层次和水平，增强乡镇在区域经济发展中的带动和辐射作用[2]。

3. 乡镇国土空间产业规划的原则

强化并突破乡镇域产业的根植性。 乡镇作为联结本地城乡发展的重要节点，应充分尊重本地发展基础并根植于本地资源，推进小城镇产业经济发展的专业化程度和发展水平[3]。同时,过于本土化、草根化的乡村产业发展局限于传统产业环节和规模，容易导致自身经济社会发展瓶颈，因此要以自身产业积累和先行发展优势，积极对接周边市县、都市圈的消费需求。

培育本地产业的内生动力。 充分发挥外地精英和本地能人的带动作用，培育本地产业经营者的学习和创新能力。人才精英的介入和引导可能成为乡村地区产业萌芽的原始契机，并带来原始的资本、技术、理念和新型社群关系的输入，与本地产业经营者产生联动合作。以精英与能人的示范带动作用激发本地人群的自主经营和学习意识，推动形成产业集群，并可能衍生出地方产业组织，共享市场信息、学习

---

1. 赵京. 乡镇经济发展与农村公路的需求分析 [D]. 西安：长安大学，2011.
2. 陈更. 以徐州柳泉镇为例浅谈小城镇产业发展规划 [J]. 小城镇建设，2009（11）：64-67.
3. 李渊文，陈晨. 资源依赖型小城镇特色化发展中的产业选择与政策干预——以江西省温汤镇为例 [J]. 现代城市研究，2019（5）：17-24.

交流先进的知识、理念与技术，形成多方良性互动可持续运营的产业系统[1]。

体现乡镇域产业发展的包容性。乡镇产业的发展目标是使更多的乡村居民参与和获益，大资本、大企业的入驻显然能更快更好地实现农业现代化发展，却可能使得个体农户和小微企业被挤压，甚至淘汰出局，从而抑制乡镇本土发展的内生动力，不利于乡村地区的可持续发展。从社会公平的角度，要实现本地村民的共同富裕应当鼓励更多的经济形式出现，给予民间资本、本地企业和个体农户发展的空间，使得产业效益端倾斜于农民，培育真正的富民产业[2]。在这一过程中，需要政府通过法律和制度保障、财政支持、政策引导和产业环境营造，真正促成乡镇产业的包容性发展。

实现"三生"空间的协调发展。乡镇产业发展需要持续关注乡村环境功能维护问题，将产业发展命运与其生态环境紧密联系起来。由于产业基础较好的乡镇均不同程度地面临生态危机，无论是传统农业还是生态旅游产业，产业发展中对自然资源的过度利用是环境恶化的主要原因。因此，乡镇产业的发展需将其对生态功能的影响控制在一定范围内，重塑乡村地区生产与生态资源的关系，保证生产、生态、生活的可持续协调发展。

11.1.3 乡镇国土空间产业规划的内容构成及逻辑框架

乡镇国土空间产业规划一般分为产业发展的战略定位、产业选择与产业体系、产业空间优化及土地整治、实施保障体系等内容，其逻辑框架如图11-1所示。

首先，明确战略定位。乡镇国土空间产业规划应依托乡镇自身的现实发展基础和既有区域条件，紧抓地方根植性和地域特色，确定乡镇产业发展的总体定位和发展战略。

其次，确定产业选择。乡镇未来的产业选择应符合一定的逻辑，即充分利用本土的产业发展基础，遵循区域产业发展态势并确定其产业分工，前瞻布局潜力产业。对于农业主导型、工贸主导型和旅游主导型乡镇分别进行产业环节延展、产业质量提升的规划策略。

再次，落实产业空间优化及土地整治。基于乡镇产业集群、集约资源、生态平衡等逻辑，分别针对上述三种类型乡镇的产业空间布局提出优化策略，并通过生态

---

1. 李君，陈长瑶. 农村合作经济组织发展中的农村能人带动效应[J]. 资源开发与市场，2013（5）：486-490.
2. 颜思敏，陈晨. 民间资本驱动的乡村转型及其规划响应——基于浙江省安吉县大溪村的案例研究[J]. 城市建筑 2019 16（19）：128-135.

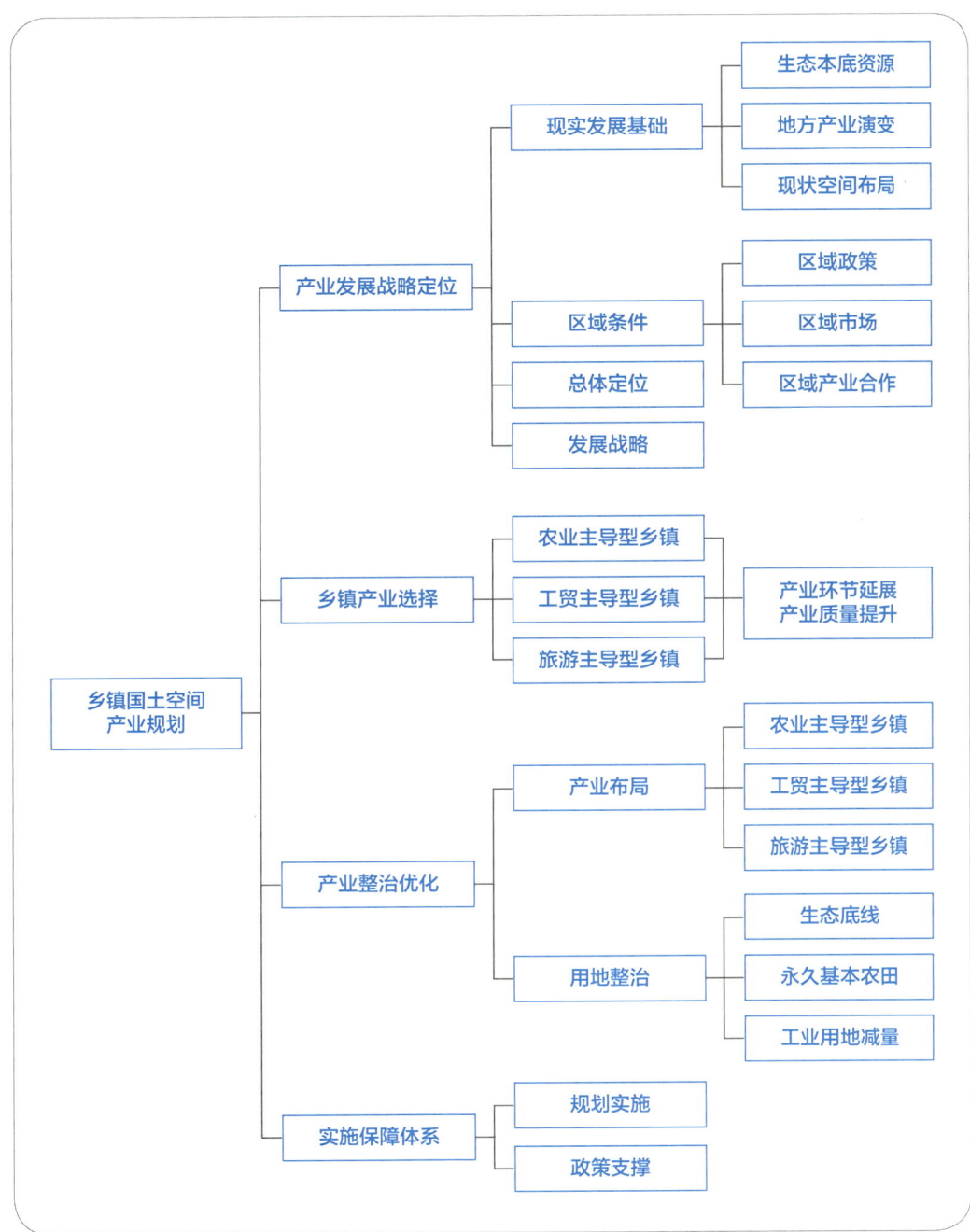

图11-1 乡镇国土空间产业规划的内容构成及其逻辑框架
资料来源：自绘

底线管控、永久基本农田布局优化、工业用地减量化发展进行土地整治。

最后，建立实施保障体系。一方面，规划实施保障应有秩序、多方参与的规划编制和行动计划。另一方面，规划实施应需要充分的政策支撑，包括公共平台、政策环境、融资渠道、园区配套等。

11.2 乡镇国土空间产业发展定位与战略

11.2.1 乡镇域的产业现实发展基础分析

1. 生态本底资源

乡镇地区的自然资源对于产业发展起着双重作用。一方面，随着第三产业在乡镇产业中比重上升，自然景观是发展旅游产业的本底资源。另一方面，应避免工业、村居占用生态或农田的情况，或道路交通隔断自然山水肌理，破坏生态景观。

2. 地方镇村产业发展演变

乡镇自身产业结构的历史演变为未来发展方向提供引导。就目前来看，乡镇的产业趋向于经济最大化[1]，容易出现跟风现象，容易忽视市场经济体系下的经济链条问题，需要对产业结构的调整形成系统的宏观认识，充分认识自身环境和历史资源条件，判断产业结构变化趋势及其可能的演变方向，明确未来乡镇产业结构。

3. 现状产业的空间布局特征

现状产业的空间布局为开展新一轮产业规划提供重要线索。产业在乡镇空间中的布局主要体现在用地现状、与自然环境要素的空间关系，如依山而建、依水而居、依路延伸等模式。要充分认识现状产业布局的利弊，比如，产业分散性布局往往体现为依路延伸的形式，由于村民及单位建房偏好，整体偏向于线性延展，易缺乏空间系统性组织。而建设用地线状布局造成沿线交通的混杂及城乡界面特色的缺失，在乡镇产业规划过程中应注意避免或进行改善[2]。

---

1. 田朝阳. 秦岭河谷型乡镇产业结构与空间规划布局的关系研究 [D]. 西安：长安大学，2014.
2. 夏超，易维良，李圣. 新型城镇化背景下的城市近郊线性空间控制与发展规划研究——以醴陵市南部近郊区域为例 [C]// 中国城市规划学会. 持续发展 理性规划：2017 中国城市规划年会论文集，2017.

11.2.2 乡镇域产业发展的区域发展条件研判

1. 区域政策条件

对照上位规划及相关规划，分析区域整体产业发展导向。根据上位规划对城镇圈发展引导，以及对乡镇板块发展目标、人口规模、生态底线等指引，对乡镇区位优势、产业目标及空间布局导向产生一定认识，并寻求国家或地区产业扶持政策。

2. 区域市场条件

对区域运输条件、市场容量及生产要素等进行研判。对外交通作为产业发展的重要基础支撑，应着重考虑道路网络系统和道路交通设施，合理组织交通路线及判断停车场站的充足规模。区域核心产业将直接影响当地的市场容量，区域空间和产业关系下的市场环境将辐射本地市场，对本地产业结构、产业发展方向等产生影响。

3. 区域产业合作条件

探索与所在市县、周边市县、周边乡镇联动发展与产业协同合作的可能。对比所在市县及周边乡镇的产业结构及发展导向，分析宏观环境对于乡镇的资本、技术、人才等多要素支撑的可能性，促进乡镇产业集群与小城镇对称互动发展。

11.2.3 乡镇域产业发展定位

乡镇产业发展需明确解决"三农"问题。产业发展首先要考虑大量农村劳动力就业问题，其次要顾及乡村地区城市化和农业的现代化问题，促进城乡统筹发展，最后要避免乡镇产业因重视短期效益、忽视长期效益而带来的不可持续问题[1]。

因此，在进行乡镇产业功能定位时，需通过对镇域社会经济发展现状、镇区及村庄资源、本地人文环境等进行系统分析，对本地优势产业类型和品牌进行梳理，紧抓城市和乡村的"两头"，对国内同类型乡镇产业集中区进行调查研究，从自身比较优势出发，进行产业整体功能定位。

---

1. 王晓明, 张鸣鸣. 城乡统筹的关键是乡镇产业发展——以成都市郫县安德镇为例的实证分析 [J]. 农村经济, 2010(4): 37-41.

11.2.4 乡镇域产业发展战略

1. 紧抓地方根植性及地域特色

乡镇是解决"三农"问题的最直接途径,而具体选择什么产业是发展的关键问题。乡镇应依托自身产业发展基础,从自身比较优势出发,对自身产业培育、产业拓展、产业稳定增收及其带来的综合性效益和影响进行预判,选择带来长期效益、综合效益的产业。

在产业发展方式上,乡镇应明确产业集中发展的思路,以本地根植性产业作为发展优势,增强地区产业凝聚力,加强产品的市场竞争力,为本地品牌的长远发展奠定良好基础。同时,按照错位发展、两头相连思路,抓住本地自然环境、农产品或食品加工、制造业等特色品牌优势,推动一二三产联合发展,并有效利用地方资源发展旅游业。同时,推动地域品牌和传统技艺的传承和发扬,促进品牌和产品的市场竞争力提升。

2. 促进产业与服务的良性互动

在培育或引进企业时,按照"一镇一主业"的要求,在符合产业发展规划的同时,还要符合"市场+企业+基地"模式。如农业型乡镇,建立"加工企业+种植基地+合作组织+农户"的方式,大大挖掘农业生产效能,加速了农业现代化的进程。同时,应完善城镇功能,增强城镇的承载力,加快推进基础设施和公共服务配套建设,以及综合服务功能建设,提升城镇品质,为产业集聚提供新的吸引力。

3. 重塑政府角色,解决资本问题

资本往往是乡镇产业发展的主要瓶颈之一。乡镇在发展产业时可以引入企业合作,采用共同建设、共同经营、共同发展的融资方式,将产业经营与政府绩效挂钩,分工进行拆迁安置补偿、基础设施建设、招商引资等工作,将园区与市场、企业紧密结合,解决资金、土地、基础设施、信息等要素的整合问题[1]。

---

1. 王晓明,张鸣鸣. 城乡统筹的关键是乡镇产业发展——以成都市郫县安德镇为例的实证分析[J]. 农村经济,2010(4):37–41.

专栏 11.1　重点产业演化路径

产业发展在遵循"资源整合—技术创新—产业化"的基本路径的基础上，主要分为四类产业演化与选择的发展路径[1]：

强化型产业演化。遴选现有产业，向强化型产业演化。结合现状产业基础、规模以及未来发展趋势等，比较优势选择现状产业，提出强化现状传统农业、升级发展现代农业、重点完善本地传统产业为基础的产业链的发展路径。

创新型产业演化。结合现有条件，向创新型产业演化。充分挖掘乡镇产业发展现有条件，积极融入、承接周边产业集群，策划创新型产业发展，如新能源、新技术运用。

未来型产业演化。研判未来条件，向未来型产业演化。研判上位政策、远期规划及近期重点项目的实施，培育未来型产业发展基础，筹备并依托新的交通枢纽、智慧物流及新型经济区带来的产业格局。

植入型产业演化。积极创造条件，向植入型产业演化。调整现状基础大、层次低的产业结构，借助乡镇自身文化，植入现代文化属性，重点规划特色创意型产业。

11.3　乡镇国土空间产业选择与产业体系构建

11.3.1　产业选择的基本逻辑

乡镇产业选择必须符合省域范围和市县整体产业布局的需要；必须发挥本地区的比较优势，包括现有的产业优势及资源优势；同时要选择具有发展潜力、有带动作用和强关联效应的产业。产业选择应符合以下基本逻辑。

---

1. 曲鹏慧，陈宏胜，徐一晴.面向"不确定性条件"的边缘城镇产业空间规划探索——以南京市固城镇为例 [C]// 中国城市规划学会.活力城乡 美好人居：2019 中国城市规划年会论文集，2019：1–10.

1. 充分利用本土的产业发展基础

选择具有本地根植性的乡镇产业是关键，决定了乡村发展内生动力的可持续性。乡镇产业的本地根植性与当地的自然环境、资源禀赋、地理优势、社会资本以及市场条件紧密相连[1]。在进行产业选择时可重点把握：

地方区位联动优势。借力乡镇及其周边铁路、高速、省道等区域交通优势，以及临近大都市圈、产业开发区、大型产业园区，充分把握区域交通因素及与周边产业区域的联动。

地方独有的特色资源。包括生态资源，适宜某种经济作物的土壤、气候，或是得天独厚的自然景观；社会、人文资本，例如有一定知名度的乡土人情，或是独一无二的风俗文化。

根植于本地的特色产业。判断地方已有的产业是否有充分的地方经营者资源，以及是否具备规模化经营并形成弹性专精产业集群的潜力。对乡镇地区而言，根植于本地资源的产业与当地的社会网络通常是高度融合的，这种自然资源优势转化为社会资本优势的方式，将进一步强化本地的竞争优势。这样的产业集群根植于彼此信任的熟人社会，具有较强的主体间协作，包括生产、加工和销售等各个环节，具有较强的产业可持续发展能力。

2. 遵循区域产业发展态势，确定乡镇产业分工

乡镇产业选择应考虑省、市县层面的产业发展整体构想以及对乡镇产业发展的整体要求。一方面，根据乡镇内部的产业发展关联，关注乡镇在产业链中分工与角色，完善其与周边乡镇、市县级产业领域的协调，形成错位竞争、有效合作的产业联系。另一方面，在区域一体化发展不断深化的背景下，乡镇不应只是瞄准本地市场，而是从目标城市地区的需求缺口着手，精准定位本地乡村的产业发展目标和实施路径。因此，产业强镇往往巧用区域市场撬动本地要素重组，实现本地资源与"超地方市场"的精准对接。

3. 前瞻布局潜力产业

结合地方产业倾斜政策及产业布局重点，以现有产业链的上、下游延伸及其他产业开发，植入战略性新兴产业，前瞻性培育先导和支柱产业，植入创意化、数字化、

---

1. 颜思敏，陈晨. 白茶产业驱动的乡村重构及规划启示——基于浙江省溪龙乡的实证研究[J]. 现代城市研究，2019(7): 26-33.

智慧化拓展方向，推动产业在空间上的融合、集聚、创新和生态化发展。

11.3.2 乡镇产业选择

1. 农业主导型乡镇

为保障农业生产，优化产业布局，促进农业高质量发展，加快农业新品种、新技术、新设施的应用，加快由传统农业向现代农业的转变，需不断推进农业产业环节延伸、生产的专业化和精细化、产业创新培养。

农业产业环节延伸。农业主导型乡镇应跳出传统种植环节，形成育苗—种植—深加工—销售的产业链闭环，提高农产品附加产值，帮助解决销售困境，实现提档增收。首先应发挥本地资源优势，寻找适合本地的农业品种，结合周边市场需求进行农产品定位[1]。其次，围绕农业价值链的创新，培育前中后环节的配套产业，重点整合产业的研发培育、推广销售、精深加工，建立完善的关联产业体系。乡镇可通过生产示范基地建设、苗圃（养殖）培育基地建设、休闲农业综合开发等多类型项目的引进，实现产业链的拓展延伸和品牌附加值的提升，同时以第一产业带动生态旅游业发展。最后，加强与外部市场的对接，通过商品化消费过程吸引外部要素流入[2]，促成农产品公益性与市场化有机结合，从而形成"传统农业生产基地—特色农业生产基地—农贸集散中心—综合服务中心"转型。

农业专业化发展。提高农业专业化水平，充分利用自然条件优势，整合土地资源，使农田集中连片，以方便引入大型农业专业合作社，进行专业化、规模化、市场化的生产、管理和运营，从而降低农业生产成本，提高劳动生产效率，以获得更高的经济效益。

农业生产精细化。加速农业精细化发展进程，继续加大在特色农产品选种、培育、加工、包装等方面的投入，加强农业生产、农产品加工、后期销售的全过程精细化管理，提高特色农产品品质，塑造特色农产品品牌。

产业创新培养。基于地方农业生产，鼓励"信息农业""健康农业""创意农业"等创新型业态发展。一方面，增强与高校、科研单位及社会组织机构的产学研一体化，在生产监测、成品包装、研发拓展等方面进行升值。另一方面，推动数字化生

---

1. 陈晨, 杨贵庆, 徐浩文, 等. 地方产业驱动乡村发展的机制解析及规划策略——以浙江省三个典型乡村地区为例[J]. 规划师, 2021, 37（2）: 21-27.
2. 闾海, 顾萌, 葛大永. 要素流动视角下的苏南地区乡村振兴策略探讨[J]. 规划师, 2018, 34（12）: 140-146.

产改革，确立"数字化培训、数字化生产、数字化销售、数字化监管"的发展思路。推动农业智慧化发展，广泛应用物联网、互联网、云计算等信息技术及智能农业设备，打造农业生产智能化系统，为农业生产提供精确、动态、科学的全方位信息服务，提高农业生产效率，真正实现农业智慧化布局。

2. 工贸主导型乡镇

工贸主导型乡镇依托原有产业布局和产业基础，为农民提供就近就业和自主创业的载体，依托县城和镇区，实现"离土不离乡、就业不离家、进厂不进城、就地城镇化"的新格局。

工贸产业环节延伸。工贸主导型乡镇产业发展，不仅纵向延伸产业链，也可横向拓展并列创新服务体系，以实现"智造"转型的目标。因此，其产业环节可纵向延展形成开发、生产、加工、储存、展示、贸易、流通以及附加产业为一体的产业生产销售链。同时，对于较为成熟的"乡镇龙头企业—本地中小企业—代加工作坊—零部件生产商"的产业集群，可在其基础上整合升级，横向拓展完善人才培养、研发设计、市场营销、品牌营造等高附加值的后端环节，增强产业集群的综合程度。

向质量型增长转型。以第二产业为主导的乡镇应尽快从数量型增长转向质量型增长，由质量低、产量大、利润薄的低价恶性竞争发展阶段转为生态环保、创新引领、提升服务的产业发展模式。以"研发导向"的生产理念，将产业发展重心由生产本身向材料研发、时尚设计、数据监测、多媒体营销等高附加值的后端环节推移。产业发展重点应当指向优势产业和重点企业、高新技术产业、主要民营企业以及外向型导向企业。

多元化贸易选择。乡村地区低成本的存量房地资源、宽松的发展环境，与电商产业的低创业门槛非常契合，吸引了大量外来人口进入乡镇电商产业。家庭式的网店也表现出了这一空间利用模式的比较优势，其产量小、弹性大，更能灵活适应多元化需求与市场潮流的快速更替，成为另一种贸易环节的选择。

3. 旅游主导型乡镇

为贯彻落实"两山理论"，乡村地区旅游必须以生态环境保育为前提。因此，乡镇旅游应紧抓"乡野"和"生态"内涵，把握农业生产空间的转型，增加观光体验的消费空间，在旅游发展过程中因地制宜进行迁并整合，保留其松散、有机的聚落空间格局所体现的乡村性作为旅游吸引点之一。另外，对于资源依赖型乡镇旅游，应认识到过度开发和建设空间蔓延的不可持续性，逐步引进非资源依赖的旅游项目，大力寻求产业发展的转型升级[1],可重点关注物流业和生产性服务业等其他特色产业,实现乡村地区旅游的可持续发展。

11.4 乡镇国土产业布局优化及土地整治

11.4.1 乡镇国土空间产业布局优化

1. 产业空间布局的基本逻辑

产业集群原则。引导有关联性质的项目向规划的区域聚集,促进优势产业相对集中,形成产业专业化区域,发挥聚集效应。使销售向市场集聚,形成以市场为核心,企业分布在市场周边的空间集群。转变传统的"马路经济"无序发展方式,使工业企业向产业园区集中,在空间分布上更加集聚,提供统一的基础设施和道路网络,避免低水平重复建设。同时,处理好产业发展与城镇化发展的关系,使产业园区成为城镇的有机组成部分。

集约资源原则。整合既有土地,提高土地产出效益,确定产业的重点,提高行业空间集聚度,突出抓好重点行业特色区块建设。管制土地用途,预留未来产业发展空间,做好产业的可持续发展。

发挥比较优势原则。挖掘、利用、开发区位优势,培育主导产业,壮大优势产业,形成特色经济,打造竞争优势,实现名产业、名项目的分工协作,错位竞争、优势互补、共同发展。

生态平衡原则。产业空间发展需要重视水土资源、大气环境、人口密度、经济发展状态、环境景观等各要素之间的平衡,合理规划村镇的人口、资源和环境,科学安排产业结构和布局,做好环境防污染、水土防流失工作。政府应引导居民在生态环境容量的范围内和村镇发展允许的范围内确定自己的消耗标准,考虑规划行为对其他村镇及其居民(包括后代人)和生态环境的影响。

文化保护原则。基于各自历史背景和文化底蕴,乡镇文化产业具备独特性,应避免盲目学习外来建筑风格和乡镇特色,摒弃自身的特色,出现乡镇风貌异化或同

---
1. 李渊文,陈晨. 资源依赖型小城镇特色化发展中的产业选择与政策干预——以江西省温汤镇为例[J]. 现代城市研究, 2019(5): 17-24.

质化现象。

2. 农业主导型乡镇产业空间的布局策略

积极主动的规划干预，引导乡镇域各类空间资源协调发展，能有效避免产业发展初期的大规模的土地流转与承包、以耕占林，使得乡村土地资源快速为规模化生产让路。因此，农业产业空间布局需考虑给生态环境带来的压力，满足产业空间需求的同时避免乡村建成环境失控[1]。

结合土地综合整治，统筹生产区块布局与配套基础设施建设，引导农业生产向生产园区、生产基地集聚，形成专业化、规模化种植养殖格局。通过调整农业产业结构和布局，在专业户、专业村、专业乡镇等群体生产的基础上，逐步形成"一乡一品"的连片生产格局。本着"因地制宜、合理布局、适度集中"的原则，引导本地农户生产规范化、规模化。在龙头企业的带动下，按照布局区域化、经营集约化、服务系列化、管理现代化的要求，不断提高标准，形成稳定的生产基地。

3. 工贸主导型乡镇产业空间的布局策略

首先，工贸主导型乡镇应充分发挥产业集群的规模集聚效应，增强产业的结构竞争力。积极促进产业向集约化、高档次、低消耗发展，同时有条件、有步骤地对低档次的产业进行改造和替换。在做大产业集群的同时，做长地方产业链，增强产业的宽度和广度，积极引进各种相关产业和配套产业，发展具有较强产业关联度的企业。同时，加大与周边城镇网络的生产协作和产业联系，逐步实现区域内部的梯度分工和市场分配，增强本地经济的抗冲击能力。

其次，工贸型乡镇可结合聚居空间的复合利用，为产业发展提供点状生产、销售空间。在工业型乡村的发展和转型的过程中，家庭作坊作为不可或缺的一种基础力量，不仅支撑了大中型工厂企业的生产，还结合电商逐渐探索出新的产业发展路径。因此，在乡村地区，通过民房的混合利用，以居住为基础，增加制工、销售等功能，体现了集聚空间利用的多样性与包容性。该类产业空间需要基层政府的严格管理和引导，避免低质粗放无序的生产。

最后，严格执行市县产业准入负面清单，限制高污染、高能耗等产业进入，大

1.陈晨，杨贵庆，徐浩文，等.地方产业驱动乡村发展的机制解析及规划策略——以浙江省三个典型乡村地区为例[J].规划师，2021，37（2）：21-27.

力推进本地产业转型与升级，在传统产业链中新增创新研发、中试科研、生产制造等功能。

4. 旅游主导型乡镇产业空间的布局策略

对于生态资源丰富的乡镇，"专业化、生态化"是其产业发展方向，需整体提升乡镇人居环境和景观风貌，进行全域生态环境的全面改善，通过向区域提供良好的旅游服务和生态资源来促进乡镇产业发展[1]。首先，充分挖掘生态、旅游文化资源，通过生态林、生态岛进行生态修复，开展村庄环境综合整治。其次，一产可通过林果、蔬菜、药材等产业基地建设，以绿色食品、无公害食品、有机食品"三品"建设为龙头带动。最后，盘活村民闲置房屋，发展点状民宿业态，打造特色村落、休闲观光基地等农旅融合示范点，策划餐饮、果蔬采摘、垂钓、购物等多样化旅游休闲活动。

对于文化资源特色突出的乡镇，可重点提取文化符号，将特色镇、特色村作为旅游景区进行重点建设。立足乡镇在地文化，挖掘风土人情，用艺术唤醒乡土，实现文化、艺术创新，考虑引入特色文化 IP 进行周边再开发，结合特色文创活动，发展文化经济、粉丝经济和创新经济等。同时，结合发展机遇与现实情况，拓展会展会议、商业配套等配套服务集聚区。由传统农业、工业生产走向价值链高端，发展历史观览、休闲度假、沉浸体验等主题旅游功能。

旅游主导型乡镇还可联动周边景区，开辟多条特色化参观游览专线，满足市场多样化需求。注重产品内容的多样性和创新性，形成错位发展的旅游产品开发。在此基础上挖掘镇内各种旅游资源的联动开发，促进区域旅游业的合作化发展。

11.4.2 乡镇国土空间产业土地整治

1. 严守生态底线

乡镇产业用地发展要严守生态与农田底线，推动全域土地综合整治与生态修复工程。划定乡村全域土地综合整治与生态修复工程项目区，整理新农村建设项目中居民点集聚安置用地，拆除、搬迁、集聚村内零散工业厂房以形成新产业新业态用地，建设提升居民居住环境和质量的居民配套服务设施用地。

---

1. 王卓标，黄亚平. 湖北省21个示范乡镇类型与发展特色研究[J]. 小城镇建设，2015（2）：41-45+53.

2. 调整优化永久基本农田布局

在"大稳定、小调整"总体要求下进行永久基本农田布局优化，根据农业适宜性评价成果优化永久基本农田基底，结合农业产业格局布局"以产保质"，确保永久基本农田"数量不减少、质量有提升、生态有改善、文化有彰显、农业生产有保障"。

设置土地整治引导区，积极推进永久基本农田适当调整，目的是促进区域国土空间格局优化和提高永久基本农田质量，必须严格坚持"大稳定、小调整、严管控"的基本原则，对永久基本农田实行特殊保护。将与永久基本农田或基本农田储备区集中连片、土壤环境符合要求、易于土地整治的地块进行整理预留，形成高质量耕地片区。

严禁随意调整永久基本农田的整体布局，要确保已经划定的永久基本农田成果落到地块、明确保护责任，严禁为了非农建设项目落地而调整项目区永久基本农田布局。

3. 工业用地减量化发展

以工业企业亩均效益综合评价成果为现状工业用地评价基础，结合县域空间发展设想，考虑近远期实施的可能，明确工业用地再利用规则，确定工业用地再利用方向（图11-2）。确定保留、提升、转型、复垦（退出）四种再利用方式，并确定

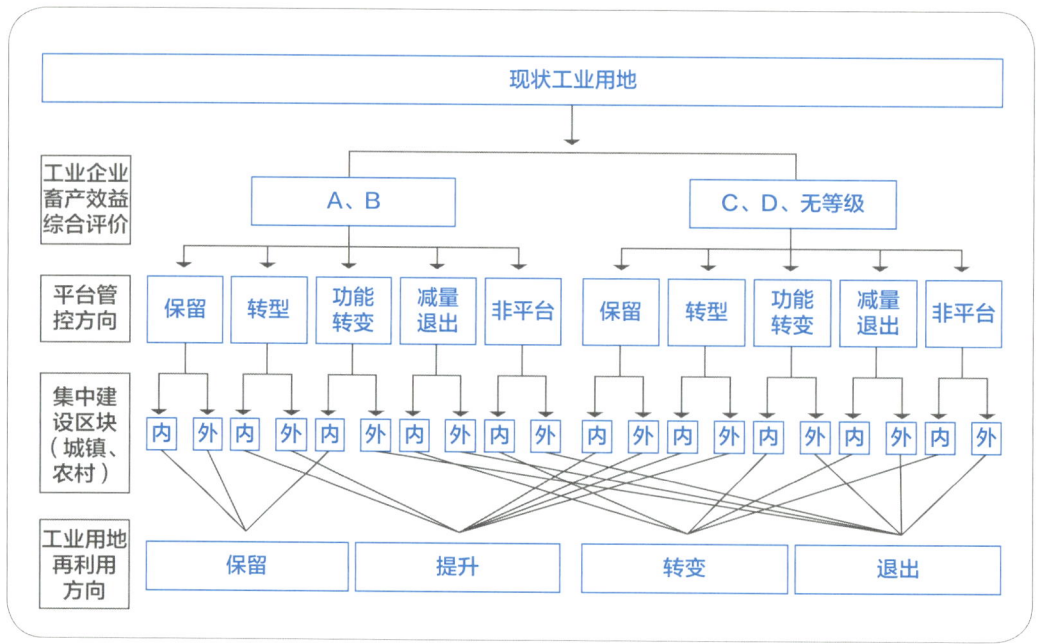

图11-2 乡镇国土空间产业规划的内容构成及其逻辑框架
资料来源：自绘

减量用地的空间分布及规模。城镇开发边界外的工业用地逐步退出并进行复垦；界内工业用地，产业园内以转型提升为主，产业园外通过转变用地性质实现再利用。效益差的工业用地，可依据生态保护重要性等级、公益林、坡度等因素，将减量城乡建设用地的利用方向分为复垦和复绿。

11.5 实施保障体系

11.5.1 规划实施保障

乡镇产业规划应该由全县统一编制。县自然资源部门与乡镇政府共同作为规划编制的主体。乡镇在该过程中参与，并且根据自身产业发展痛点和需求提出要求。由于广大乡镇地区的管理精细程度不足，经济发展门槛不高，乡镇企业往往具有充分灵活性，因此，乡镇的国土空间产业规划应留出足够的弹性和空间。

另外，行动计划应成为政府、市场和公众三种力量的综合产物。市场调节具有其自身的不确定性和不可预测性，因此，行动计划可能更强调对可控项目的计划，即由政府主导实施的、基于政府视角的行动计划。如此，通过对能够被政府主动干预并引导的项目进行合理的安排与调控，能够在更大程度上确保行动计划的贯彻实施[1]。

11.5.2 政策支撑

1. 公共平台搭建

政府要在公共平台方面进行全面的积极干预。通过帮助本地产品推广、品牌建立和产地认证等措施，带动本土企业崛起和壮大，在地域品牌打造、农产品品牌保护等方面起到积极的作用[2]，提升地方产业的发展水平。因此，地方政府在政策引导和产业环境营造的过程中，应重视平台建设，在融资、信息化服务，甚至企业家社会地位等方面给予中小企业扶持和激励[3]。

---

1. 杨晨，黄亚平. 行动规划下乡镇规划项目库编制内容与方法研究[J]. 小城镇建设，2015（3）：24-28.
2. 颜思敏，陈晨. 白茶产业驱动的乡村重构及规划启示——基于浙江省溪龙乡的实证研究[J]. 现代城市研究，2019（7）：26-33.
3. 王晓明，张鸣鸣. 城乡统筹的关键是乡镇产业发展——以成都市郫县安德镇为例的实证分析[J]. 农村经济，2010（4）：37-41.

2. 政策环境保证

赋予乡镇更为宽松的政策环境，激发乡镇产业创新和探索实践。立足于乡镇的资源承载力，一方面应重新确定产业绩效考核标准，强化产业的社会效益统计和监测，弱化对经济指标的考察；另一方面，应当允许乡镇探索生产要素转化模式，创新对土地、人才、资金等要素流动的管理，营造稳定、健康、有序的产业氛围。

3. 融资渠道拓宽

首先，积极争取上级政府的资金支持，通过专项财政拨款的方式来筹集地方产业发展和基础设施建设资金。其次，要抓住土地综合整治的机遇，来换取城乡建设用地的指标变现，将土地的优势转化为资金优势。再次，要积极引入社会资本，吸引有实力、有信誉的社会资金注入乡镇产业发展。最后，还可以结合农村产权制度改革相关政策，与村镇银行、担保机构、小额贷款公司等平台开展合作，为乡镇投资建设、农业新型经营主体贷款融资等提供便捷的渠道。

4. 产业园区配套

产业园区政策方面，对优势产业和重点产业适当倾斜，注入资金并提供技术支持。同时，制定创新科技政策，培育一种有利于产业内部创新发展的产业氛围，由吸引创新科技逐步转向产业内自主创新。对市场拓展能力强、具有一定创新能力的民营企业、出口导向型企业给予政策扶持和培育。

5. 内生化发展引导

探索"农户+合作社+企业+政府"合作模式，提高本地人群组织化程度。乡村地区的专业能人以及在其带领下的合作经济组织（如产业合作社/协会等）作为联系乡村社区内外的关键纽带，通过与乡村内部成员（村民）和外界的沟通联络使自身的社会关系网络不断得到巩固，也使乡村本地组织的社会资本存量更加丰富。同时，地方政府需要对乡村地区教育培训资源进行整合，引导开展多种形式的生产与文化知识培训等活动，调动各类经营主体的积极性，使本地人群素质得到全面提升，从体力劳动型向职业技能型转变，同时也对专业合作社人力资本的持续供给予以保障。

6. 生态约束和管控

政府协调产业发展与生态保育，通过制定环境政策推动产业向生态良性的方向发展，通过三区三线的划定、产业准入名单制定等措施对产业发展范围、管理级别、类型进行严格限定，避免重复乡镇工业化以牺牲环境为代价的道路。当地政府在产业选择和培育的过程中，就应该充分考虑产业可能造成的生态影响，注重环境政策的制定和环境保护的教育，使当地村民充分理解其重要性，加强环保政策制定中的基层参与和民主决策。

关键术语

乡镇国土空间产业规划、乡镇产业发展战略定位与战略、乡镇产业选择与产业体系构建、乡镇产业布局优化、乡镇产业实施保障体系

思考题

1. 以你熟悉的一个乡镇为例，采用上篇学习过的相关理论，对该乡镇产业发展的现实基础和区域发展条件进行研判。
2. 进一步了解并简述乡镇国土空间规划中全域土地综合整治的工具和策略。

参考文献

[1] 陈晨，杨贵庆，徐浩文，等. 地方产业驱动乡村发展的机制解析及规划策略——以浙江省三个典型乡村地区为例 [J]. 规划师，2021，37（2）：21-27.
[2] 陈更. 以徐州柳泉镇为例浅谈小城镇产业发展规划 [J]. 小城镇建设，2009（11）：64-67.
[3] 李君，陈长瑶. 农村合作经济组织发展中的农村能人带动效应 [J]. 资源开发与市场，2013（5）：486-490.
[4] 李渊文，陈晨. 资源依赖型小城镇特色化发展中的产业选择与政策干预——以江西省温汤镇为例 [J]. 现代城市研究，2019（5）：17-24.
[5] 闾海，顾萌，葛大永. 要素流动视角下的苏南地区乡村振兴策略探讨 [J]. 规划师，2018，34（12）：140-146.
[6] 曲鹏慧，陈宏胜，徐一晴. 面向"不确定性条件"的边缘城镇产业空间规划探索——以南京市固城镇为例 [C]// 中国城市规划学会. 活力城乡 美好人居：2019 中国城市规划年会论文集，2019.
[7] 田朝阳. 秦岭河谷型乡镇产业结构与空间规划布局的关系研究 [D]. 西安：长安大学，2014.
[8] 王京海，张京祥. 资本驱动下乡村复兴的反思与模式建构——基于济南市唐王镇两个典型村庄的比较 [J]. 国际城市规划，2016，31（5）：121-127.
[9] 王晓明，张鸣鸣. 城乡统筹的关键是乡镇产业发展——以成都市郫县安德镇为例的实证分析 [J]. 农村经济，2010（4）：37-41.
[10] 王卓标，黄亚平. 湖北省 21 个示范乡镇类型与发展特色研究 [J]. 小城镇建设，2015（2）：41-45+53.
[11] 夏超，易维良，李圣. 新型城镇化背景下的城市近郊线性空间控制与发展规划研究——以醴陵市南部近郊区域为例 [C]// 中国城市规划学会. 持续发展 理性规划：2017 中国城市规划年会论文集，2017.
[12] 颜思敏，陈晨. 民间资本驱动的乡村转型及其规划响应——基于浙江省安吉县大溪村的案例研究 [J]. 城市建筑，2019，16（19）：128-135.
[13] 颜思敏，陈晨. 白茶产业驱动的乡村重构及规划启示——基于浙江省溪龙乡的实证研究 [J]. 现代城市研究，2019（7）：26-33.
[14] 杨晨，黄亚平. 行动规划下乡镇规划项目库编制内容与方法研究 [J]. 小城镇建设，2015（3）：24-28.
[15] 赵京. 乡镇经济发展与农村公路的需求分析 [D]. 西安：长安大学，2011.
[16] 邹兵. 交易成本理论：一个研究乡镇企业空间布局的新视角 [J]. 城市规划汇刊，2001（4）：8-11.

第 12 章

重点片区产业规划

> **导语**
>
> 本章从实务角度详细介绍重点片区产业规划如何编制。重点片区涉及城市更新、特色小镇、产业新城、产业园区等各种类型，对于响应新时代背景下城市存量产业空间更新的要求、指导产业项目有序落地、实现城市重点片区可持续发展有重要作用。本章不仅介绍重点片区产业规划的作用与建设目标、产业定位方式、产业选择与体系构建逻辑、用地与功能布局优化等常规内容，更将重点介绍项目业态规模测算方法、产业规划的运营模式，以及相关的土地政策、人才政策、科技政策等内容。

12.1 重点片区产业规划概述

12.1.1 重点片区产业规划的作用

1. 落实上位规划要求，与相关规划相衔接

产业空间规划需要细化落实总体规划、衔接专业规划的产业规模和空间布局，指导具体产业项目落地[1]。重点片区产业规划作为产业规划中的微观层面，相比其他层级的产业规划，具有更明确的空间属性，对产业的落地实施更具有操作性。

---

1. 谷晓坤，吴沅箐，代兵. 国土空间规划体系下大城市产业空间规划：技术框架与适应性治理[J]. 经济地理，2021，41（4）：233-240.

2. 指导项目有序落地

片区产业规划对具体地块用途和开发建设强度等做出更为细致的实施性安排，以提高产业用地的综合利用效益为导向，为开展产业空间用途管制、核发产业项目规划许可、进行各项建设等提供法定依据。

12.1.2　重点片区产业规划的目标和原则

1. 目标

形成地区经济增长点，为区域提供经济发展新动能。 重点片区产业规划通过基础产业、瓶颈产业、支柱产业、主导产业、先行产业和战略产业等，构建完善的产业体系，导入优势产业、构建产业生态圈，有效配置资源和利用资源，为地区发展提供新动能。

合理利用土地，促进全要素活力。 对于土地资源，根据开发规模、规模效益和结构效益平衡情况，在相关产业链和产业谱系中选择尽量完整的产业区段和产业模块来进行整体开发，以此发挥项目开发的集聚效应和规模效应，降低成本并提高单位开发效益。通过提供良好政策制度环境为产业开发提供保障、为劳动力提供培训渠道以提升劳动力素质、充分利用并发挥科技作为第一生产力的作用。

2. 原则

片区产业规划需要符合产业发展新趋势、新要求。 我国经济正从高速发展向高质量发展转型，产业发展从中低端向中高端迈进，因此在产业定位过程中需要充分考虑片区及其所在地区的发展需求，实现可持续发展。

片区产业规划需要协调经济发展效率与社会公平。 产业片区规划往往在存量空间中展开，这也意味着周边的建成环境、产权主体较为复杂，有较多利益需要协调。因此，在落实产业规划的过程中，不仅要考虑到片区经济最大化的需求，也要考虑到社会公平的需要，协调多元主体的利益。

片区产业规划需要考虑与周边的竞合。 片区产业规划需要遵循比较优势、主导产业与配套产业相结合、产业链与产业集群导向等原则，基于项目所在地及周边区域的资源、区位、产业基础与规模、产业结构等方面的相对优势基础上，构建产业体系。

12.1.3 重点片区产业规划的内容构成及逻辑框架

重点片区产业规划涉及城市更新、特色小镇、乡村振兴、产业新城、产业园区等各种类型。在重点片区产业规划过程中，首先应当进行宏观与微观的现状分析，充分考虑各层级国土空间规划的要求，结合经济、社会、文化、空间等多方面的发展现状和发展前景，将集约化、内涵式、可持续的产业发展作为内在发展目标，进而提出片区产业的战略定位。在战略定位的导向下，片区进行产业选择，围绕主导及优势产业，构建产业横纵延伸体系；根据产业体系及现实需求进行产业策划，测算产业规模、确定业态布局比例，并以此为依据确定详细的、可实施的空间布局。在此基础上，提出片区开发、实施和运营的保障体系。

12.1.4 重点片区产业规划的特点与趋势

1. 重点片区产业规划的主要特点

重点片区产业规划具有多学科融合、多元主体参与等特征。在学科融合上，片区规划凝聚了规划、管理、经济、财务等专业及其理论，从背景分析、市场前景预测、产业体系构建、空间布局落实、运营模式组织等多方面进行详细研究。

多元主体参与是重点片区规划的另一重要特征，贯穿片区产业规划的始终。企业、政府、地产商作为片区规划的主要实施者、获益者，在规划前、中、后期需要进行多次协调与博弈，在由谁开发、由谁管理以及开发管理的成本与收益的分配上进行研讨，使多元主体获取利益。

在产业片区规划过程中也需要充分考虑居民、职工等微观主体的利益，通过座谈会、访谈、问卷等形式，充分采纳利益相关人的诉求与意见；利用产业规划强制力，为企业职工提供更加符合职业发展需求的平台，进而形成从单纯自上而下的产业规划改造转向政府引导、多主体参与更新的规划。

2. 重点片区产业规划的发展趋势

存量更新。随着城市用地增量空间的减少，目前的产业规划越来越转向以存量更新为主。城市更新主要发生在空间形态相对陈旧且功能相对欠缺的区域内，城市更新中的产业规划往往面临更多的空间约束——产业空间分散碎片化、空间低端、配套缺失及其背后折射出的多元利益主体博弈带来的产权关系复杂、产业空间固化[1]。存量地区产业空间的整合重构是一个围绕空间再造进行功能引导、用地整合、产权关系调整、更新方式引导和利益主体协调等多方面综合设计的过程，因此其编制过程中必须考虑复杂的产权关系以及土地更新政策，从而保障产业项目的顺利落地[2]。

产城互动。新时期产业空间规划从单一的空间视角转向产业与空间互动的双重视角。在产业空间和城市空间中寻求片区功能最优化和公共利益最大化的双重平衡，产业空间规划应逐步向政策机制引导转变[3]。在产业空间布局时，需要充分预估产业业态及其对应的收益与支出情况，实现产业利益最大化；也需要为产业片区周边的居民预留公共空间并提供公共服务设施。产城互动一般通过"职住比"这一指标加以评价，即某一空间区域内就业岗位与居住人口的比值[4]，理想的职住比处于0.6~0.8，评价过程需要根据不同的用地类型加以计算。

12.2 重点片区产业发展定位

12.2.1 重点片区的现状发展基础

1. 宏观环境

重点片区的宏观环境分析，应当采用合适的分析框架，将影响项目发展的宏观环境因素进行结构化分析，并着重分析这些环境因素的变化和发展趋势。PEST 分析是战略宏观环境分析的经典工具。PEST 分析主要是对片区所处的政治法律环境（Politics）、经济环境（Economic）、社会文化环境（Society）和科学技术环境（Technology）等方面的变化，以及对行业造成的影响进行归纳总结和研究。政治法律环境分析主要关注国家和区域的政治制度、体制、方针政策、法律法规等，对于产业项目来说，应特别关注国家、省市的产业政策导向及变化，尤其要关注限制类产业政策和产业负面清单等；同时注意上位规划对地区发展的指导性意见，后续

---

1. 李福映，肖健，郑清菁. 转型背景下存量产业空间的整合重构与规划应对[J]. 规划师，2019，35（5）：74-80.
2. 崔泽松，李嘉豪. 存量时代下的高品质产业空间规划研究——以广州市为例[J]. 居舍，2021（36）：16-18.
3. 谷晓坤，吴沅箐，代兵. 国土空间规划体系下大城市产业空间规划：技术框架与适应性治理[J]. 经济地理，2021，41（4）：233-240.
4. 黄亮，王振，陈钟宇. 产业区的产城融合发展模式与推进战略研究——以上海虹桥商务区为例[J]. 上海经济研究，2016（8）：103-111+129.

在确定发展目标时加以匹配。经济环境分析主要关注项目所在区域的宏观现状及趋势，具体指标包括 GDP、产业结构、主导产业、居民储蓄和信贷等关键经济指标的规模、速度等。社会文化环境分析主要关注人口规模与结构（尤其是阶层和收入结构、老龄化程度、家庭结构、非家庭住户比例等）、劳动力规模与结构、文化教育、文化传统、价值观念等，分析的关键在于所在区域的劳动力规模和结构供给是否与产业项目所需相匹配；同时为凸显地区特征，需要关注片区的特色产品、工艺、价值是否符合所在区域的文化传统和价值观。科学技术环境分析主要关注所在区域的科技型产业规模、新产品开发能力、各类技术服务平台发展状况、高等教育和职业教育资源规模和质量等。

2. 微观环境

产业项目开发的微观环境主要包括物质环境与非物质环境两大板块。首先物质环境包括片区及其周边区域的区位、道路与交通系统、公共服务设施和公共空间与绿地等。通过对物质空间的系统分析，可以了解片区目前发展的不足以及可能给项目开发在定位、战略等方面带来的重大影响和机遇。

非物质环境包括政策背景、金融与投资环境、公众与舆论环境，以及周边产业竞合格局等。政策背景指对项目基地所在区域的各级各类国土空间规划进行研判，分析上位规划对基地的各类要求，尤其要关注生态保护、耕地保护、遗产保护、防灾减灾等刚性要求对项目开发的约束和限制。同时，还应对各类概念规划、战略规划、产业规划中提出的思路、方案等进行综合分析。金融与投资环境分析主要关注项目开发运营过程中的财务能力、融资方式、资金周转与运作能力，以及所在区域各类银行、投资公司的发展规模与发展质量。公众态度与舆论环境主要分析项目所在地及周边区域居民、就业者、各类社会组织对项目开发产品、开发方案的态度、意愿和满意度，这对于项目投资运营的稳定性至关重要。周边产业竞合格局分析主要关注项目在区域中的产业总体前景、同类产业竞争者、上下游产业规模及发展情况、产业集中度、产业链发育程度等，有助于项目开发更好地借力区域产业格局，进行补链、强链和错位竞争与合作，并在此基础上明确资源优先投放的重点产业领域及优先次序。具体方法应用上，波特提出的五力竞争模型对产业项目开发的分析具有很好的借鉴价值（详见 4.2.1 节）。

12.2.2　重点片区的产业发展定位

片区发展目标的选择对未来发展方向起到主导性作用。由于项目开发所处的外部环境和内部运营状况均处于不断变化的状态，产业发展目标也应当采用自上而下和自下而上相结合的方法进行动态调整。随着高质量发展的要求日益加强，片区规划要求制定更体系化和系统性的目标，从经济、社会、生态、建设、运营等方面综合选取指标，并且兼顾定性和定量目标。

12.2.3　重点片区的市场分析与定位

所谓市场分析与定位，具体是指针对潜在市场对象的需求、偏好和心理进行产品业态设计，创立产品在目标企业和消费者心目中的功能和形象特征，从而取得一定市场份额，以产业规模、市场份额的分析作为主要指标。项目市场定位的依据一般包括产品属性和特色、顾客利益、产品用途、使用者、使用场合、竞争者、质量价格组合等，还需要结合目标市场的地理空间范围提出较明确的市场空间定位，一般根据开发项目中不同产品的细分市场和目标市场提出不同地理尺度上的项目市场定位。

片区规划市场定位的方法主要可以分为两类，一类是从大行业市场规模出发的自上而下的定位方法，从大行业规模按照一定比例结构进行拆解，最终得到子行业规模；另一类自下而上的定位方法，是指从微观主体（消费者、商家）出发，探寻各级行业规模。

1. 自上而下型

大市场推算法： 通常是为确定目标市场，从目标市场更大的上一级市场往下推算的方式。上一级市场，既可以是区域意义上的，也可以是行业意义上的，取决于更容易获取上一级市场哪方面的数据并进行测算。针对区域意义上的市场，需要根据地理临近、地理衰减、规模集聚、点轴理论等综合确定产业和业态的功能、规模、价值区段、组织形态。

关联数据推算法： 常运用与目标市场发展的相关性较高的数据，通常是宏观数据，例如出生率、总人口、GDP、进出口总额等，通过对这些高相关、易获得的宏观数据进行回归分析，实现预测。

同类对标法： 指的是利用已经存在的类似市场的数据，来推算目标市场的规模。类似市场通常是指一些地域或者行业上的先行者，它们的发展路径和目标市场有一定的相似性和可比性。

目标行业市场规模 = 对标同类市场规模 / 对标同类关联数据 × 目标行业关联数据　　（式 12-1）

此外，对市场的分析还应当考虑市场所处的发展阶段，分为导入期（早期市场）、发展期、成熟期、衰退期（夕阳市场），可以从时间脉络的视角，考量市场目前的发展阶段和未来的发展路径。

2. 自下而上型

自下而上型主要是从微观市场主体的视角出发，进行市场规模测算，主要分为市场供给端与市场需求端两类。

从供给端出发进行可服务市场的计算。所谓可服务市场，指市场可以覆盖的人群，主要是从商家出发进行测算的方法。

可服务市场（serviccable available market）= 商家规模 / 市场占有率　　（式 12-2）

从需求端出发，主要测算方法为需求渗透率分解法，该法可根据产品的目标人群的需求测算目标市场的规模，适用于估算大市场，或者没有明显可替代品的市场。

总可寻市场（total addressable market）= 潜在用户数 × 渗透率 × 频次 × 单价　　（式 12-3）

12.3　重点片区产业选择及产业体系构建

12.3.1　产业选择是资源禀赋和比较优势权衡下的最优解

产业选择需要考虑自然资源禀赋和与周边市场和区域的比较优势。以可持续发展为导向，在合理利用、适度开发自然资源的基础上，重点考察周边同类和相似项目、上下游和旁侧产业项目的发展规模、优势劣势、地理区位以及政策支持力度和发展前景，分析产业发展所处的关键与节点所在，在此基础上进一步细分产业业态和产品类型，进行精准化定位，进而进行产业选择。

12.3.2　产业体系的构建要考虑"横纵交贯"

产业体系的发展已经从单纯的一个产业向多个产业的转变，成为一个产业的深入挖掘与多个产业联动发展的双重考量。在产业链的延伸上，要借助现有优势产业，不断丰富产业环节、巩固产业发展基础；在拉长产业链的同时，寻求跨产业部门不同生产环节之间的产业联系，即实现产业链的横向扩展。总体而言，要分阶段、循序渐进地引导片区产业多元化、集群化、联系化发展。

主导产业与优势产业是片区与周边的竞合、是核心与基础的互补。在主导和优势产业的选择上，首先判断片区发展基础与未来可能的发展趋势，形成稳定的内生性本土化发展动力；其次要通过与片区所在省、市、县、乡等的竞合，考量可承接的周边功能与配套业态，明确片区产业突出优势，形成以优势产业为触媒，撬动其他产业共同发展的产业生态圈。

12.3.3　业态选择要与产业选择相协调

在构建产业体系的基础上，需要进一步选择并明确项目开发的产业业态。业态的概念一般用于商业零售业领域，指商业经营的状态与形式，而业态概念用于项目开发中的产业业态选择时，一般指一类产业在规模、经营与运作模式、服务对象与层次、组织方式等方面的细分。如国家统计局于2018年印发了《新产业新业态新商业模式统计分类（2018）》，其中提出的大数据服务产业可进一步细分为数据探矿、数据化学、数据材料、数据制药等新业态新模式，这种业态细分方式主要是根据服务对象进行的。如医学诊疗产业，按照规模、服务对象可进一步细分为综合诊疗、专科诊疗、特色诊疗等业态，按照服务层次可分为公益医疗、高端国际医疗、私人健康诊所等业态。细分产业业态需要在较精准的项目细分与目标市场选择的基础上进行，为此可以在项目开发中，基于重点片区的功能定位，从近远期结合的角度，合理配置主导和配套产业（业态），提出产业业态库、业态工具箱等。

12.4　重点片区产业布局优化

重点片区产业规划中的空间规划是产业规划落实的重要依据，对产业规划实施起到本底约束、布局引导、用地支撑等作用。

12.4.1 用地与功能布局

用地与功能布局主要分为两个层次：总体功能布局和分区功能布局。总体功能布局涉及到功能及用地的结构控制，分区功能布局则更为微观，涉及建筑风貌、开发容量、建筑退界、典型平面等规划内容。

1. 总体结构

根据基地条件分析、项目功能定位以及各类功能在空间选址上的要求，确定规划空间结构，进行人流和物流的动线组织和功能业态布局。需要特别注意人流与物流关系、动态功能与静态功能关系、主次关系之间的综合协调，同时需要通过动线的组织营造主次分明的公共空间体系。

按照空间规划和城乡规划的一般要求，进行专项系统和特色系统的规划布局，一般包括道路交通系统、物流系统、商业服务业设施体系、公共服务设施体系、产业细分和业态细分体系、休闲游憩体系、旅游体系、公共空间体系、绿地与生态景观体系等。

2. 分区项目策划

功能业态布局： 一是根据产业和业态类型进行分解归类和同类集聚，将体现项目功能定位、主题特色及具有公共属性的业态布局在核心和各级节点位置，并与交通主次干线相衔接；二是按照价值梯度原则进行功能业态布局，按照各类业态能够承受的租金水平进行梯度布局和分区，最大程度提升空间利用效率；三是按照公共服务型和市场型项目的关系，产业和业态的分工协作关系，以及项目的重要程度和开发时序等，在各空间分区布局若干核心项目，起到项目引领的作用，并确定核心项目的项目构思、产品定位、运营模式等；四是将同类业态和关联性业态进行集聚或邻近布局，促进产业集群的形成，增强各类业态之间的互动和分工协作，发挥集聚经济效应；五是在布局消费类业态时，进行优势业态和劣势业态的混合搭配，以此进行客流的引导，提升空间利用的整体效益。必要时还需制定分片区的开发指引，并对空间设计意向进行控制和引导。

开发容量确定： 根据资金平衡、区位条件、开发适宜性、产业业态功能和规模、景观风貌、权属关系等各项要求，综合确定开发项目的总容量、各类产业和业态容量，以及各地块的开发容量和强度,以求项目开发的可操作性和可持续性。

12.4.2 项目业态规模测算

以人均消费力推算法测算商业规模。根据趋势外推模型,考虑当年片区所在地区人均消费支出(游客与居民),结合片区规划定位,确定人均消费支出中的考量因素,对核心辐射区、主要辐射区、机会辐射区分别乘以规划区消费系数,用于计算这三个辐射区的最终有效人均消费支出。同样也可通过区域商业坪效计算体量。

区域商业体量总需求 =(目标消费者数量 × 人均消费支出)/ 区域商业坪效　　　　（式12-4）

过程中需要考虑地上地下的商业规模布局,地下商业规模不宜过大。

酒店规模测算考虑酒店服务人群分类推进。酒店的类型众多,比较传统的分类方法是按照酒店的市场定位和客源结构,可以分为商务酒店、度假酒店、公寓酒店和会议酒店。可通过案例类比法、酒店饱和度、客房满足度、需求量等综合考虑,确定建筑和土地需求量。

商务办公规模要结合经济总量发展目标。主要类型包括独栋办公、高层办公等楼宇,不同片区对于办公空间的需求不同,诞生出了不同的规模结构组合。可通过经济绩效法估算办公楼宇面积,首先按照可建办公楼宇数量确定税收贡献总额,其次按照片区平均水平与情况,确定入驻率,利用差额,以此估算出办公面积。

"以产定地"的工业用地规模测算方式。与以往通过比例数值经验、案例借鉴等方式确定产业用地规模的做法相比,"以产定地"的规模测算方法,充分考虑了产品差异性、企业规模效应及技术水平差异对用地效率的影响[1],更具有普适性意义。主要做法包括以下几个步骤。

专栏 12.1 "以产定地"的工业用地规模测算方式

(1)地均产出测算。根据现状及规划主导产业,严格落实国家和地方的限制用地项目目录、禁止用地项目目录及相关要求,按照不同产业类型的地均产出特征,以现状地均产出水平为基础,结合各地建设用地效率目标,参考有关

---

1. 王雪娇, 许景权. 城市经济发展目标与工业用地供给规模的规划衔接方法研究 [J]. 北京规划建设, 2020(5): 56-60.

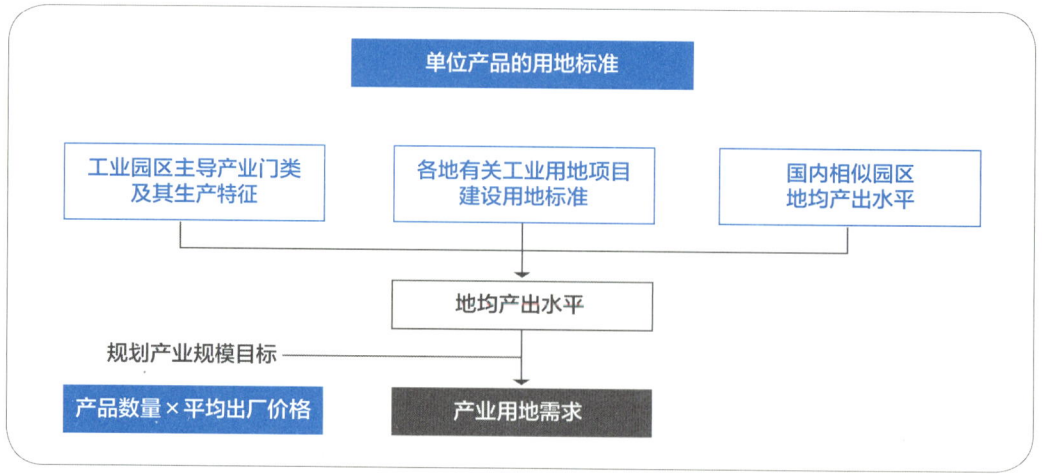

图 12-1　工业园区地均产出水平及用地需求测算技术路线图
资料来源: 王雪娇, 许景权. 城市经济发展目标与工业用地供给规模的规划衔接方法研究[J]. 北京规划建设, 2020 (5): 56–60.

工业用地项目建设用地指标的相关标准，以及国内相似产业门类产业园区的地均产出水平，按照推进土地节约集约利用的原则，制定不同产业的地均产出标准（图 12-1）。

（2）单项产业门类中某一类工业产品地均产出水平函数为：

$$E_{ij} = P_{ij} / L_{ij} \qquad （式 12\text{-}5）$$

式中，E_{ij} 为第 i 类产业门类中第 j 类工业产品的地均产出水平；P_{ij} 为该产业门类中某一类产品的平均出厂价格；L_{ij} 为该产业门类中每生产一个单位产品需要的建设用地规模。

（3）产值目标测算。以各工业发展集聚区既有企业发展情况、未来项目储备及重点发展方向为基础，结合国民经济和社会发展规划中工业各类主导产业的产值目标，并体现工业重点向园区集聚布局的引导，将全域工业总产值目标分解到各工业园区及工业功能区中。

（4）用地规模测算。以工业产品数量乘以平均出厂销售单价表征不变价工业总产值目标，根据各园区不同行业的产业规模目标，合理推算出目标指标对应不同产业类型的工业用地规模需求。

（5）园区内单项产业门类的产业用地需求函数为：

$$A_i = \sum_{j=1} \left(\frac{T_{ij}}{E_{ij}} \right) \qquad （式12-6）$$

式中，A_i 为第 i 项产业门类的产业用地需求；T_{ij} 为该项产业门类中第 j 类工业产品的工业总产值目标；E_{ij} 为该项产业门类中第 j 类工业产品的地均产出水平。

12.5 实施保障体系

12.5.1 运营模式

1. 开发运营模式趋势探索

目前重点片区规划项目的开发运营模式主要有三类，按实施主体分为政府主导、企业主导和政企合作式。

政府主导型。该类开发方式的公益性较强，但投资规模较小，可以充分体现政府意志，并具备特殊政策制定权，确保规划落实与运营过程中的公共服务属性，适合运用于公共空间、绿地等公共服务设施的建设上，以及特殊政策区内。

市场主导型。市场主导模式适用于不具有强公益性质、专业化要求高的项目。在该类模式下，政府完全没有资金压力，且项目开发具有专业化、高效率的特点。但同时由于项目的体量较大，容易对市场造成过大压力，从而造成市场失灵的局面。

政企合作型。政企合作可以有效调动多元主体的积极性，实现多方共赢的结果，其主要适用于公益性强、投资规模大、专业性强的项目。由于一般项目规模较大，所需的投资较多，政府与企业的合作可以有效填补资金的不足，并通过政府有效抑制市场失灵，也能够保证项目的公益性质得以延续。

政企合作主要有两种方式。一为官助民办，政府起到宏观指导、政策制定、项目招商等工作，企业承担质量管理、物业定制、产业基础设施建设等工作。另一种为PPP模式，一般以地方政府、社会资本、项目运营方（平台公司）在项目运作协议的基础上共同组建项目公司，并明确地方政府、项目运营方、社会资本，以及金融机构、咨询中介机构、建筑商、供应商、主要企业等在其中的权利与责任。一般来说，地方政府负责政策投放和监督管理，并通过有效的激励政策引导项目健康可持续发展。社会资本负责资金融资、基础设施和公共服务建设等，并根据协议分享收益。项目运营方负责在项目基础设施和公共服务建设完成后的运营管理、项目招商以及具体的各类公共服务供给。

园区建设后入驻的企业也可以通过创投的方式得到收益。入驻企业可选择参与片区产业项目投资获得增值收益，如参与部分产业楼宇项目投资并适当持有部分物业，为引入国际组织机构、重大引领性项目招商提供条件；同时，以政府性产业投资基金参与项目的股权投资，获得片区企业成长的增值收益。

2. 收益来源与构成

健康可持续的多方营利模式是项目开发能够得以顺利开展的关键，其中主要涉及地方政府、开发公司及企业。地方政府主要涉及直接的土地出让收入、财税收入，以及间接的经济增长、产业结构调整以及劳动力就业等社会效益；开发公司主要涉及物业租金和出售所得、各类综合服务营利所得，以及金融投资与项目资产运作所得等；企业则主要是经营盈利。在物业运营和营利方面，又分为重资产和轻资产两类模式，重资产指开发公司和企业在持有物业、厂房、原材料等有形资产的基础上进行经营，资产折旧率高且利润率较低；轻资产则指开发公司和企业将重资产和非核心业务外包出去，主要利用标准化的管理流程、各方面资源的整合能力、企业品牌、团队人才等，依靠输出品牌、理念、模式等以及多元化资产运作进行营利的模式，能够以较小的成本投入获得相对较高的收益，经营效率较高，但对开发主体在经营、营销等方面的要求较高。

开发收益是产业项目收益的核心来源。土地的开发收益类型主要有两种，一类是通过出售土地，另一类则为出租。其中出售土地之后，后续不涉及物业管理等费用支出，但同时作为一次性收入，后续地价的调整与产权原所有方无关；而出租的方式会随着时间的演变产生变动，但同时需要对物业管理、保安等人员进行安排。

通过功能业态布局与植入促收。通过不同的组织方式架构起的多样化的功能业态能够为产业项目提供充沛的资金来源。根据产业项目定位吸引不同业态、不同类型的消费者，增强产业片区活力，间接提高地区土地价值。

创新性的其他收益为项目带来更丰富的收入。产业的开发已转向了更加多元化、创意化的方向。旅游项目开发可通过提供门票服务、讲解服务等获得收益；结合当地民俗文化特色，开展一系列节庆赛事与活动吸引更多受众，获得阶段性收入；部分项目通过文创产品的设计，形成IP内容付费、特许经营权付费等；园区借助打造生态平台，共享发展成果，形成共同发展，为园区提供更多产值。

3. 土地产出与收益的财务测算

存量空间更新常用市场比较法。 市场法也称市场比较法，是将待估土地与近期已经进行交易的类似土地加以比较，从已进行交易的类似土地的价格，修正得出待估土地价格的一种评估方法。市场法主要适用于存量土地更新的模式当中。

新土地开发评估常用成本法。 成本法一般适用于新开发土地的评估，特别会在土地市场发育不完善，土地成交实例不多，无法利用市场法等其他方法评估时采用。同时可在对既无收益又很少有交易情况的公园、学校、公共建筑、公益设施等具有特殊性的土地评估时采用。以开发土地所耗费的各项费用之和为依据，再加上一定的利润、利息、税金以及土地增值收益来确定土地价格的一种评估方法。

评估值（土地价格）= 土地取得费 + 土地开发费 + 税费 + 利息 + 利润 + 土地增值收益（式12-7）

一级土地开发可运用收益法。 该法通过预测土地未来产生的预期收益，以一定的还原利率将预期收益折算为现值之和，从而确定土地评估值。一般针对于一级土地的开发与未来发展进行测算，内容包括建安工程费用、设备费用、特殊项目建安工程费用及相关贷款利息和土地费用等。

土地财务测算的过程往往不是一蹴而就的，尤其是转型地块及收储地块往往需要经过多轮谈判才能确定对价标准，并综合考虑经济、社会、文化等多方面的效益，实现政府、企业、居民、城市多方面的协同发展。

12.5.2 政策保障

1. 土地供应政策

存量发展时代，产业片区和工业用地的土地供应方式需要多模式并举，全方位创新。例如深圳市在产业用地供应和循环使用政策方面做出了大量尝试。从旧工业区产权主体和用地主体来看，政策调控的关键在于如何通过循环利用促进土地集约高效利用[1]。在工业用地再开发利用过程中，深圳充分考虑产业主体的用地和空间需求，进行区别化政策适配。对于用地规模较大的用地企业，政府通过土地整备的方式提供新增土地，同时在土地整备过程中尽量保护当地的产业生态系统，妥善安

---

1. 岳隽. 关于深圳城市更新和土地整备内在运作机制的思考 [J]. 中国土地, 2022（9）: 18-21.

置原有的规模以上企业，并为小微企业提供创新型产业用房。对于工业企业产权主体实施自主改造的情形，政府鼓励建设高标准厂房，积极推动工业上楼，在工业楼宇分割转让、工业园区综合整治等方面都提供了宽松的政策环境。

同时，各地方政府都十分重视在工业用地的更新中构建利益共享机制，调动各级政府、各利益群体参与城市更新的积极性，以减少土地利用成本、增加经营利益等措施，激励土地产权人参与城市更新。在政策规定"可允许不改变现有工业用地性质自行改造"并设置过渡期的基础上，一些城市还制定了包括容积率激励、土地出让方式和土地出让价格优惠、城市基础设施配套费等各种行政事业收费减免等激励政策。

2. 人才政策

目前我国各地已经加入对于劳动力的争夺，纷纷推出各类人才政策吸引人才就业，尤其是吸引创新创业人才、重点产业人才等。我国的人才政策主要可以分为三类：一为人才扶持政策，即通过高校、社会、企业等形成产学研的合作与交流，通过引进海外人才、社会招聘等收纳社会人才，进而为产业发展提供创新人才，提高劳动者要素的力量；二为人才需求政策，主要涵盖对于产业人才的技能水平、学历层次的需求，为人才提供定义；第三类为针对人才环境的政策，包括自然环境、基础设施、工作环境、生活环境等，主要关于人才住房、子女、医疗、绩效激励等。

北上广深等超一线城市主要通过人才政策吸引高素质人才。如上海在2022年印发《关于做好2022年非上海生源应届普通高校毕业生进沪就业工作的通知》，对于应届博士生及世界一流大学建设高校（全国42所）硕士毕业生等可以免打分直接落户上海；深圳新引进博士人才生活补贴标准提高至100 000元/人，并对应届生提供生活补贴。

中部、西部地区对于人才的引进与其主要产业相关。如《湖南省人力资源和社会保障厅关于开展2021年度引进关键人才推荐工作的通知》围绕产业发展需要，面向省（境）外，以新材料、新能源、智能制造、航空航天、5G通信、人工智能、集成电路、生物医药、节能环保、文化创意等战略性新兴产业为重点，引进关键人才。如贵州作为我国新的"大数据"中心，近年来的人才政策在大数据、大旅游、大生态、大健康和新材料、高端装备制造、现代农业、现代服务业、文化创意等重点领域加速聚集，据《中共贵州省委关于深化人才发展体制机制改革推进守底线走新路奔小康的实施意见》，急需紧缺人才和特殊人才，可通过"绿色通道"简化办理程序，放宽学历、专业技术职称等条件限制，对具有一流水平的高层次人才及团队，实行个性化引进政策。

3. 科技政策（技术创新补贴）

技术创新政策主要包括制度安排、基础设施建设、政策激励、教育与培训等，也有对于创新系统、技术转化、政府采购等的政策。由于产业的区域性联系，目前科技政策常常以区域作为单位出台，并作为指导性意见引领省市的科技创新政策。如在《长江三角洲区域一体化发展规划纲要》的指导下，上海、江苏、浙江各地推出相关科技政策。对于企业，《企业所得税法》明确规定了高新技术企业所得税税率由25%降为15%，对创新企业加大扶持力度。如浙江省在2019年提出加强企业技术创新赶超工程，制定了《关于全面加快科技创新推动高质量发展的若干意见》，要求加快建设G60科创走廊、高水平建设国家自主创新示范区，从空间角度落实相关扶持，对科技企业实施"双倍增"行动，实施高新技术产业地方税收收入增量返还奖励政策。江苏省在2021年《江苏省"十四五"科技创新规划》中提出，推动基地、项目、人才、资金的统筹和一体化配置，并健全创新激励和保障机制，修订《江苏省科学技术进步条例》，完善科技成果转化激励政策，充分激发科技人员的创造能力[1]。

■ 关键术语

重点片区产业规划、重点片区产业规划总体定位、重点片区产业选择及产业体系构建、重点片区产业布局优化、重点片区产业实施保障体系

■ 思考题

1. 以你熟悉的一个重点片区为例，简述该片区的运营模式并提供相关依据。
2. 以你熟悉的一个重点片区为例，进一步详细了解目前该区域的土地供应政策、人才政策和科技补贴政策。

---

1. 王秦. 努力推动高水平科技自立自强[J]. 唯实，2021（11）：16—18.

参考文献

[1] 崔泽松，李嘉豪. 存量时代下的高品质产业空间规划研究——以广州市为例 [J]. 居舍，2021（36）：16-18.
[2] 谷晓坤，吴沅箐，代兵. 国土空间规划体系下大城市产业空间规划：技术框架与适应性治理 [J]. 经济地理，2021，41（4）：233-240.
[3] 黄亮，王振，陈钟宇. 产业区的产城融合发展模式与推进战略研究——以上海虹桥商务区为例 [J]. 上海经济研究，2016（8）：103-111+129.
[4] 李福映，肖健，郑清菁. 转型背景下存量产业空间的整合重构与规划应对 [J]. 规划师，2019，35（5）：74-80.
[5] 王秦. 努力推动高水平科技自立自强 [J]. 唯实，2021（11）：16-18.
[6] 王雪娇，许景权. 城市经济发展目标与工业用地供给规模的规划衔接方法研究 [J]. 北京规划建设，2020（5）：56-60.
[7] 岳隽. 关于深圳城市更新和土地整备内在运作机制的思考 [J]. 中国土地，2022（9）：18-21.

第 13 章

乡村产业规划

■ 导语

乡村产业是乡村地区可持续发展的关键因素,但如何构建既符合乡村地区产业发展特点,又能有效回应国土空间规划改革新要求的乡村产业规划技术路径,还缺乏系统性的讨论。本章将结合国土空间规划背景下乡村产业规划的新要求,构建乡村社区产业规划的基本逻辑架构,进而聚焦"乡村产业发展的战略定位""乡村特色产业选择与乡村产业体系构建""乡村产业项目策划及空间布局""国土空间乡村产业空间整治优化"和"乡村产业规划的实施机制"五大核心议题,对关键要点和编制路径进行介绍。

13.1 乡村产业规划概述

随着"乡村振兴"上升为国家战略,乡村地区产业发展在政策层面的重要性不断提升。发展乡村产业成为乡村全面振兴的重要根基,也是巩固提升全面小康成果的重要支撑、推进农业乡村现代化的重要引擎。乡村地区的产业基础具有复杂多元的现实特征,很多村庄尚存在产业链条较短、融合层次较浅、要素活力不足等问题,这对乡村地区的产业研究提出了挑战,亟待加强乡村产业规划引导。乡村产业规划从当地实际状况出发,充分考虑区域经济发展态势和本地发展资源禀赋,对当地产业发展的定位、发展策略、乡村特色产业选择及体系构建、产业项目策划及空间布局、国土空间整治优化、实施机制等做出内容的科学计划和行动方案。

13.1.1 乡村产业规划的作用

1. 保证基本农业空间,提高农业综合生产水平

乡村产业规划以严控永久基本农田底线为基本出发点,锚定农业空间,通过国土综合整治和生态修复等手段,提高农用地规模和农业综合产出效率。同时,乡村产业规划还能引导乡村农业融合区域产业分工,加快转变农业生产方式,依托现有资源基础,大力发展在地特色农业,实现农业高效化、品牌化、标准化,提高农业综合生产能力。

2. 培养乡村"造血"机能,带动乡村产业升级融合

建设并发挥乡村作为基层经济单元的生产作用,积极整合、合理利用各种本地自然、文化特色资源和区域优势为内生源动力,因地制宜规划具有根植性、包容性、可持续性的新型乡村社区产业,推动乡村产业融合升级,构建乡村产业体系,优化产业组织和产业空间布局,培养乡村自身经济"造血"机能,切实提升乡村经济发展水平。

3. 增加村集体和农民收入,迈向共同富裕

策划乡村产业项目和合理的增值利益分配机制,可以壮大村集体经济,多渠道增加农民的工资性收入、经营性收入等非农生产收入,从根本上提高农民的生活质量,迈向富民强村的共同富裕美好愿景。乡村产业规划有利于清晰展现未来乡村发展面貌,可以让村民看到未来在乡村生活和工作的前景和潜在机会,吸引外出务工人口回流,尤其是具有丰富知识和技能储备的青年返乡发展。

4. 文产融合,弘扬乡村传统文化,留住乡愁

乡村产业不仅是经济发展的主要来源,也是文化传播的重要载体形式。通过乡村产业规划,将乡村产业体系与地方文化传统和特色元素相结合,保护和培育以传统手艺、传统美食、历史人文类资源为基础的相关产业,包括特色农产品产业、宗教资源型产业、历史文化型产业、革命纪念地型产业,以及其他展现农耕文明的产业,以文化为产业赋能提高溢价能力,弘扬乡村传统优秀文化。

13.1.2 乡村产业规划的特点

研究表明，乡村地区的产业发展具有根植性、乡村性、兼容性和社区性等基本特点（图13-1）。

根植性。乡村产业的发展借助了村庄的资源禀赋，使农民有机会参与到产业链的各阶段，破解城乡"人、地、钱"等方面资源要素流通障碍，形成城乡资源互通的发展模式。

兼容性。乡村产业准入门槛较低，过程惠农，需要借助乡村家庭的独有资源，这些要素都可能成为农民参与产业发展、实现创业致富的重要基础。

乡村性。乡村产业保留乡村原有的景观风貌和村民生活方式，基于乡村的空间属性，彰显地域特色和乡村价值。

社区性。地方产业依赖于本地自然资源和社区，因此当产业发展驱动空间扩张、造成较大环境压力时，乡村社区会自动做出回应，综合考虑环境容量，合理控制产业规模，促使生产、生活、生态空间协调共生。

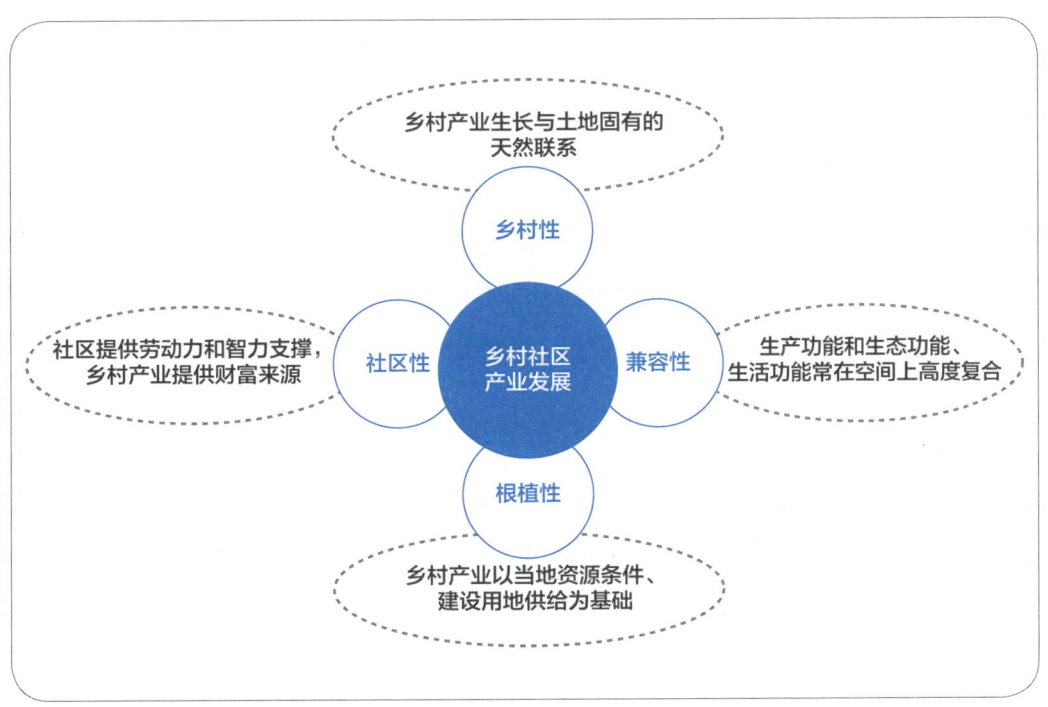

图 13-1　乡村产业的四个基本特征
资料来源：自绘

13.1.3 乡村产业的相关规划类型

乡村地区的法定规划主要包括区县层面的县域镇村体系规划、乡镇层面的总体规划和乡村社区层面的村庄规划，地方上根据发展需要还会自发编制美丽乡村建设规划、精品村规划等创建性的规划和设计。其中，县域镇村体系规划侧重体系构建，重点按照国土空间村庄分类标准，以行政村为单位将县域村庄分类分别予以村庄产业发展总体定位。乡镇总体规划侧重土地和资源环境的保护和开发，尤其是永久基本农田的落实，明确乡镇区—乡村的产业规模和总体产业结构。以上规划在产业层面只能对产业问题进行初步解读或概括性描述，无法深入对产业发展路径和用地安排进行详细引导。亟待构建既符合乡村地区产业发展特点，又能有效回应国土空间规划改革新要求的乡村产业规划技术路径。

13.1.4 乡村产业规划的目标和原则

1. 生态优先

在乡村产业选择和策划中应避免乡村产业经济发展对环境的污染和生态环境的破坏，同时探索生态价值实现路径，优先发展生态经济。在村域产业空间布局中，特别是在划定大面积产业空间时，应与生态环境保育和自然资源保护相结合，在不突破生态保护红线的基础上，加强生态修复和补偿。

2. 夯实农业

产业发展规划应严守永久基本农田保护线这一底线约束，不得因为产业发展而突破，保护乡村农田农业生产主体功能。同时也要借助国土空间土地整治和生态修复行动，结合增减挂钩等土地政策，释放、规整、优化农业空间，提高农业产出效益。

3. 区域协作

乡村产业空间布局要贯彻区域产业布局一盘棋的原则。遵循上位产业布局规划，更好地发挥各乡村的资源优势，避免重复建设和盲目生产；也须处理好与周边乡村产业协作关系，实现乡村地区产业布局的合理分工。

4. 全域覆盖

乡村产业规划范围不应只局限于乡村集中居民点和重要产业用地，而应涵盖乡村建设用地、农地、林地、坑塘河流等在内的乡村全域，在整体层面进行产业发展基础资源排摸和评估，分别明确村域各个片区的产业发展导向，合理确定农、林、牧、副、渔业，以及农产品加工、旅游发展等产业功能分区，实现空间布局全域化。

5. 融合发展

乡村产业发展规划应注重产业的升级和融合发展，在保证农业生产底线的基础上，促进"一产三产化""一二三产融合化"，丰富产品类型，提高产品溢出价值，延长产业链条，构建产业发展体系，甚至形成地域特色的产业品牌。

13.1.5 新时期对乡村产业规划的新要求

1. 乡村社会经济发展提出的四大要求

随着乡村振兴战略的纵深推进和乡村社会经济的快速发展，乡村社区层面的产业规划正面临新的挑战。第一，乡村产业规划要兼顾管控要求和发展诉求。乡村社会经济发展要求乡村产业规划既要在全域范围内落实各类保护要素的管控要求，也要具有"稳中求进"发展思维，在乡村产业类型、规模和效益上实现更高的发展诉求。第二，乡村产业要"做精做特"，充分体现在地优势和竞争能力，改变传统乡村产业规划低端化、套路化，或片面追求高端业态的现象。第三，乡村产业规划要具更可实施性。传统乡村地区规划中产业与空间各行其是，产业规划和空间规划二者之间的衔接整合考虑不足，新要求提升乡村产业体系和乡村地域空间的匹配精度，并紧密结合国土空间整治工作。第四，乡村产业规划要提升参与性，带动村民积极参与共同缔造。

2. 国土空间规划改革背景下乡村地区规划应对的四大挑战

上述新要求也对国土空间规划改革背景下乡村地区的产业规划提出了新挑战（图13-2）。一是如何在对"三区三线"进行刚性管控的同时提升弹性适应能力；二是国土空间规划要求覆盖全域全要素，乡村产业规划如何跳出发展乡村产业只能利用建设用地的传统思维局限，转而将包括山、水、田、林、湖、草等资源在内的乡村地区全域全要素纳入考量范围，从更加全面系统的视角进行乡村产业价值挖掘和项目选择；三是更加集约高效的挑战，即如何合理运用国土空间规划技术工具和政策工具，在现有空间格局上提升土地利用效率，提高乡村产业和乡村空间的协同度；四是如何体现以人为本的理念，将规划建设成果转化为村民的幸福感与获得感。

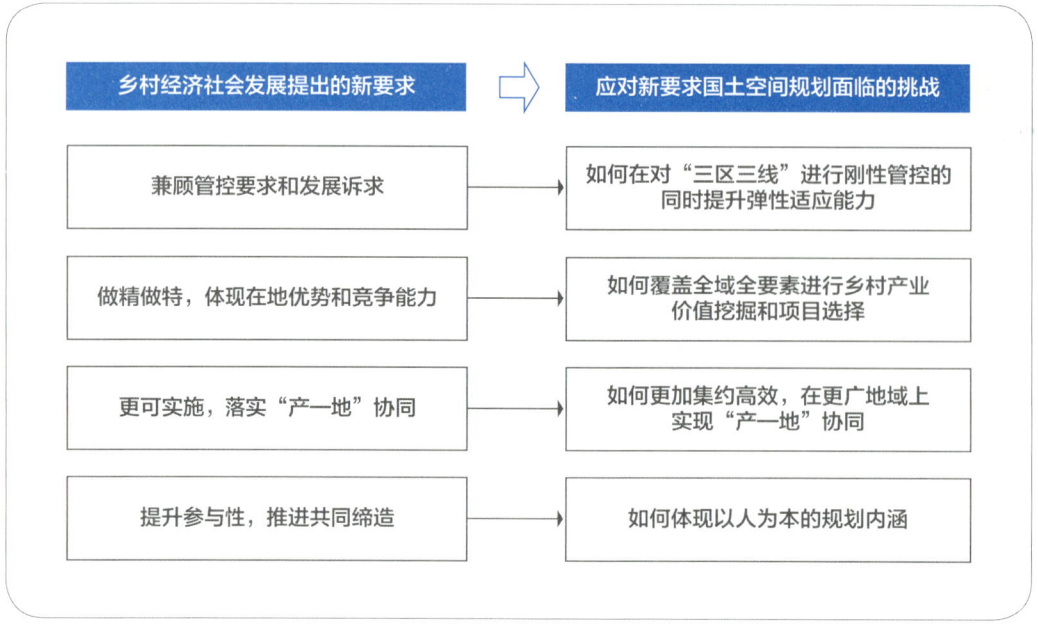

图 13-2 国土空间规划改革背景下对村庄规划新要求和新挑战
资料来源：自绘

13.1.6 乡村产业规划的内容构成及逻辑框架

立足于乡村地区产业的根植性、兼容性、乡村性和社区性四大基本特征，响应四大要求和挑战，乡村社区产业规划的关键技术路径为：乡村产业基础分析——确定乡村产业发展目标——确定乡村产业发展策略——进行乡村特色产业选择与乡村产业体系构建——进行乡村产业项目策划及空间布局——进行国土空间乡村产业空间整治优化——制定乡村产业规划的实施机制八大部分（图 13-3）。

乡村产业基础分析。主要包括乡村所处区域产业发展趋势研判和乡村自身产业发展基础分析等。进行乡村产业基础分析，不仅要对乡村产业基础条件和开发情况形成清晰的认识，更要找准目前产业发展的痛点和难点，以及市场的发展趋势。

乡村产业发展目标。包括一定时期内乡村产业总体愿景，以及各个分项和分步目标。总体目标定位是乡村产业规划的总纲，确定总体发展方向，引领后续各项规划和实施工作。分项目标是总体目标的分解，将其细化为更具可操作性的具体目标。分步目标则是总体目标在时间维度上的分解和细化，为后续的行动安排提供基本依据。

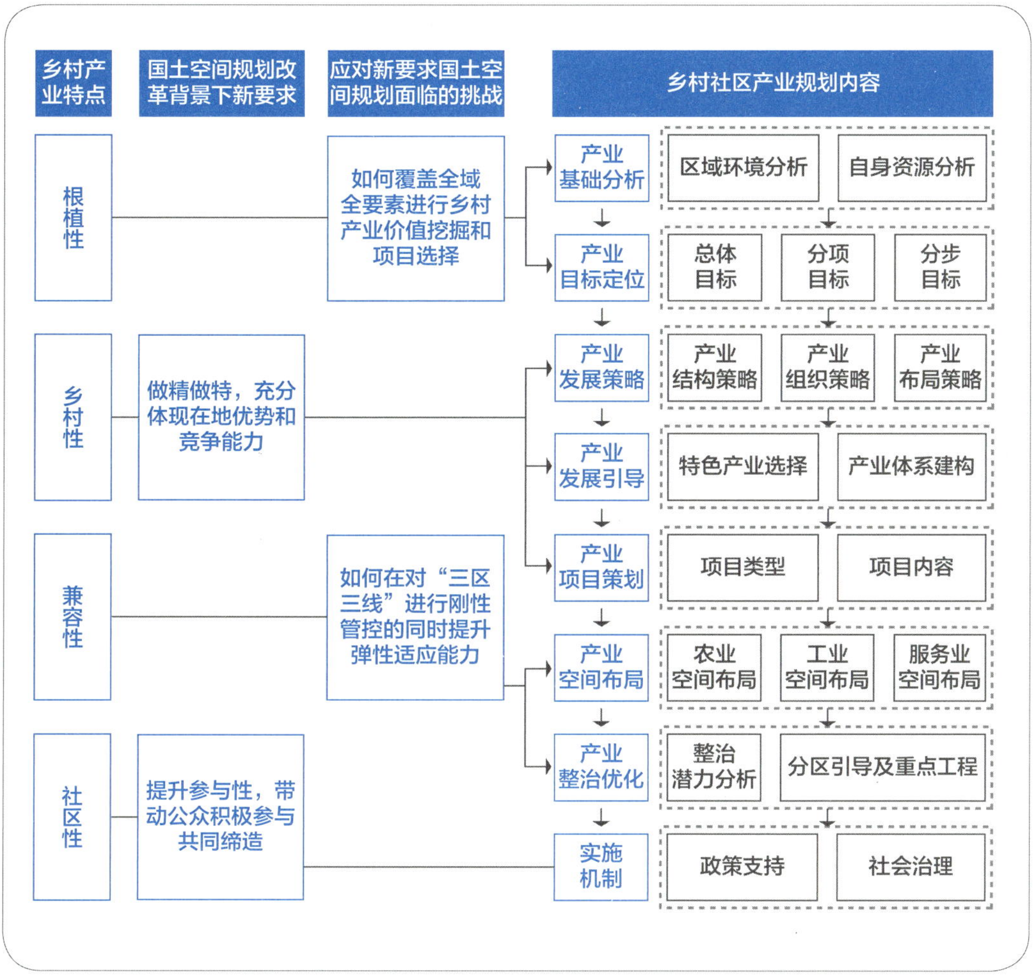

图 13-3 乡村社区产业规划的逻辑架构
资料来源：自绘

乡村产业发展基本策略。乡村产业发展策略是实现产业发展定位目标的具体方法和路径，也是后续产业策划和空间布局等工作的行动指引，重点在于找准产业发展的突破口和发力点，理顺产业关系，形成清晰的实现路径。

乡村产业发展引导。包括乡村特色产业选择和乡村产业体系构建两个方面。挖掘能够体现乡村特色的产业类型并进行具体的产品细化，最终构建起以特色产业为中心的乡村产业体系，为后续项目策划和空间布局提供产业备选库。

乡村产业项目策划及空间布局。主要包括确定乡村产业项目的类型、规模和空间布局。在乡村产业发展引导的基础上，对照现状资源禀赋和发展条件，确定产业项目类型和具体项目，并在空间布局上进行落位。

国土空间乡村产业空间整治优化。基于乡村地域整治潜力分析评估，进行国土空间综合整治引导并确定重点工程，尤其是永久基本农田和乡村建设用地的优化布局指引。国土空间乡村产业空间整治优化为项目策划的落地创造空间条件。

乡村产业规划的实施机制。包括乡村产业发展的政策支持和社会治理模式优化，力求提升各个项目的可实施性和可持续性。

13.2 乡村产业发展定位与战略

13.2.1 区域环境分析

分析城乡要素发展的时空格局演变对乡村产业发展的影响。对乡村所处区域的宏观背景、发展机遇、区位条件、资源禀赋、基础设施等发展条件进行分析，以及区域的市场需求、经济水平等方面的时域认知，分析乡村所在地区的城乡要素流动时空格局，判断乡村产业的辐射范围及带动周边地区的影响力等。

研判乡村所处区域的总体产业发展趋势。判断区域产业发展趋势，剖析乡村在不同区域层面的产业分工与发展依托，为选择乡村主导产业提供支撑。从行业和区域两个视角对产业发展水平进行分析和判断，在乡村内部和同类竞争村之间分析产业的比较优势和发展水平[1]。

13.2.2 自身资源分析

乡村自身产业发展基础分析主要从乡村自身的发展背景、资源条件，以及已有产业发展情况如类型、规模、特色、分布等方面展开。首先，认清村庄产业的发展背景能够更加贴切地了解村庄现在有什么、适合做什么、具体怎么做，因此对村庄产业的现状调研要做到细致全面，包括村庄本身的经济地理基础、人口情况、土地使用情况、主要产业、村庄经济来源等基础条件，还包括村庄历史沿革以及附近村庄产业发展状况等相关内容[2]。其次，综合分析、总结归纳乡村的自然、文化、特

---

1. 陆柳. 新农村产业发展规划研究 [D]. 金华：浙江师范大学，2011.
2. 廖建军，行云珩，王志远，等. 乡村振兴战略下村庄产业规划研究——以衡阳新坪为例 [J]. 粮食科技与经济，2018，43（11）：116-118.

色资源优势以及乡村区位等自有动力源，扶持符合本地特点并能在乡村扎根成长的产业模式，找出产业振兴的动力[1]。

产业特色提炼应注重三个维度：**地域维度**，一个地区乡村的自然与人文资源、乡村地域性特征等因素决定着乡村产业的特色。区域特色是乡村产业特色的基础，同时乡村产业特色也是区域特色的重要内容。**产业维度**，关注形成乡村特色产业的特色资源和重要元素，以及特定乡村产业发展的经营方式、产业业态、产品特点及服务方式。**社会需求维度**，乡村特色产业是依据特色的市场需求发展而成的，旨在满足特殊人群或者社会大众的功能化需求，如文化体验、休闲养生等，因而具有鲜明的时代特征。

13.2.3 乡村产业发展目标

1. 乡村产业发展目标的构成

乡村产业发展目标具有高度概括性和引领性，是后续产业规划、项目策划、空间整治和运营管理等在内的一切行动安排的指引蓝图。在内容上，乡村产业发展目标包括一定时期内乡村产业总体愿景，以及各个分项目标和分步目标。

总体目标。总体目标是乡村产业发展的总纲，确定乡村产业性质是乡村产业规划的首要内容。产业目标定位代表了乡村产业发展的特点、个性和发展方向。

分项目标。分项目标是指与乡村产业培育相关的各种因素所要达到的具体目标，以产业要素为导向，与乡村产业发展规划的任务相对应。

分步目标。分步目标与各阶段的具体产业建设项目相对应。在不同阶段，主导产业的培育与具体产业项目会有所变化，至规划期末达到产业发展分项目标要求。

2. 乡村产业发展目标的拟定原则

乡村产业目标需要综合区域环境分析和自身资源分析进行拟定。区域环境分析为目标定位的外部环境因素，影响乡村在区域内或者更大范围内所处的地位，以及在产业链和价值链中承担的角色。而自身资源则是产业发展的内生动力。乡村产业发展目标的拟定应当遵循以下原则：

整体协调原则。其意旨为与区域的整体发展目标相协调，找准在区域产业分工

---

1. 李佳维，万艳华. 内生动力发展理念下的徐亮村村庄产业规划策略研究[C]// 中国城市规划学会. 活力城乡 美好人居：2019 中国城市规划年会论文集，2019.

中的位置，充分借力区域发展机遇，整合发展资源，以形成合力提升整体影响力和市场竞争力。

差异发展原则。其意旨为与其他乡村或地区产业发展目标适度错位，以避免同质竞争。

13.2.4 乡村产业发展策略

1. 乡村产业发展策略的构成

乡村产业发展策略是要实现一定时期内的产业发展目标的具体途径，是把抽象的发展目标和发展重点加以具象化，使之可操作。乡村产业发展策略一般包括乡村产业结构调整、乡村产业组织重构、乡村产业布局优化、乡村产业用地提质增效等方面。

乡村产业结构调整策略。在分析现状产业结构的基础上，提出下一步应该强化的产业类型，应该转变的产业类型以及转变方向和具体的转变路径。

乡村产业组织重构策略。梳理现状乡村产业各主体间的竞争与合作关系，以及产业发展新方向和产业结构变化，对产业组织支撑提出的新要求。有针对性地制定产业组织策略，既要支持促进型产业组织发展与合作，又要对扰乱乡村市场环境的恶性产业组织进行恰当规制。

乡村产业布局优化策略。在现状乡村产业空间分布的基础上，提出如何加强乡村产业之间的空间关系，以及乡村产业空间和乡村生活空间之间的地理分布关系等的具体策略。

乡村产业用地增效策略。重点在于提出如何提高单位用地产出效率和环境影响最小化，更加包容性和可持续的策略。

2. 乡村产业发展策略的拟定原则

前瞻性原则。乡村产业发展策略应该考虑到规划期，甚至更长时期内乡村产业发展中可能出现的阻碍因素或利好因素，从而在行动安排上提前做出安排，以及适当留有未来调整的弹性空间。

针对性原则。乡村产业发展策略应该聚焦具体的乡村产业发展目标和定位重点发力，有针对性地研究与之相对应的实现路径。

综合性原则。乡村产业本身具有综合性，各产业的具体类型也存在差异性。所以在制定乡村产业发展策略的时候也应具备综合性思维，不仅要关注重要的特色产业、主导产业，也要关注乡村辅助产业和可培育的新产业。

13.3 乡村特色产业选择与产业体系构建

13.3.1 乡村特色产业选择

乡村特色产业选择应充分兼顾社会公平、生态环境、传统文化等综合维度的可持续发展导向。"内生发展"与"外生发展"是乡村产业发展的两个要素来源的主要方面。"外生发展"是以政府主导，以外来的资本、人才、技术为主要生产要素，起到加速和强化的作用；"内生发展"则强调对本土资源禀赋的依赖，是乡村产业选择和培育的决定性要素。

表 13-1 乡村地区产业发展选择的指标体系

要素来源	基准层	指标层	指标解释
内生发展	资本	乡村家庭户均金融资本 乡村资本流动环境	村民平均可用于再生产的资金规模 为展览和销售中间产品或产品的需要，村民自建市场
	技术	乡村市场主体研发及管理水平	村民推广自身产品所采用的销售渠道、销售理念等 村民平均学历 村民社会网络复杂度及紧密度；村里能人资源情况
	劳动力	乡村市场主体销售推广水平 村民平均教育水平 乡村社会资本	村民推广自身产品所采用的销售渠道、销售理念等
	土地	优势农业品种 区位条件 村庄风景风貌	其他地区不具备的农业品种 村庄的交通及市场接近度 村庄卫生整洁程度、民居建筑美学价值及山水风景对游客的吸引程度
		基础设施	村庄用水、用电、排污、垃圾处理、网络、厕所建设等
外生发展	区域溢出效应	外部资本吸引度	外部资本愿意投资的意愿强烈程度
	政府政策干预	外部劳动力工作意愿 外部技术支持等级 财政补贴政策力度 村庄环境建设力度	村庄产业对外部劳动力的吸引度 能够寻求到的最高科研机构水平 当地政府对村庄的财政优惠帮扶力度 当地政府对村庄房屋改造、排水排污工程、育林护山生态工程的建设力度
		技术升级帮扶力度	政府对村庄产业所需相关技术的投资扶持力度
		招商引资推广力度	政府对扮演村庄产业和外部消费者桥梁的积极性和能力

资料来源：自制

基于"内生—外生"发展框架，可以构建选择基准和选择方法，并选择合适的指标体系。"内生发展"包括资本、技术、劳动力、土地四个选择基准；"外生发展"包括区域溢出要素、政府政策干预两个选择基准（表13-1）。

13.3.2 乡村产业体系构建

1. 乡村产业体系的构成

在乡村社区特色产业选择的基础上，进一步以此为核心进行产业链的横向拓展和纵向延伸，构建完整的乡村社区产业体系（图13-4）。具体来说，乡村产业体系主要包括农业产业体系、乡村工业体系、乡村服务业体系。其中，农业产业体系是乡村产业体系的基石，要求在守住粮食安全底线的基础上，进一步突出特色优势种植业，并结合先进育种技术和智能管理技术探索新式农业，提升农业单位产出效率和收益。乡村工业体系主要包括食品加工业、木材加工、家庭手工业、采掘工业、建筑业等，在现在国土空间规划建设生态文明的背景下，乡村中的一些加工业由于占用农村土地或环境污染风险要求逐渐退出乡村地域，留下环境友好的部分涉农产品加工业，以及可以和旅游结合的手工业。乡村服务业体系则涵盖乡村餐饮、乡村住宿、观光项目、游玩项目等多种类型。乡村产业三大体系应当相辅相成，通过产业链和创新链连接成相互融合的产业网络。

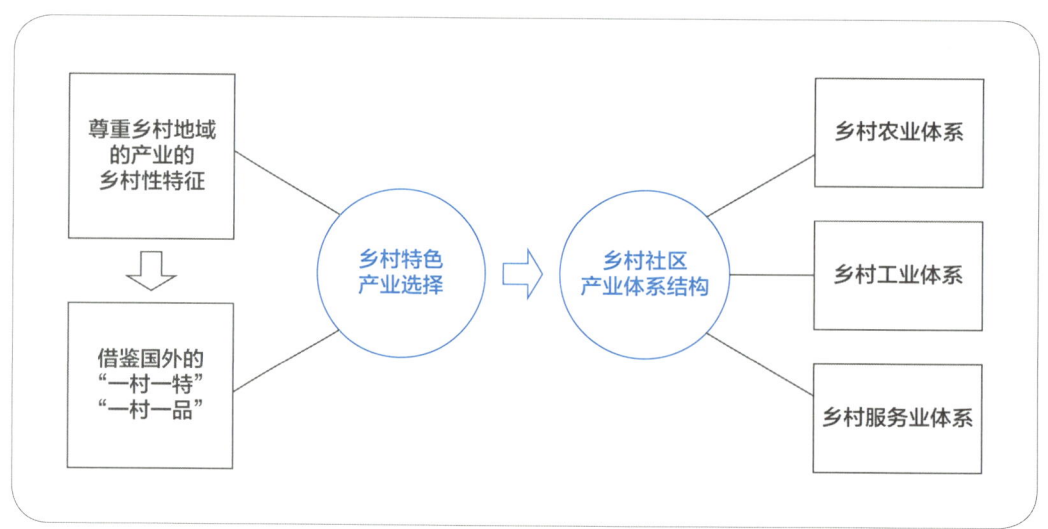

图13-4 乡村特色产业选择与产业体系构建路径
资料来源：自绘

2. 乡村产业体系构建原则

随着乡村振兴向纵深推进，我国乡村产业体系构成逐渐多元化、特色化，这是未来乡村产业发展的基本趋势。因此，乡村产业体系构建应当具有前瞻性和整体思维，从以存量资源为中心，以特色塑造为中心，以强村富民为中心三大方面进行逻辑转变和方法创新。

以存量资源为中心。 乡村地域分布有大量的永久基本农田、林地、文物保护单位等需要进行严格管控的国土空间，同时受制于地形、气候等因素，实际可开发土地非常有限，可供产业开发的经营性建设用地稀少。伴随着现在乡村人口外流，乡村还留有大量的闲置房屋和土地。因此，在乡村产业体系构建时应当可以从"根据产业调整用地"转向"根据用地情况选择产业"，减少后续调整用地的难度。

以特色塑造为中心。 以往由于缺乏品牌意识和市场思维，乡村产业一般规模较小，特色模糊，难以打开产品市场形成足够的影响力。在乡村产业体系构建时，要注重品牌体系的构建，深入挖掘在地乡村特色，凝练具有地方文化和生活烙印的元素和符号，形成具有代表性的地域品牌。

以强村富民为中心。 在构建乡村产业体系时，必须思考投入资金来源以及增值利益分配问题，把是否能够提升村集体和村民的经济收入从而促进共同富裕作为一条重要的衡量标准。

13.4 乡村产业项目策划及空间布局

13.4.1 项目策划原则

在乡村产业体系构建和产业空间布局之间，需要嵌入项目策划，对适宜、可行的项目进行发掘、论证、包装和推介。通过项目策划，可将乡村社区特色产业及相关产业的抽象概念转化为具体的产业项目，将产业体系直接布局转化为项目布局，从而极大降低产业用地安排的操作难度。具体来说，通过项目策划可将产业体系中的多项关联产业进行"打包"，整合成合体项目进行整体开发。在这个过程之中，项目的可行性始终是判断策划合理性的重要标准。

13.4.2　项目类型

从大的投资方向来看，目前一般农业乡村类项目可以分为六大类，包括基础设施、商品基地、综合开发、多种经营、科技教育、公益设施等。

基础设施，是指直接或间接参与农业物资产品生产和服务，以及为其提供保障的基本建设项目。基础设施建设旨在扩大农业综合生产能力，提高农业生产水平，挖掘农业增产潜力。在我国农业现代化和"三高"农业发展过程中，必须加强农业基础设施建设。

商品基地，是指能够较长时期稳定向外部提供大量商品产地的基本建设项目。它是经有关部门投资建设形成的农产品集中生产区，有利于农业生产专业化、社会化、商品化的发展，有利于不同商品基地的协作、加快商品基地建设，集约经营，可提高粮、棉、油、糖、果、菜、肉等的综合生产能力及供应能力。

综合开发，是指农业生产资源统筹安排、开发利用的基本建设项目。对农林牧渔各种资源，综合投入资金、物资、技术、劳力，采取工程措施、生物措施、技术措施、生产措施，改变现有资源的状态，以取得社会、经济、生态效益的统一。加强综合开发的基建投资是提高资源利用率和促进乡村经济发展的不可忽视的环节。

多种经营，是指与乡村繁荣、农民富裕有关的基本建设项目。通过多种综合的基建项目建设，促进乡村经济繁荣和大幅度提高农民收入及福利水平。开展多种经营，诸如支持粮棉大县经济发展、倡导贸工农一体化、支持乡镇企业综合发展、扶持支农工业和农办工业、创汇农业等，增加农民收入，提高富裕程度。

科研教育，是指农业科研机关、教育单位的基本建设项目。通过科教兴农，提高农业、乡村项目的科技含量，把科研机关、高等院校的成果产业化、转化为生产力；通过农业推广和农业教育，把农业发展真正移到依靠农业科学的轨道上来。

公益设施，系农业管理部门的机关及其直属的事业单位的基本建设项目。它是国家农业管理行政部门正常职能运行的重要保证。

13.4.3　项目策划的基本内容

项目策划的基本内容主要包括项目名称、建设地点、隶属关系、所属行业、建设性质和建设计划等。策划结果是形成完整的乡村产业项目清单，其基本内容应包括项目名称、产业类型、产权构成、土地权属等关键信息。项目选址遵循"因地制宜、发挥优势、节约用地、保护环境"原则。项目策划的成果，一般包括项目建议书、可行性研究和扩初设计。

13.4.4　产业空间布局

在项目策划的基础上，即可进入空间布局阶段，确定清单中的各个项目在乡村地域上的具体建设地点和建设范围。按照三次产业功能分类，结合《村庄规划用地分类指南》，将乡村产业空间分为农业空间、工业空间、服务业空间3个子空间，并继续细分为8个次子空间（表13-2）。

表13-2　乡村产业空间分类详情

子空间	次子空间	各次子空间内涵承载
农业空间	基本农业空间	耕地、园地、林地、牧草地、田坎等空间
	设施农用空间	直接用于经营性养殖的畜禽舍、工厂化作物栽培或水产养殖的生产设施空间及其相应附属设施空间，农村宅基地以外的晾晒场等农业设施空间
工业空间	庭院种植空间	农村宅基地以内种植经济作物的空间
	工业生产空间	手工业、加工业等空间
	物资中转空间	仓库、堆场、物流中转等用地空间
服务业空间	配套商业空间	小超市、小卖部、小饭馆等空间
	集贸市场空间	村民聚集进行农副产品、日用消费品等现货商品交易的空间
	旅游接待空间	村庄风景名胜点、休闲度假区、展示中心等及其接待空间

资料来源：岳芙.城乡一体化发展背景下苏南乡村产业空间优化策略研究[D].苏州：苏州科技大学，2016.

13.5　国土空间乡村产业布局整治优化

13.5.1　乡村产业布局整治优化的含义

推进全域土地综合整治增加有效耕地面积和释放建设用地，已成为释放乡村资源要素潜力，解决乡村社区产业用地欠缺问题的重要途径。根据《自然资源部关于开展全域土地综合整治试点工作的通知》中对"全域土地综合整治"的定义，乡村社区的产业空间整治是以科学规划为前提，以生产用地整治和经营性用地整治为主要内容，以保护耕地、集约节约用地、改善生态环境为核心目标的土地整治模式。乡村社区产业空间整治的对象涵盖农用地和乡村工业用地。其中，农用地整治对象主要为长期抛荒的未利用农地,以及被其他用途占用的基本农田。工业用地整治主要针对已对环境造成污染或存在潜在威胁的经营性建设用地,以及粗放铺张的低效利用土地。

13.5.2 整治潜力分析

1. 高标准基本农田建设潜力

高标准基本农田建设是土地整治的核心工作。高标准基本农田是指土地平整、集中连片、设施完善、农田配套、土壤肥沃、生态良好、抗灾能力强,与现代农业生产和经营方式相适应的旱涝保收、高产稳产的耕地。针对乡村实际情况,选择坡度较低且集中连片、水源有保障、适合机械化耕作的现状耕地,同时根据《资源环境承载能力和国土空间开发适宜性评价指南(试行)》中的种植业适宜性评价与生态保护重要性评价体系,甄选出适宜种植且生态保护重要性相对较低的区域,结合耕地系数,作为高标准基本农田建设潜力和重点区域。

2. 宜耕后备土地资源开发潜力

宜耕后备土地资源主要针对坡度较低且集中连片的其他草地和裸土地。宜耕后备土地资源开发是指对宜耕后备土地资源采取整治措施,增加耕地面积,改善生态环境等活动。开发过程应掌握"生态优先"原则,建立针对性强、限制性高、生态干扰低的评价指标体系。宜耕后备土地资源开发潜力的评价指标包括地形、土层厚度、土壤质地等。

3. 乡村建设用地整治潜力

乡村建设用地整治是盘活乡村闲置资源,实现乡村土地集约化利用,促进乡村振兴的重要途径。乡村建设用地整治潜力分为理论潜力和现实潜力。通常采用基于人均建设用地标准的静态理论潜力计算方法。测算方法为:

$$S = S_0 - S_i \times P_0$$

(式13-1)

式中,S代表潜力规模;S_0代表现状乡村建设用地面积;S_i代表达到合理集约利用水平时人均乡村建设用地面积;P_0为现状乡村人口规模。

4. 低效建设用地整治潜力

低效建设用地是指布局散乱、利用粗放、用途不合理、建筑危旧的存量建设用地。具体包括国家产业政策规定的禁止类、淘汰类产业用地；不符合安全生产和环保要求的用地；"退二进三"产业用地；布局散乱、设施落后，规划确定改造的集中居民点用地等。结合乡村地域实际情况，低效建设用地主要包括低效工业用地和居民点建设用地。

低效工业用地整治潜力。低效工业用地主要指在乡村范围内，处于闲置、遗弃状态，或已利用但效率低下、不适宜区域发展、环保或能耗不符合要求、价值和功能未完全显化且具有再开发利用潜力的工业用地。评价工业用地利用效率的方法较多，一般选择工业用地固定资产投入强度、工业用地地均税收和产出强度等指标的相对水平进行分析。

居民点建设用地整治潜力。居民点建设用地是指村民建房和各项公共服务设施建设所占用的建设用地。居民点的搬迁和撤并是进行居民点建设用地整治的常用手段。因此，居民点建设用地整治潜力应该以自然村和居民点搬迁撤并的意愿程度设定多个分析情景，综合分析如何实现集约建设用地对村民影响最小化和意愿最大化。

13.5.3　国土综合整治分区引导及重点工程

为面向国土空间规划的"三区三线"，国土综合整治也应按照生态空间、农业空间和城镇空间进行分区引导。

生态空间。以建设生态安全屏障为导向，加强自然保护修复，修复受损生态系统，对不符合生态空间用途管制要求的居民点建设、矿山开采及农业生产等用地整治退出。

农业空间。以乡村振兴战略为指引，采用全域国土综合整治模式，全域全要素大力推进农用地整理、乡村建设用地综合整治、污染土壤治理修复、流域水环境综合整治、水体库塘湿地修复治理、水土流失治理与退耕还林、废弃矿山用地复垦复绿等整治任务。

城镇空间。乡村地域的城镇空间较少，一般集中在镇驻地及周边。城镇空间国土整治以推进要素集聚和提质增效、实现城镇和产业空间品质提升为目标，以低效改造和环境综合治理为重点，深入推进低效用地再开发，完善城镇公共服务和基础设施配套。

下一步，细化为低效工业用地整治工程、乡村全域土地整治工程、农业空间生态修复工程、矿山集中治理修复工程、耕地后备资源开发工程、高标准农田建设工程等重点工程。

13.6 实施保障体系

13.6.1 政策支持

乡村新产业、新业态、新商业模式发展，推动了乡村产业融合、产业链条延伸以及农业多功能的挖掘，对产业用地提出了新的要求，如现有土地政策与供地方式不能很好地适应乡村产业发展、乡村新产业新业态用地指标缺乏保障、农业设施用地管理与使用存在问题、乡村产业发展项目难以落地，以及乡村集体土地粗放使用和闲置的矛盾等方面。对此，有必要进一步细化措施，完善支持乡村一二三产业融合发展的用地政策。

1. 乡村产业发展用地优先保障

首先，在符合国土空间规划前提下，通过村庄整治、土地整理等方式节余的乡村集体建设用地指标，优先用于发展乡村产业项目；其次，明确规定用于乡村产业发展的建设用地指标。新编县乡级国土空间规划应安排不少于10%的建设用地指标，重点保障乡村产业发展用地。省级部门制定土地利用年度计划时，应安排至少5%新增建设用地指标保障乡村重点产业和项目用地。此外，探索适合乡村产业发展需要的供地方式。如目前在浙江、四川等地已经开展的乡村旅游项目点状供地，可有效解决乡村旅游项目用地分散、单幅用地数量不多等问题，改变传统的整片供地方式，节省涉农企业的前期投入资金支出。

2. 加强设施农用地管理服务与监管

明确农业种植养殖配建的辅助设施用地类型以及用地性质。将农业种植养殖配建的保鲜冷藏、晾晒存贮等辅助设施用地纳入农用地管理，根据生产实际合理确定辅助设施用地规模上限。强化农业设施用地管理职责，明确国家、省级自然资源主管部门和农业乡村主管部门负责通过各种技术手段进行设施农业用地监管，市、县自然资源主管部门会同农业乡村主管部门负责设施农业用地日常管理，乡镇政府负责对乡村集体经济组织或经营者使用设施农业用地进行备案,并定期汇总上报县市自然资源管理部门,严禁以农业设施用地为名从事非农建设。

3. 创新乡村集体建设用地用于乡村产业发展的方式

创新乡村集体土地利用方式,鼓励项目方与乡村集体进行"联营经营"模式。新修改的《土地管理法》明确乡村集体建设用地在符合规划、依法登记,并经三分之二以上集体经济组织成员同意的情况下,可以通过出让、出租等方式交由乡村集体经济组织以外的单位或个人直接使用,同时使用者在取得乡村集体建设用地之后还可以通过转让、互换、抵押的方式进行再次转让。完善农民闲置宅基地和闲置农房政策,探索宅基地所有权、资格权、使用权"三权分置",落实宅基地集体所有权,保障宅基地农户资格权和农民房屋财产权,适度放活宅基地和农民房屋使用权。

13.6.2 社会治理

1. 构建乡村治理共同体

改革开放以来我国乡村治理实行的"乡政村治"模式如今正面临着基层政权治理能力弱化、其他新型乡村治理主体涌现的新形势。新时期乡村民主意识与农民管理能力的增强,以及乡村治理资源的日趋多样,促使乡村治理主体朝着更加多元与复杂的方向发展。其中最为突出的变化是:农民社会中的"个体精英"以及新兴"乡村组织"成长为乡村事务中的中坚力量[1]。乡村社会治理应由权威服从向民主协商转变、由管制向提供公共服务转变等[2]。乡村治理越来越多元化,形成由政府、企业(企业家协会、商会,联络村庄在外乡贤)、高校(实践合作基地等)、村集体(合作社、信用共同体)以及村民共同参与的乡村治理共同体。

2. 乡村治理体系中村集体的重要作用

村集体的主体性,其一是以村两委为主导,是经济发展、社区建设、社区治理三位一体的社区型农民组织;其二是四权统一,有统一的产权、事权、财权、治权。政府应以较少的资金引导,以增量激活巨大的存量,吸引村民和社会力量自主建设新乡村[3]。因此,在乡村发展进程中村集体应传承与发扬历史上积累的优秀民主治

---

1. 唐燕,赵文宁,顾朝林.我国乡村治理体系的形成及其对乡村规划的启示[J].现代城市研究,2015(4):2-7.
2. 于建嵘.社会变迁进程中乡村社会治理的转变[J].人民论坛,2015(14):8-10.
3. 李昌平.中国乡村复兴的背景、意义与方法——来自行动者的思考和实践[J].探索与争鸣 2017(12):63-70.

理经验，在新时代乡村治理结构体系中发挥重要枢纽 / 节点作用：转化行政力量，带领村庄共建；组织各类主体，推进合作共治；链接外部资本，实现资源共享，激活内生动力。

关键术语

乡村产业规划、乡村产业发展战略定位、乡村产业选择与产业体系构建、乡村产业项目策划、乡村产业空间整治优化

思考题

1. 如何理解产业振兴是整个乡村振兴的基础和前提？
2. 以你熟悉的一个产业发展较好的乡村为例，进一步了解并简述该乡村得到了哪些政策支持，以及治理模式方面的先进之处。

参考文献

[1] 李昌平. 中国乡村复兴的背景、意义与方法——来自行动者的思考和实践 [J]. 探索与争鸣, 2017（12）: 63-70.
[2] 李佳维, 万艳华. 内生动力发展理念下的徐亮村村庄产业规划策略研究 [C]// 中国城市规划学会. 活力城乡 美好人居：2019 中国城市规划年会论文集, 2019.
[3] 陆柳. 新农村产业发展规划研究 [D]. 金华：浙江师范大学, 2011.
[4] 廖建军, 行云珩, 王志远, 等. 乡村振兴战略下村庄产业规划研究——以衡阳新坪为例 [J]. 粮食科技与经济, 2018, 43（11）: 116-118.
[5] 唐燕, 赵文宁, 顾朝林. 我国乡村治理体系的形成及其对乡村规划的启示 [J]. 现代城市研究, 2015（4）: 2-7.
[6] 于建嵘. 社会变迁进程中乡村社会治理的转变 [J]. 人民论坛, 2015（14）: 8-10.
[7] 岳芙. 城乡一体化发展背景下苏南乡村产业空间优化策略研究 [D]. 苏州：苏州科技大学, 2016.
[8] 国家发展改革委宏观经济研究院课题组, 国家发展改革委农村经济司课题组. 产业融合：中国农村经济新增长点 [M]. 经济科学出版社, 2016.